高等院校通识课教材

U0369804

交际口才与礼仪

第三版

彭 红◎编 著

华东师范大学出版社
·上海·

图书在版编目（CIP）数据

交际口才与礼仪/彭红编著. —3 版. —上海：华东师范
大学出版社，2020

ISBN 978 - 7 - 5675 - 5098 - 8

Ⅰ.①交…　Ⅱ.①彭…　Ⅲ.①口才学–高等职业教
育–教材②心理交往–礼仪–高等职业教育–教材　Ⅳ.
①H019②C912.1

中国版本图书馆 CIP 数据核字（2020）第 069121 号

交际口才与礼仪（第三版）

编　　著　彭　红
责任编辑　孔　凡
审读编辑　陈小强
责任校对　王　卫
装帧设计　黄惠敏
插　　画　叶超婧

出版发行　华东师范大学出版社
社　　址　上海市中山北路 3663 号　邮编 200062
网　　址　www. ecnupress. com. cn
电　　话　021 - 60821666　行政传真 021 - 62572105
客服电话　021 - 62865537　门市（邮购）电话 021 - 62869887
地　　址　上海市中山北路 3663 号华东师范大学校内先锋路口
网　　店　http://hdsdcbs.tmall.com

印 刷 者　常熟高专印刷有限公司
开　　本　787 毫米 × 1092 毫米　1/16
印　　张　13
字　　数　311 千字
版　　次　2021 年 12 月第 3 版
印　　次　2025 年 1 月第 3 次
书　　号　ISBN 978 - 7 - 5675 - 5098 - 8
定　　价　39.00 元

出版人　王　焰

（如发现本版图书有印订质量问题，请寄回本社客服中心调换或电话 021 - 62865537 联系）

前言 第三版

《交际口才与礼仪》初版于 2007 年 6 月,再版于 2016 年 4 月。出版至今,本教材不仅对高职院校学生在个人修养、职业素质、求职面试口才与礼仪方面起到指导作用,对社会各界需要提升交际口才与礼仪素养的人士也起到了很好的参考作用,它弘扬中华传统美德,推动明大德、守公德、严私德,受到广大读者的好评。

它的优势主要表现在:

1. 构思独到。本教材打破了传统以理论知识为重的编写模式,融知识与训练为一体,融口才训练和礼仪学习为一体。

2. 建立了科学的训练体系。本教材遵循习得口语表达技能"由易到难,循序渐进"的规律构建训练体系,把口才训练与礼仪学习紧密结合,使学生通过学习和训练做到"言"、"行"一致。

3. 针对性强。本教材针对高职院校学生的实际需要设置知识点、技能训练点,设置大量鲜活生动的交际口语案例,使学生读得有趣,练得有劲。

4. 注重学生思想品德、道德情操的提升。本教材中为训练而设置的大量案例、例文和"相关链接"中的资料,都是从内容、主题上精挑细选的,它们都具有以下鲜明特点:

(1) 符合高职院校学生训练口才、掌握礼仪的需要。

(2) 符合正确的人生观、价值观体系。

(3) 弘扬敬业爱岗、积极进取、热爱生活的人生态度。

5. 便于教学。本教材设置了大量形式多样的课堂训练项目,便于教师在课堂上进行训练和指导,让学生在有序的训练中掌握知识和技能,切实提高认识和掌握口语表达技能。

6. 编制全套教师教学指导资料,使教师感到"好用、好教"。其中包括:

(1) 关于本课程的意义、特点和知识结构。

(2) 关于课程的教学规划和教学方法建议。

(3) 本教材中所涉及训练题的参考答案。

(4) 使用教材时的补充参考材料(各部分的案例选编)。

(5) 本教材配套的 PPT 教学课件。

我相信,《交际口才与礼仪》(第三版)将更加切合当前全国高职院校教学改革的需要,更加贴近高职院校学生提升职业素质的需要,更加好教、好用、好学,从而更好地为我国高职教育服务,充分实现它的社会效益。

在编写过程中,我引用了很多书刊、网络上的案例。由于记述和追溯的不方便,有些未载明出处,在这里对各位作者和转述者诚表感谢。

本教材的修订工作自始至终受到华东师范大学出版社领导的关怀和编辑孔凡女士的指导,在此谨致以衷心的感谢。

彭　红

二〇二一年十二月

目 录

第一章

听话与说话技能训练

DYZ

通过学习，掌握在听话时准确抓住要点、适时诱导对方、正确推断本意、全面评价对方等技巧；通过凭借材料（文字、图形）的复述、解说、评述、命题演讲、讲故事训练和不凭借材料的交谈、即兴演讲、辩论训练等，由易到难地逐步掌握各种口语表达形式的特点、要求和技能。

听话是人的基本生存能力之一，听话能力是学好各门学科知识的基础学力。只有听得准，理解快，记得清，并具有较强的听话品评力和听话组合力，才能使"听"在交际中发挥更大的作用。

说话是人际沟通中最常用、最主要的表达形式。说话清晰流畅、准确生动、会顾及场合、会把握分寸，是一个人获得社会认同、上司赏识、下属拥戴和朋友喜欢的最便捷、最有效的手段。

在人际交往中，"听话"和"说话"具有同样重要的作用，不可偏废。

在人类的交际活动中，口语交际是最常用、最直接的方式；在口语交际中，"听"和"说"是实现沟通的最基本的途径。一次愉快的交谈，总是离不开听者和说者双方的努力；一次成功的交流，同样有赖于听者和说者双方的理解和表达水平。因此，听话和说话的技能是高职院校学生口语表达训练的重要内容。只有掌握人际交往中听话和说话的技能，才能够练就好口才，打造成功的人生。

第一节 听话技能训练

引导案例

求职者:(随意地拨通电话)请问是××公司人力资源部吗？我在网上看到你们正在招聘网络维护,我想来应聘。

部主任:喂,你贵姓啊？

求职者:姓、姓魏。

部主任:魏什么？

求职者:我也不知道为什么……我爸爸也姓魏。

部主任:……(然后挂断了电话)

【简评】 在我们的工作和生活中,许多误会和麻烦都是由于"听话"环节出了问题而引起的。案例中的求职者就是因为没有集中精神听别人的话,理解出现歧义,而使初次沟通失败。

听话是人的基本生存能力之一。人们通过听话获取大量信息,了解时世的变化和他人对事物的见解、态度,从而为自己的行为、决定寻找客观的依据。人们之间的沟通、交流离不开听话,良好的听话习惯是建立良好人际关系的重要因素。

有关机构对被列入美国《财富》杂志五百强企业进行的一项调查显示,几乎有六成公司为新来的员工提供倾听技巧方面的培训。有人请工商管理人员把工作中最重要的交流技巧列出顺序,绝大多数人把"倾听"列在第一位。有人对人们日常的言语活动进行了一番调查,结果是:"听"占 45％,"说"占 30％,"读"占 16％,"写"占 9％。换句话说,人们几乎用一半的时间在听。由此可见,"听"在日常交际活动中具有重要的地位。

听话能力是学好各门学科知识的基础学力(即"基本功")。听话能力强的人,听课时能迅速、准确地抓住要点,对关键语句反应敏锐。有边听、边思考、边摘记要点习惯的学生,往往成绩优异;反之,则成绩不理想。不管你做什么工作,不管你属于哪一行,你都需要两只训练有素的耳朵。现代社会要求在听话能力上做到:听得准,理解快,记得清,具有较强的听话品评力和听话组合力。作为职业技术学院的学生,必须接受听话训练,掌握人际交往中的听话技巧,只有这样,才能够接受现代生活的挑战,在竞争激烈的职场上立于不败之地。

一、听话的技巧

（一）善于抓住要点

在每次口语交际中，我们被迫接收大量的语言信息，而在这些语言信息里，有实际价值的往往只有几句甚至一两句。因此，我们必须学会从这些纷繁复杂的语言信息里准确地抓住要点。常见的情况是：说者常常把主要的意思隐含在一段话里。也就是说，前面的话，往往是引子，是提示；当中一段话，有时是要点，有时是解说；后面一段话，也许是结论，也许是对主要意见的强调或引申。

我们听话时，可以从以下几个方面捕捉说者所要表达的要点：一是说者话语的层次；二是说者的语气；三是说者的手势。

（二）善于诱导对方

一次和谐、愉快的交谈一定是浸透着听者和说者双方的努力。在交际中，常常见到一些人由于各种各样的原因，口语表达不畅。比如：语言组合能力差，心理素质差，思维速度缓慢，啰嗦而抓不住要领等等。这些说者需要听者适时进行诱导，才能比较顺利地完成整个谈话过程。一般来说，听话时的诱导有以下四种技巧：

1. 积极的回应——使对方保持良好的说话心态

始终面对说者，身体微微侧向说者，不时点头表示理解，和说话者保持视线的接触，表情专注并随着说者的情绪而有所变化。这样，说者会感到你很尊重他，很重视他的见解，因此也会相应地保持一种放松的心理状态和积极的说话状态。

2. 简短的评价——使对方感到你很在意他的表达

在适当的地方插入简短的评论，比如："嗯"、"对"、"是这样"、"我听说过"、"我明白了"、"很有意思"、"太不应该了"、"真的吗"。说话人会感激你表现出来的兴趣，并感到你在认真地倾听。

3. 适时的提示——使对方从无序的状态回到主题

在交谈中，对应答有困难的或说话抓不住重点的人，可找准时机，用一个词、一句简短的话进行提示，帮助其理清说话的思路，比如："后来那件事怎样了"，提醒说者迅速回归主题。

4. 善意的鼓励——使对方放松情绪且增强信心

对语言表达能力差和心理素质较差的人，可随时进行鼓励，比如："没关系"、"不着急，慢慢说"、"没事儿，我听着呢"。这样，会有效放松说者的紧张情绪和不安心态，大大增强其把话说好的勇气和信心。

（三）善于推断真意

俗话说："说话听声，锣鼓听音。"在口语交际中，说者由于各种原因或多种考虑，往往会不直接说出自己的真实意图，这就需要听者透过话语表面的含义推断出其内在的含义。

小刘和小李是业余合唱团的成员，为了参加一个比赛，接连几个晚上练习唱歌到很晚。这天，小刘在楼梯口遇到周阿姨，她对小刘说："您家新买了音响吧？很响亮啊，我在楼下就听到了。"小刘高兴地说："是啊，挺不错。前几天才买的！"说完就离开了。晚上她们回到家已经10点多了，打开音响，刚唱了不到5分钟就听见"咚咚"敲门声，打开门，门外站着满脸不高兴的周阿姨，"请你们照顾一下邻居好不好？"这时，两个年轻人才意识到自己的错误，连忙解释了原因，并且道歉说："我们真够粗心的，以后一定注意。"

【简评】　周阿姨第一次和小刘的对话中言外之意就很明显：你们晚上的歌声，已经影响了邻居休息。但小刘却没能听出这话中话，对周阿姨的真实意图浑然不知，最后导致周阿姨提出严肃批评。

　　推断说者的真意，可从四方面入手：第一，从一些表面上看似微不足道的谈话细节、语气、手势中发现对方立场、目的、主观意图等有价值的信息；第二，从对方谈话时常重复的词、爱使用的词、爱谈论的话题等，推断他的所思、所想、所爱、所论；第三，如果听者对说者的话有疑问，可以直接提出来，用"您的意思是……"或"我可否将您的意思理解为……"等语句；第四，可以用自己的话复述给对方听，以确认是否正确理解了说话人的意图。总之，做一个受欢迎的听众，能够增强说者的自尊心，自己也更容易获得别人的好感。

二、学会耐心地倾听

（一）耐心倾听是一种涵养

　　耐心倾听是一种涵养。在有涵养的人眼里，人没有三六九等、高低贵贱之分，每一个交谈对象都值得尊重。有涵养的人不会因为对方的唠叨而厌烦，不会因为对方语言的逻辑混乱而嘲笑，也不会因为对方是平民百姓而不屑一顾。事实上，人们都喜欢发表自己的意见。所以，如果你愿意给对方一个机会，让对方尽情地说出自己想说的话，他立即觉得你和蔼可亲、值得信赖。往往许多人不能给人留下良好的印象，不是因为他们表达得不够，而是由于他们没有耐心倾听的涵养。耐心倾听既能显示出你的真诚，又能让对方发挥得淋漓尽致，更能使你对情况的判断准确得当。

　　有一位老作家因为稿酬问题把出版社告到法院。庭审中，这位老作家就一个问题反复论述了十来遍，旁听席上开始有人打起瞌睡。担任审判长的宋鱼水却一直没有打断当事人的陈述，她神情专注，不时轻轻点头，目光一直没有离开正在发言的当事人。后来，这位老作家出人意料地对宋鱼水说："这事发生以后，你是第一个完完整整听完我讲话的人，你对我的尊重让我信任你。我尊重法庭的意见。"于是，双方当场达成调解。

【简评】　宋鱼水是全国模范法官。她有一手绝活，那就是耐心倾听。在法庭这样的特殊环境中，当事人一般都会认为真理在自己这一边，自己的要求是合理的，因此调解起来难度很大。而宋法官一直用关注、尊重的态度倾听当事人的阐述，用"洗耳恭听"获得了对方的敬仰、感激和信任，使法庭调解这个难题迎刃而解。

一个有涵养的人,不论他处在哪种情况下,听话时都会表现出一种耐心的态度。可以说,在交谈、听课、听演讲、听报告、听发言等一系列活动中,耐心倾听是一种涵养,是一种自尊,也是一种境界。不要因为周围环境或说话人的外表、口音、态度或用词而分心,更不要因为自己的情绪、偏见和手边的琐事而分心。耐心倾听不仅能让你避免错误理解谈话的要点,还能帮助你体现自身修养,塑造良好的自我形象。

(二)耐心倾听有助于获取有价值的言语信息

一些人在谈话时走神,往往是他们认为自己已经知道对方要讲的内容了。其实,说话人接下来表达的意思与你所预料的也许并不一样。如果你不认真地听,就会错过说话人真正要表达的内容。

> 主持人:小朋友,你长大想做什么呀?
> 小朋友:嗯……我要当飞机的驾驶员。
> 主持人:如果有一天你的飞机飞到太平洋上空时,引擎熄火了,你会怎么办呢?
> 小朋友:(想了片刻)我会先告诉坐在飞机上的人系好安全带,然后我挂上降落伞跳出去。
> 主持人:哈哈哈哈……(笑得眼泪都出来了,现场的观众也都笑得东倒西歪)
> 主持人:能问一下你为什么要这样做吗?
> 小朋友(热泪盈眶,气愤地):我要去拿燃料,我还要回来!
> 主持人:……(无言以对)

【简评】 显然,主持人和观众还没有听完小朋友的话,就以成人世俗的心理推断孩子的所思所想:一定是置他人于不顾,一逃了之。他们自作聪明的笑声深深刺痛了孩子纯洁的心。当孩子气愤地把话说完时,老于世故的成年人就再也笑不出来了。

听话时还要注意不能只听赞同你的话,或只听你感兴趣的部分。听话的目的在于获取新的信息,所以养成乐于倾听别人意见的习惯非常重要。如果你在听话时始终保持宽阔的心胸,那么,一个初听起来乏味琐碎的题目也有可能变得有吸引力,你会从中受益匪浅。

(三)耐心倾听是和谐沟通的要素

研究显示,交谈中,假如双方都能够充分尊重对方的表达愿望,那么交谈肯定是令人愉快的。这表明,与好的说者相比,人们更喜欢好的听者,因为人们都希望有机会表达自己的意见和想法,好的聆听者让他们实现了这个愿望。如果你打断别人的谈话或缩短倾听时间,说话人会认为你对他的谈话不感兴趣——事实上你并不是这样。

> 在一次推销中,乔·吉拉德与客户洽谈顺利。眼看就要到签约成交的时候,对方却突然变了卦——快进笼子的鸟飞走了。
> 当天晚上,按照顾客留下的地址,乔·吉拉德找上门去求教。客户见他满脸真诚,就实话实说:"你的失败是在于你没有自始至终地听我讲话。在我准备签约前,我提到我的独生子即将上大学,而且提到他的运动成绩和他将来的抱负。我是以他为荣的,但是当时你却没有任何反应,而且还转过身去用手机和别人通电话。我很生气,所以改变了主意!"

【简评】 美国人乔·吉拉德被誉为当今世界最伟大的推销员。他连续 12 年荣登世界销售第一的宝座,他所保持的汽车销售世界纪录——连续 12 年平均每天销售 6 辆车,至今无人能破。回忆往事时,上面的这件事令他终身难忘。当时,那位客户的一番话重重地提醒了他,使他领悟到"耐心倾听"的重要性。他认识到:如果不能自始至终倾听对方讲话的内容,认同顾客的心理感受,难免会失去自己的顾客。

因此,听话时应该表现得彬彬有礼,要耐心地、专心地、有回应地倾听。这可以帮助你赢得朋友,获得事业上的成功。

三、听话能力的综合训练

"能听"与"会听"有根本的区别。听话能力并非完全由先天所成,有意识的训练是非常重要的。

(一)听话能力训练的作用

1. 培养高度集中的注意力

听话训练,一方面要求在听别人说话时聚精会神、全神贯注,并随时作出积极反应;另一方面又要求在听的同时合理分配注意力,同步完成相关的其他各项任务,如手势配合、肢体变化、表情到位,对于培养听者在注意力高度集中的情况下对接收的信息进行综合、分析、筛选的能力很有帮助。

2. 增强记忆力

如果没有好的记忆力,听到的信息就不能成为一个连贯的整体,难以把握讲话的中心,无从了解说话者的意思,因而也难以做出积极的反应。尤其是论辩时,正反双方激烈答辩,听不清、记不住则难以应答自如。训练听话能力对于培养听者良好的瞬间记忆能力大有裨益。

3. 强化理解力

"会听"的重要含义就是能理解、能消化,能完成更高要求的分析、判断和推理,这些单靠机械记忆是无法完成的。听话训练能帮助听者品味出说话者的思想感情、目的意图,分辨出语音、语气、语调,准确判断其内容正误、是非曲直,这种听话辨析力,无论是在社会交往、求职面试、工作交往中都十分重要。因为听话的理解力提高了,听话的效能也会随之大大提高。

4. 提高反应能力

听话能力训练,要求听者对刚听到的语言材料立刻作出恰当的回应或答复。有意识地、集中地进行这样的训练,可以有效锻炼听者的反应敏捷度。

(二)听话能力训练的方法

日常工作或生活中,我们听到的语言信息纷繁复杂,具有难控性、暂留性、松散性等特点,若想"听得准,理解快,记得清,具有较强的听话品评力和听话组合力",必须掌握听话能力训练的方法。

第一,边听边记要点。进行听话训练时要听记结合,抓纲目、记要点,耳、脑、手、眼并用,如作听课笔记、会议记录、采访记录等。

第二,边听边归纳。进行听话训练时要尽量排除无用信息的干扰,对所听的内容进行分析、比较、归纳和概括,弄清主次,理清脉络,掌握主旨。

第三,边听边推测。进行听话训练时要勤于动脑,联系说话者的前言后语,推测对方的意图或说话内容的趋势等。

第四,边听边评价。进行听话训练时还应该养成评价的习惯。一是评价说话者传达的语言信息,比如话语的价值、话语的真假等;二是评价说话者本身,透过他的话语评价他的表达水平、他的立场观点、他的脾气性格、他的关注重点等等。

在训练听话能力时,一定要做到耳聪手快、思维敏捷。

课堂训练

1. 听记能力训练

(1)全息听记比赛(记录速度听写)

如果一个年轻人整天抱怨自己怀才不遇,那只能说明你不是人才,至少你缺乏一种才能,那就是自我推销的能力。而推销自己、展示自己、求助别人、宣传鼓动,都需要口才。总之,时代需要德才兼备、能说会道的现代型人才。

(2)听话传递训练

要领:说者——发音准确、字字清晰;听者——听得迅速、准确、不走样。

方法:从第一排的同学开始用耳语形式向后传递一句话,最后一位同学把听到的话迅速写在黑板上,看看是否与第一位同学所说的那句话相符。

2. 听辨能力训练

(1)听辨多音字

我在赴考途中,穿过了一片树木参差的树丛,来到了车站,遇到了出差回来的叔叔。他亲切地对我说:"小芳,考试准备得差不多了吧? 要沉着、冷静,才能少出差错。"我信心百倍地回答:"放心吧! 差不了。"

听后请说出上面这段话里的一个多音字,再把这个字的几种读音拼写出来。

(2)听接歇后语训练

听歇后语的前半句,接着说后半句,看自己能接正确几个。

上膛的子弹——	小葱拌豆腐——
孔夫子搬家——	戴着斗笠又打伞——
窗户眼里吹喇叭——	猪八戒照镜子——
秃子头上的虱子——	阎王爷出告示——
茶壶里煮饺子——	梦里捡钱——
绣花枕头——	高射炮打蚊子——
兔子的尾巴——	蚊子找蜘蛛——
半空中的火把——	泥菩萨洗脸——

3. 听话理解能力训练

语文老师拿了一叠作文本走进教室。她说:"同学们,昨天你们写了《记一件好事》的作文。今天,我给大家出一道数学题。"同学们愣住了:语文老师出数学题? 怪事! 语文老师的数学题是这样出的:

"某班有五十名学生,有三十八人捡到钱包并交给了失主。全校一千二百名学生,照这样计算,共捡了多少个钱包? 全国两亿名学生共捡了多少个钱包?"听后,同学们哄堂大笑。

(1) 老师出的算术题的答案是什么?

(2) 同学们为什么会哄堂大笑?

相关链接

听话能力自测题

在每个问题的相应栏目内做标志(从 A、B、C、D、E 中选择一个填在括号里),然后加计总分,评估自己究竟属于哪一种聆听类型的人。

你的回答可以有五种选择(A＝几乎总是　B＝经常　C＝偶尔　D＝很少　E＝从来没有),每一种选择有一个相应的分值。请对自己进行客观、诚实的评估,这有助于理解、消化这一章所传授的内容。

与人谈话时,你是否会——

1. 总是你在说? （　　）
2. 在别人说话之前假设别人下一句话说些什么? （　　）
3. 在与别人说话时,你的心思四处游离吗? （　　）
4. 趁他人说话喘气时,立即插话吗? （　　）
5. 试图记录说话者所说的一切吗? （　　）
6. 对于你不喜欢的话题听不进去吗? （　　）
7. 对新颖的话题不感兴趣? （　　）
8. 因噪音或其他东西会使你无法专心聆听对方说话? （　　）
9. 觉得很难控制你的情绪? （　　）
10. 因为时间压力而催促说话者加快速度或要求说话者只讲重点? （　　）
11. 因别人的批评或不友善的话语而令你心乱如麻? （　　）
12. 有摆弄自己的头发、手指或饰品的习惯? （　　）
13. 经常在听不同的人说话时采取不同的态度(因人而异)? （　　）
14. 在未获得足够的信息之前,你就匆匆下结论? （　　）
15. 对于你听不懂的术语或地方要求对方解释清楚? （　　）
16. 为了节约时间,一边专心做自己的事情,一边听别人说话? （　　）
17. 非常讨厌别人说他自己的事情,而只希望别人听自己说话? （　　）
18. 只注意说话者说话的细节,而完全不在意说话者想要传达的信息? （　　）
19. 在聆听时忽视说话者的身体语言及语调? （　　）
20. 在听别人说话时不停地看表? （　　）

21. 不愿意聆听复杂或无聊(但可能很重要)的信息? （ ）

22. 在听一个口齿不很清楚的人说话时觉得很烦躁? （ ）

23. 当别人说话时,你的注意力却集中在说话者的外表上? （ ）

24. 在谈话的最后能总结出说话者的意思? （ ）

评分标准： A＝5 分,B＝4 分,C＝3 分,D＝2 分,E＝0 分

现在请把你每一题的得分加起来,让我们来看看你的总得分吧!

参考答案：

得分在 10—30 分之间的人:优秀的听众。

得分在 31—57 分之间的人:优良但还要进一步提高的听众。

得分在 58—75 分之间的人:一般听众,要好好努力加油啊!

得分在 76—99 分之间的人:倾听能力差的听众,但是,别怕,只要努力改善,你还是很有机会成为一名优秀的听众的!

得分在 100—120 分之间的人:有严重问题的听众,你就像一块完全未经雕琢的玉石,只有从头做起,从小节做起,自觉运用本章所传授的方法,才能成为好听众!

(摘自刘永中、金才兵主编:《服务人员的 5 项修炼》,广东经济出版社 2004 年版)

第二节 说话技能训练

引导案例

帽子推销员:(在公交车上遇到鞋作坊老板)买一顶帽子吧,等我下车之后你就要错过这个机会了。

鞋作坊老板:我很想买一顶帽子,但你的形象使我的购买欲打了不少折扣!

帽子推销员:(纳闷地)我的形象? 你是说我的穿着不得体?

鞋作坊老板:不,你虽然戴着非常不错的帽子,穿着非常不错的服装,但你的鞋子沾满污泥,这足以间接地影响到你的产品形象。

帽子推销员:(尴尬地)做推销员东奔西跑,这是不可避免的。

鞋作坊老板:对,可是你如果穿着一双随时能擦干净的运动鞋,那这些就完全可以避免了。(说着往自己的鞋上抹了一些灰土,用湿布一擦即净)

帽子推销员:(心想:穿运动鞋的确不错,不仅比穿靴子轻松,而且擦拭方便,可以保持自己的最佳形象,不至于像刚才这样,因形象问题而降低别人的购买欲)先生,请问您的鞋子是在哪里买的? 下车我一定去买一双!

鞋作坊老板:你现在就可以从我这里买一双。

【简评】 说话是一门艺术,更是一种能力。同样是劝说对方购买,帽子推销员只强调机不可失,很难激起潜在客户的购买欲望;而鞋作坊老板却能站在对方的立场上,抓住对方切实关心的问题,指出对方的形象缺陷对其工作的不利影响,道出一双鞋子对于他的重要性,有效地刺激了对方的购买欲,劝说终获成功。这位鞋作坊老板就是后来扬名世界的德国运动品制造商"阿迪达斯"的创办人——阿道夫·达斯勒。

在这个世界上,人人在说话,但未必人人都说得好;我们天天在说话,但未必每句话都得体。"一种话,十样说",效果各不相同。一句话,不同处境的人有不同的理解,不同心境的人有不同的感受,正所谓"言者无意,听者有心"。一句话说得得体、丝丝入扣、沁人心脾,再大的困难也能迎刃而解;一句话说得不得体,朋友离弃,亲人反目,有时甚至会引发国际争端。正所谓"一言可以兴邦,一言亦可丧邦"。

作为职业技术学院的学生,在学好专业知识的前提下,要努力掌握说话的艺术,并在生活中真刀真枪地加以磨砺,这样才能在面试时得体地展示自己,赢得考官的青睐;也才能在职场上如鱼得水,为自己创造一个和谐的生存环境,求得事业的顺利发展。训练说话能力和掌握其他技能一样,也要遵循循序渐进的原则。比如,我们可以通过凭借材料(文字、图形)的复述、解说、评述、命题演讲、讲故事训练和不凭借材料的交谈、即兴演讲、论辩训练,由易到难地逐步掌握各种口语表达形式的特点、要求和技能。

一、复述的技巧

复述就是把读过、听过或看过的图文材料重新叙述一遍。复述是我们日常工作和生活中必备的口语表达技能之一,在交际活动中经常使用。

从训练口才的角度看,复述是一种有图文依据而进行表达的口语训练方法,难度较小,是一种初级的口语表达训练形式。复述时不一定说得与原材料丝毫不差,但必须完整准确,重点突出,条理清晰。训练复述能力可以从下面三种途径入手:

(一)详尽复述原材料内容

详尽复述原材料内容,就是把原语言材料的内容尽可能完整、详尽地叙述出来,准确反映原貌。详尽复述既能够训练快速记忆的能力,又能够训练从书面语向口头语快速转换的能力,同时也是表达条理性的一种强化训练。

在进行详尽复述训练时,要求做到细而不乱,条理清晰,原原本本地反映原材料的内容。

(二)概要复述原材料内容

概要复述原材料内容类似于作文练习中的"缩写",需要对原材料进行加工或再创作。

概要复述原材料内容时,一定要把握整体,理清线索,舍枝去叶,讲清楚原材料的基本线索或基本观点,切忌抓错重点,舍本求末。

(三)扩展复述原材料内容

扩展复述原材料内容是对原材料作适当扩充、展开的叙述。扩展复述原材料内容时,可以根据原有材料作合理想象,或者作理性的延伸,但不要背离原意和基本框架;要根据原材料的中心思想确定扩展的重点,不要面面俱到;根据表达的需要选择运用描述、解说、论证,以及比喻、对比、夸张等多种表达方法。

对不同的材料作扩展复述,其侧重点各不相同。对记叙性材料作扩展复述,可以通过合理想象补充细节,使讲述的内容更生动、更充实、更完整;对说明性材料作扩展复述,可以对所述内容增加更具体、更鲜明的细部描述或说明;对议论性材料作扩展复述,可以增加理性论证的层次,补充论据材料,作更深入的剖析。

原　谅

原材料:

一次,爱迪生和他的助手们制作了一个电灯泡,一名学徒将它拿到楼上另一个实验室时摔碎了。爱迪生没有责备他。当他们制作出第二个电灯泡时,爱迪生又让这名学徒把它拿到楼上的实验室。这一次学徒成功了。事后有人问爱迪生为什么要这样做,爱迪生说,原谅要体现在行动上。

扩展复述:

有一次,发明大王爱迪生和他的助手们制作了一个电灯泡。那是他们辛苦工作了一天一夜的劳动成果。

随后,爱迪生让一名年轻学徒将这个灯泡拿到楼上另一个实验室。这名学徒从爱迪生手里接过灯泡,小心翼翼地一步一步走上楼梯,生怕手里的这个新玩意儿滑落。但他越是这样想,心里就越紧张,手也禁不住哆嗦起来,当走到楼梯顶端时,"啪!"一声脆响,灯泡最终还是掉在了地上。

爱迪生没有责备这名学徒。过了几天,爱迪生和助手们又用一天一夜的时间制作出一个电灯泡。做完后还得有人把灯泡送到楼上去。爱迪生不假思索地对先前将灯泡掉在地上的学徒说:"请你把这个灯泡拿到楼上的实验室去吧。"学徒不好意思地低声说:"可是我……我……"爱迪生拍拍他的肩膀说:"没关系,你能行!"这一次,学徒稳稳当当、平平安安地把灯泡拿到了楼上。

事后,有人问爱迪生:"原谅他就够了,何必再把灯泡交给他拿呢? 万一又摔在地上怎么办?"爱迪生回答:"原谅不是光靠嘴巴说说的,而是要靠行动的。"

【简评】 这个扩展根据原材料提供的线索展开合理的联想,不仅准确地反映了原材料"爱迪生的宽容"这个主题,而且通过渲染细节、增加对话和人物心理活动描写,使人物形象更加生动感人,对深化主题起到了重要的作用。

课堂训练

1. 快速阅读下面的记叙性文字材料,然后进行详尽复述。要求尽量说得形象生动一些。

追赶时间的松山真一

松山真一是日本航空运行技术部性能组组长。很长一段时间,人们只知道他拥有和我们同样多的时间,但要做比我们更多的事,却不知道他是怎样办到的。

松山真一每天阅读一本书,读完后写出书评,然后发送给网络杂志。因见识独到,评论精妙,许多书评被反复转载,约有十万之众的读者。

松山真一每天早上六点起床,赶搭头班车上班,因为家离公司较远,车上有将近两小时的路程。松山真一决定将这段时间用来读书,不是为打发时间的泛泛乱翻,而是像上阅读课一样认真研读。

八点钟到公司后,在尚无一人的办公室,松山真一开始全神贯注地梳理一天中要做的事项,并逐一记在行事历上,然后依据轻重缓急程度标明序号以及完成时间,这时间精确到以分计算。

即使在这段无人的时间,松山真一也严格要求自己端坐在桌前,因为他一贯相信人处于什么样的状态就会做成什么样的事情。

等九点钟上班时间到了,其他同事匆匆忙忙赶来时,松山真一已在万事皆备、引擎全开的状态中开始新的一天了。

晚上下班回家的途中,松山真一凝神思索早上所读书目,构思好自己的书评。晚上吃完饭,便一挥而就,一个闲适、美满的晚上时段开始了。

(摘自《东方青年》2005年第11期)

2. 在对上面一则材料认真阅读和理解的基础上,对其进行概要复述。复述时要"抓主要矛盾",尽量避免取舍不当、偏离中心。

3. 复述下面一组漫画的情节,复述的类型自定。

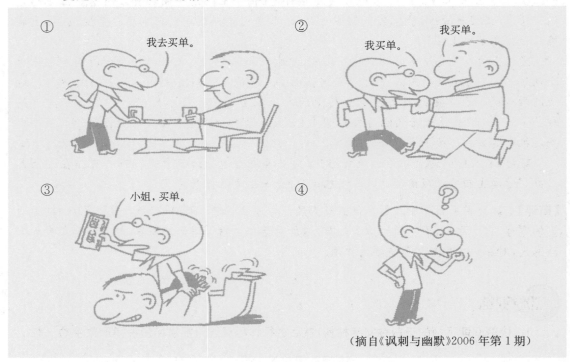

(摘自《讽刺与幽默》2006年第1期)

二、解说的技巧

　　解说是对事物、事理的性质、形状、功用等作分解性的说明。解说与我们的工作和生活有着密切的关系,是最为常用的一种口语表达形式,如介绍自己、介绍产品、介绍物品的使用说明、展览解说词、导游解说词、防火须知、烹饪方法介绍、防病治病方法介绍等等。从训练口才的角度看,掌握解说技巧,有利于培养细致的观察能力和准确的口语表达能力。

　　解说时,语速不宜过快,要把握好表达的顺序和节奏;说到数字、地名、专业用语以及关键性的、难以理解的地方,可以适当慢一些,注意用加重语气进行强调;解说的语言不能拖泥带水,吐字要清晰,别人才能听得明明白白。

　　从不同的角度,解说可以划分为不同的类型。比如,从解说的详略情况划分,有简约式解说、阐明式解说;从语言风格上划分,有朴实式解说、形象式解说和幽默式解说等等。

(一)简约式解说

　　简约式解说是指用简洁明了的话语概括事物、事理的主要特征。在进行简约式解说时,应该对事物、事理的主要特征进行一番准确的提炼,并快速确定表达用语,力求做到一语中的。

> 口才:说话的才能。
> 辩才:辩论的才能。
> 文才:写作诗文的才能。
> 人才:一指德才兼备的人,二指有某种特长的人。
> 吸烟的害处:一、有害健康;二、污染环境;三、影响下一代的智力;四、不文明。

（二）阐明式解说

阐明式解说是对事物、事理作比较详细的分析或说明。作阐明式解说时,可以对事物、事理进行分析、举例、比较、归纳等,条理清晰、有理有据地阐述事物的特征;还可以运用比喻、拟人等修辞手法,把抽象的事物说得具体、形象,把难懂的道理说得浅显明白,把专业性较强的知识说得通俗易懂。

吸烟的害处

吸烟的害处很多,综合起来讲主要有以下四点:

一是吸烟有害健康。医学实验证明:长期吸烟者的肺与不吸烟者的肺在颜色、质地、功能上有很大差别。由于尼古丁这种有害物质的慢性侵蚀,长期吸烟者的肺颜色发黑,变硬,其交换氧气的功能遭到破坏,容易患上慢性支气管炎、肺炎、肺结核、肺气肿、肺癌等疾病。另有研究证明:尼古丁对加速动脉硬化也起着推波助澜的作用。

二是吸烟污染环境。烟草在燃烧时会散发出难闻的气味。在公共场所吸烟,往往会使整个空间烟雾腾腾,熏眼呛鼻,迫使那些不吸烟的人吸入"二手烟",被动受害。

三是吸烟影响下一代的智力。如果是孕妇吸烟,或家中有婴幼儿的家长吸烟,烟雾中的尼古丁不仅会伤害胎儿或婴幼儿的呼吸系统,还会侵害他们娇弱的神经系统,对智力造成难以挽回的损害。

四是吸烟是一种不文明的行为。科学地、清醒地认识到吸烟对人类带来的危害,崇尚健康文明的生活方式,远离烟草,在全世界大多数人中已经形成了共识。在公众的心目中,吸烟已经成为一种对自己、对他人、对环境有害的不文明的行为。因此,现在包括我国在内的很多国家都禁止在一些人群集中的公共场合吸烟,有些国家甚至动用法律武器干预吸烟这种不文明行为。

【简评】 这段阐明式解说从四个方面对吸烟的害处进行了条分缕析,运用对比、描述等表达方法娓娓道来,对每一点害处的阐述都令人信服。

（三）朴实式解说

朴实式解说就是用浅显通俗、朴实无华的生活化口语直截了当地把事物、事理说清楚。这种"朴实"并不是做作出来的,而是说话者真诚、严谨的品格的自然流露。朴实式解说的要领是:一是一,二是二,平平实实,不尚修饰。

求职面试——准备好你的言谈举止

言谈举止由内在决定,但这并不意味着面试前无法准备,适当的包装还是需要的。人才咨询专家给出了以下几点建议,大家可以按照建议事先练习。

第一，不要擅自走进面试房间。如果没有人通知，即使前面一个人已经面试结束，应聘者也应该在门外耐心等待；如果面试时间到了，进房间之前应先敲门。

第二，握手要有热情。面试前的握手是一个重头戏，因为不少企业把握手作为考察一个应聘者是否专业、自信的依据。如果先前没有太多和别人握手的经验，可以事先练习一下。注意，握手不要有气无力，而要让对方感受到你的热情；但也不能过分使劲，让对方觉得不舒服。

第三，递名片要把握时机。如果有名片，在递给面试人员的时候要把握时机，如果你的面试官双手都是你的资料，千万不要急着送上自己的名片，以免显得不成熟；递名片时可将名片正面朝向对方双手递过去，方便对方阅读。

第四，坐姿也有讲究。有两种坐姿不可取：一是紧贴着椅背坐，二是只坐在椅边。这两种坐法，一个显得太放松，另一个则太紧张，都不利于面试的进行。建议最好坐满椅子的三分之二，保持轻松自如的姿势。

【简评】 这段关于面试时言谈举止的解说，没有过多的修饰，没有夸张的渲染，该怎么做就怎么说。这种简练、朴实的语言读来很实在，容易让人油然而生一种信任感。

（四）形象式解说

形象式解说就是运用多种修辞方法形象生动地描绘事物或说明事理。形象性解说能够化抽象为具体，化深奥为浅显，化陌生为熟悉，使对方很快了解你所说的事物和事理。比如，广州有一种土特产叫"太爷鸡"，你向人介绍时只说它价廉物美，人们脑海中仅仅浮现出一只熟鸡的形象和你灌输给他的"价钱便宜"的概念。如果你具体描述一下它是什么颜色、有什么香味、软硬如何、价廉廉到什么程度、物美美到什么地步，人们马上会对这种特产的外观、味道、价格有一个具体可感的印象。形象式解说既可以用具体形象的词语、用传达感觉的词语，也可以用比喻、拟人等修辞手法，以及举鲜活的事例等等。

2009年3月，青岛啤酒股份有限公司董事长金志国在北京出席全国人代会时，有记者采访他："你准备如何在危机中求赢？"金志国略一沉思，回答说："'赢'字，我们首先看到是一个'亡'字在上面，死的机会大部分都在危机里，你不管理好危机，你就会死掉，怎么能赢呢？所以，要赢首先要不死；赢字的中间是个'口'，那就是品牌、信誉、诚信铸就的口碑；赢字的左边是个'月'，月就是日积月累；赢字的右边是个'凡'字，平凡的凡，就是要做好每件平凡的小事，追求精细化管理。只有这些都有了，才有赢字当中那一个我们追求的宝贝的'贝'字——财富。所以，想要在危机中求赢，我们首先要解读这个赢字，看这个赢字给我们带来什么，我们怎么追求赢字，这是很关键的一步。"

（摘自石保青：《用新声打动你的听众》，《演讲与口才》2010年第1期）

【简评】 企业如何在危机中求赢，是一个很复杂的问题，如果用行业术语来回答，恐怕讲一两个小时大家都未必真正理解。金志国把"赢"字拆成五个部分，然后结合企业管理知识进行分析、述说，环环相扣，因果相连，形象生动，意蕴丰富，让人听后印象深刻，久久难忘。

（五）幽默式解说

幽默式解说就是运用诙谐、风趣的语言对事物、事理进行解说。幽默式解说不仅能使对方迅速了解事物的本质和事理的精髓,留下深刻的印象,而且能比较鲜明地流露出说话者自己的情感和情趣。要掌握幽默式解说,首先要能用"趣味思维方式"解释被说明的事物。另外,还需要注意以下几点:一是适当使用民谚俗语;二是欲褒虚贬、欲贬虚褒;三是大词小用、小词大用;四是使用比喻、夸张、双关等修辞手法。

2010 年 3 月 12 日下午,"世博会志愿者论坛和第 32 届文化讲坛"在上海举行,主持人沈冰应邀担当主持。她在介绍各位嘉宾时,即席演讲道:

"首先要给大家介绍的是上海世博会宣传及媒体指挥部常务副总指挥杨振武同志。大家一听到'指挥部'和'杨振武'这个名字,可能很快就会联想到军人(全场笑),但杨部长恰恰是一位十足的文化人,他在《人民日报》有过 30 年的文字历练。

"接下来为大家介绍的是影视新星'岩男郎',海岩剧《深大狱》中刘川的扮演者周一围。他的名字是'周围'中间加了'一'。我有点奇怪,人家都'三围',他为什么是'一围'呢?(全场大笑)后来我们知道了,意思是往周围一看,就他出色,所以叫'周一围'(全场笑,雷鸣般的掌声)。"

（摘自石保青:《沈冰为何让世博会文化讲坛掌声雷动》,《演讲与口才》2010 年第 7 期）

【简评】 沈冰充满情趣的介绍不仅充分表现了她幽默机敏的个性,把听众带入了轻松友好的氛围之中,同时也让大家在开怀的笑声中牢牢记住了这两位嘉宾的姓名。

课堂训练

1. 请用简约式解说对下列词语进行解释:

面试 互联网 心理障碍 京九铁路 国际空间站

2. 请用一两句话讲清一部电影、电视剧或一本小说、一个重大事件的梗概。

3. 请用阐明式解说谈谈"面试着装的禁忌"。

4. 请用朴实式解说向全班同学介绍自己的一名家庭成员。

5. 假定你是一个推销员,你要向用户推销一种最新产品,你如何介绍产品的特点、功能和使用的方法? 产品自定,人人准备,进行情境练习。讲完后大家评议。

6. 介绍一个人、一种事物、一种自然现象,但不说出其名称,让大家猜一猜。尽量不用手势、动作,只用形象化的语言来解说。

7. 评价下面这一段解说,然后进行仿说。

吸烟的好处

吸烟的四大害处你们刚才不是说过了吗? 我还说什么呢? 凡事应该从两方面看嘛,吸烟也是有好处的,至少有以下四大好处:

一是可以防小偷。吸烟会引起剧烈咳嗽,风高月黑的夜晚,万籁俱寂,只听得你家窗子里传出响亮的咳嗽声,小偷怎敢登门?

二是可以省衣料。咳嗽得弯着腰。时间一长,脊椎弯曲,成了驼背,做衣服时前面就可以做短一些,不是可以省布料吗?

三是可以演包公。从小就吸烟,长大后,脸色黄中带黑,不用化妆,随时都可以演包公。

四是可以永远不老。据医学记载,吸烟的历史越长,寿命就越短,当然永远别想老了。

三、命题演讲的技巧

演讲是就某个问题面对听众说明事理、阐述自己观点的一种口语交际活动,也是一种以"讲"为主、以"演"为辅的带有艺术性的口语活动。演讲是人们社会交际生活中不可缺少的一种口语活动。它既可以起到号召、说服人们相信什么或不相信什么、提倡什么或不提倡什么、做什么或不做什么的作用,又可以为人们介绍社会生活知识。演讲的构成情况如下:

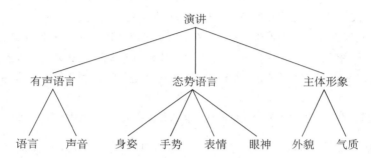

演讲根据是否有文字材料作为凭借,可以分为命题演讲和即兴演讲。

(一) 命题演讲稿的写作技巧

命题演讲是根据规定的主题事先准备好演讲稿的登台演讲活动,包括竞选、作报告、登台演讲比赛等等。演讲稿写得精彩,是命题演讲成功的先决条件。命题演讲稿写作的基本要求:

一是一事一论,主题集中。命题演讲对主题的要求比一般文章更高,尤其对议论性的演讲来说,除了要紧扣命题、立论正确、论据真实而充分、论证严密外,还应做到:角度要小,把主题集中在一件事情、一种现象上,切忌面面俱到,全面铺开。只有思想深邃,具有正确的世界观,才能在演讲稿写作中注入自己独到的见解和振聋发聩的智慧火花。

二是情真意切,事例感人。如果是叙事性演讲,在概述性地交待人物的基础上,必须选择几个感人的典型事例,要像小说那样,表现人物的语言、行动、内心的思想活动,使听众如闻其声、如见其人。这样的演讲才能够感染听众、感动听众、打动听众。

三是通俗浅显,贴近生活。写演讲稿应该特别注重语言的口语化,因为只有通俗浅显、贴近生活的口语化语言才能迅速为广大听众所理解、所接受。鲁迅先生说:"我们要说现代的、自己的话,用活着的白话,将自己的思想、感情直白地说出来。"马克思说得更干脆:"你怎么说就怎么写,怎么写就怎么说。"

但是,命题演讲稿的写作有与一般文章不同的写作技巧,以下分开头和结尾技巧两部分来归纳。

1. 开头的技巧

俗话说:"良好的开头就是成功的一半。"命题演讲正是如此。命题演讲开头的最佳效果就是"镇场"——迅速吸引全场听众的注意力。所以演讲者要想方设法、全力以赴开好头。下面介绍几种命题演讲常见的开头方法。

(1) 直陈式

演讲者直截了当地交代演讲题目及演讲的原因。这种开头直接点题,简洁明快,使听众感到非常朴实、自然、顺畅。

> 今天,我们来到这里评选一年一度的北大"十佳"教师。北大"十佳"教师,顾名思义也就是北大的十位最受同学们爱戴的好教师。在这里,有一个简单而深刻的问题,那就是——什么是好教师,或者说评价一位好教师的标准是什么?

【简评】 这是孟志中在北京大学"十佳"教师评比会上演讲的开头。演讲者首先直接指出这次演讲的事由,接着从"好教师的标准是什么"生发开去,过渡十分朴实、自然。

（2）提问式

演讲者提出一个人们普遍关注的、急切需要解决的或能够发人深省的问题,紧接着予以回答。这种开头在演讲一开始就能激活听众的思维,把听众带入一个思考问题、试图探究问题的积极的思维状态。

> 青年朋友,当你在事业上有所成就的时候,当你在科学讲坛上宣读论文的时候,当你用自己的知识报效祖国、服务于人民的时候,你想过没有:是谁给了你打开智慧大门的金钥匙?是谁最先启动了你那驶向知识海洋的航船?是谁在你那空空的心田里亲手播下一粒粒知识的种子?只要你稍加回顾,你就会毫不犹豫地回答:是老师。

【简评】 这是房晨生在《从师与尊师》演讲中的开头。演讲者一上来就向听众提出了自己要详细阐发的问题,引起听众的兴趣,然后对这个问题做出自己的回答,并进一步深入地阐述下去,不但激发了听众的兴趣,而且引发了他们的思考,给听众留下了十分深刻的印象。

（3）悬念式

演讲者设置一种使听众关注的情境和氛围,造成悬念,激发听众的好奇心,促使他们急切地想知道下面演讲的内容。这种开头能够快速有效地把听众带入演讲者的主题陈述。

> 某教授到一所学校作演讲题为"最珍贵的爱"的演讲。只见教授走上讲台,面带微笑,对同学们演讲道:"今天,我想先和大家做一道选择题,请同学们帮个忙。"大家见如此轻松的演讲开场,纷纷表现出极大的参与热情。教授开始说道:"他很爱她。她白皙的瓜子脸,美丽动人。可是有一天,她不幸遭遇车祸,痊愈后,脸上留下几道丑陋的疤痕。你觉得,他会一如既往地爱她吗?三个选项:A. 一定会;B. 一定不会;C. 可能会。"
>
> 说完题目,教授开始统计,发现大约 10% 的同学选 A,10% 的同学选 B,80% 的同学选 C。
>
> 教授笑了,幽默地说:"看来美女毁容是大家不能容忍的啊!答这道题时,潜意识里,你们是不是把他和她当成了恋人关系?"
>
> "是啊!"大家异口同声地回答。
>
> "可是,题目本身并没有说他和她是恋人关系啊?"教授似有深意地看着大家,"现在,我们来假设一下,如果题中的'他'是'她'的父亲,你把这道题重新做一遍。"
>
> 教室里忽然变得非常安静,一张张面庞变得凝重而深沉。当再次作出选择时,同学们100%地选了 A。

这时,教授借题发挥,语调深沉而动情:"世上有一种爱,亘古绵长,无私无求;不因季节更替,不因名利浮沉,这就是我要告诉大家的最珍贵的爱——父母的爱啊!"

（摘自水上芭蕾:《一道"选择题"成就精彩演讲》,《演讲与口才》(学生版)2011年第3期,有改动）

【简评】 一般人在这类主题演讲中,大多讲父母如何千辛万苦养育自己,老生常谈,难以引起共鸣。教授的演讲巧妙之处以选择题的形式设置悬念,大大吊起听众的胃口。在大家做出选择后,教授继续设置悬念,让大家把题目中的"他"理解成父亲重新选择,引起了大家的深思,紧接着教授趁热打铁抛出自己的演讲主题——最珍贵的爱,引导同学们对父爱、母爱进行反思,不动声色地触动了大家的心扉,从而让演讲获得成功。

（4）故事式

演讲者讲一个与主题密切相关而又生动感人的典故、传说、小故事、逸闻趣事、个人经历等等,来吸引听众的注意力。这种开头在演讲一开始就以引人入胜的故事情节引发听众的思考,从而透彻理解演讲的主题。

二十多年前,收藏家马未都先生曾到过新疆,在路过阿克苏的一片杏林时,很想吃杏子,于是问主人杏子怎么卖。主人告诉他:"两毛一脚。"也就是两毛钱让他对着树端一脚,掉下多少杏子,全都归他。这么浪漫、好玩的买卖让马先生心里乐开了花。他选了一棵高大无比的杏树,心想,只消端上一脚,就会有无数果子掉下来。可他使出力气,猛地一端,脚腕子都端痛了,杏树却丝毫未动,杏子一只也没掉落下来。气急之下,马先生提腿想端第二脚,可主人说要再交两毛。这一回,马先生挑了一棵小杏树,不轻不重地给了一脚,顿时,枝摇杏落,捡了大半桶……

（摘自杨海亮:《让叙事开头为演讲鸣锣开道》,《演讲与口才》2010年第1期）

【简评】 这是一位大学生在演讲《保持清醒》中的开头。这个名人故事,听来饶有兴味,令人开怀大笑。年轻时候的马未都实在可爱,可是我们不也常常头脑发热,尤其是面对诱惑时,更是会想当然地胡乱"端上一脚"吗?而这样做,可能既伤害了自己,还毫无收获。听了这样情趣盎然的故事,听众在感觉"有意思"之余,再跟随演讲者的思路来探讨"保持清醒"这个主题,收获自然更多,演讲效果可谓水到渠成。

（5）引用式

演讲者引用一条与演讲主题有关的名言警句、古诗词句、民谣、谚语等等。名言警句、古诗词句、民谣、谚语简洁精练、寓意深刻,蕴涵着丰富的哲理。在演讲开头准确、恰当地引用它们,不仅能够增加演讲的理论分量,还能够起到纲举目张的作用。

各位大概都听说过一首题为《致公仆》的民谣:"我们不希望你当什么'仆人',只希望你成为与我们平等的人;如果不能成为与我们平等的人,只希望你做个好的主人;如果不能成为好的主人,只希望你不要捞钱太狠;如果一定要捞钱太狠,那我们就送你到班房中悔恨!"（笑声）

我想,各位在听了这首民谣后,之所以会发出或酸或甜或苦或辣的笑声,肯定是觉着它反映出了当前的一部分"人民公仆"在说出"做一个人民满意的好公仆"之后逐步蜕化的现状,以及百姓对这些言行不一的"人民公仆"不信任的心理。

2. 结尾的技巧

演讲要获得全面的成功,一定要精心设计好结尾。如果说好的演讲开头犹如"凤头",那么好的演讲结尾就像"豹尾"。豹尾者,色彩斑斓而又强劲有力。演讲的结尾是对整个演讲的总结,它承担着收拢全篇的任务,因此既有文采又坚定有力、既概括全篇又耐人寻味的结尾,才能使全篇演讲得以升华,收到良好的效果。下面介绍几种命题演讲常见的结尾方法。

（1）赞美式

演讲者把热烈的赞美之情注入演讲的结尾,犹如和煦的春风,拨动听众的心弦,引起听众的共鸣。

> 我想对大家说,文花枝才应该是这个时代的"超女"——一个在生死瞬间把宝贵的救援时间、把生的希望留给别人、有着钻石般纯洁心灵的真正的"超女"! 她的行为足以赢得我们每个人的感动、尊敬和崇拜!

【简评】 这是何普的《她才是真正的"超女"》的演讲结尾。演讲者在深情讲述了勇敢的导游文花枝在车祸发生时不顾自己已受重伤、舍身救游客的感人故事之后,用热情真挚的赞美向听众阐释了"超女"的真正意义,充满着震撼人心的力量。

（2）祝颂式

对当时、当事的人物、事件、情景、现象发出深情的祝愿,用它来点明主旨、升华境界,给人以方向和动力。

> 短短的一周,我们收获了很多很多。今晚,我们在此欢聚,明天,我们就要离去,告别我们的老师,告别新加坡这块美丽的土地,告别这个年轻而富有朝气的国家。我们来也匆匆,去也匆匆,但我们不会忘记敬爱的老师们。师生情谊永存! 中国和新加坡的友谊万古长青!

【简评】 这是伍国锋在新加坡进修结业时演讲的结尾。演讲者一方面抒发了对老师、对这个年轻而富有朝气的国家的依依惜别之情;一方面祝愿师生之间、两国之间的友谊长存,在当时具体的语境中是非常具有感染力的。

（3）勉励式

在演讲结束时或提出希望,或发出号召,或指明方向,用激励或共勉的方式激发听众的斗志。这种结尾因其极强的鼓舞、震撼力量,在演讲中用得最多、最普遍。

> 你们每个人都有独特的天赋,你们拥有的这些天赋就是你们参与竞争、实现人生价值的资本,好好利用它们,与人分享它们,把它们转化为推进时代前进的动力吧! 人生是要让我们去生活,而不是用来浪费的! 只要肯争上游,人人都可能当总统!
>
> 这次我不仅回到母校,也是回到我的出生地,我就是在几条街之外出生的。在那时,耶鲁与无知的我仿佛相隔了一个世界之遥,而现在,她是我过去的一部分。对我而言,耶鲁是我知识的源泉,力量的源泉,令我极度骄傲的源泉! 我希望,将来你们以另外一种身份回到

耶鲁时，能有与我一样的感受并说出相同的话。我希望你们不要等太久，我也坚信耶鲁邀请你回校演讲的日子也不会等太久！

【简评】　这是美国总统乔治·沃克·布什在耶鲁大学的一次毕业典礼上题为《人人都可能当总统》的演讲的结尾。这个结尾充满了对青年学生的肯定、劝勉、忠告和激励，好像一股强劲的东风，鼓起了耶鲁毕业生人生旅程的风帆。其中，"只要肯争上游，人人都可能当总统！"这句话已经成为布什总统的经典名言，并作为激励青年人奋发向上的名言风靡世界各国。

（4）歌唱式

用充满激情的歌声结束演讲。这种结尾往往能够把全场听众的情绪推向一个高潮，人人沉浸其中，使演讲主题自然而然深入人心。但这种结尾有一定的局限性，比较适合有歌唱特长的演讲者。

今天的相聚将化作一段美好的回忆，让我们为相聚喝彩！虽然"明日隔山岳"，但绝对不会是"世事两茫茫"，因为我们心同比邻，千山万水也阻拦不了友谊的脚步！来，同学们，我们一起高唱《友谊地久天长》：

怎能忘记旧日朋友
心中能不欢笑
旧日朋友岂能相忘
友谊地久天长
友谊万岁　友谊万岁，
同声歌颂友谊地久天长

【简评】　这是张扬在毕业十周年同学聚会上演讲的结尾。演讲者选取了著名影片《魂断蓝桥》中脍炙人口的插曲来阐释同学间纯洁友谊的真谛，歌声响起，全场应和，把大家激昂的情绪推向了高潮。

（5）誓言式

在演讲结束时发出慷慨激昂的铮铮誓言，表明自己的立场和决心。这种誓言往往同时具备强大的号召力，号召听众共同行动起来，做有益于国家、有益于人民的事。

人人都有爱，谁能不爱自己的亲人，谁又能不爱自己的家园？作为一名环保教育志愿者，我做了我应该做的，我尽了全力！为了教科书的早日循环使用，我还会继续走下去！因为，环保中国，有我的责任！这，就是我的回答！

【简评】　这是"环保狂人"王文胜《我为环保事业奔走》演讲的结尾。它表达了演讲者为国家环保事业全心奉献的决心，铿锵有力，掷地有声，深深唤起了听众的环保意识：环保中国，有王文胜的责任，难道就没有我们自己的责任吗？

（6）余韵式

说一段内涵丰富、意味深长的话，使听众觉得余音绕梁，不绝于耳，回味无穷。这种结尾含蓄深沉，耐人寻味，让听众在深深的思考中消化演讲主题。

各位同行在拿起手术刀之前,请一定要把自己的双手洗净,这样,当我们拿起手术刀解剖别人的病体的时候,我们的双手才不会因为心虚而颤抖!

【简评】　这是李志行题为《不要让铜臭腐蚀了我们的手术刀》演讲的结尾。演讲者以最真实最典型的事例针砭了医疗行业的弊端之后,规劝同行们为患者做手术前务必洗净自己的双手。这里的洗净双手含义深刻,它不仅指手术前双手的灭菌程序,更是指医务工作者要树立正确的荣辱观,洗净自己的灵魂。这个结尾深深唤起了"白衣天使"们对自身道德的反思和对灵魂的拷问。

相关链接

几种常见的工作性命题演讲的写作提纲

　　1. 竞选演讲

　　(1) 介绍本人的基本情况。

　　(2) 讲明自己竞选的原因和愿望。

　　(3) 讲述自己的竞选条件,包括学历、资历、业务能力、人际关系等客观条件,讲述自己的工作构想。

　　(4) 表明自己的信心和决心,请主管单位予以考虑。

　　撰写竞选演讲稿时应注意以下七点:

　　(1) 以确凿而充足的事实依据来证明自己的工作能力和自信心。

　　(2) 引用他人或权威部门对自己的评价、奖励等可以更有力地证明自己的工作成绩,表现自己的业务能力。

　　(3) 切忌以贬低竞争对手的方式抬高自己,这样只会招致听众的反感。

　　(4) 阐述自己的工作思想时,应拿出切实可行的办法,强化其可操作性,这样可以使演讲更有说服力。

　　(5) 竞选者对代表们的所需所想了解得越多、越细致,所讲述的工作设想针对性越强,就越能获取代表们的认同与好感。

　　(6) 适当地表述自己的不足之处,强调弥补不足的决心,是更自信、更真挚、更成熟的表现。

　　(7) 演讲的基调应是在严谨踏实与开拓进取之间寻找一个最佳结合点。

　　2. 就职演讲

　　(1) 表明此刻的激动心情,向选民、代表或群众表示感谢。

　　(2) 简单介绍本人的情况。

　　(3) 讲述自己的工作思想、施政纲领以及近期工作的具体任务、目标、措施等。

　　(4) 表示做好工作的信心和决心,请求大家予以支持。展望未来,鼓舞斗志。

　　撰写就职演讲稿时应注意以下五点:

　　(1) 要把自己置于从群众中来的位置,切忌打官腔。

　　(2) 施政纲领、工作计划要实事求是,不好高骛远,不墨守成规,给听众留下严谨踏实而又锐意进取的形象。

（3）表现自己对暂时困难的蔑视和对未来前景的信心,能够显示自己的信心与魄力。

（4）表达自己对职务所及的单位和职工的深厚感情,以情动人,常常能收到很好的效果。

（5）故意承认自己在资质上的不足,然后表达自己以勤奋弥补不足的决心,更容易获得听众的信任。

3. 动员演讲

（1）讲明集会的原因、目的。

（2）给出某种工作或某项活动的目标和行动计划,评价其重要意义。

（3）动员听众为完成此项工作或活动积极行动起来,以高昂的热情投入工作。

（4）提出希望、表示感谢或给予祝愿。

撰写动员演讲稿时应注意以下五点:

（1）演讲者应努力从年龄、学历、职业、生活环境、兴趣爱好等方面寻求与听众的共同点,在演讲中强调这些方面,以拉近彼此的心理距离,激发共鸣,切忌以势压人。

（2）分析团体所处形势,把危害性的后果同听众的切身利益联系起来,激发听众的危机感。

（3）回顾团体的优良传统和光荣历史,肯定已经取得的成绩,激发听众的荣誉感。

（4）采用比较的方法,以彼之短,比己之长,突出我方的优势,增强听众的自信心。

（5）提出明确的行动目标和行动计划,使听众感到有可操作性,从而增强演讲的号召力。

4. 毕业典礼演讲（学生代表演讲）

（1）简述本届学生的基本情况,向全体将要毕业的同学表示祝贺和问候,向辛勤培育自己的学校、老师表示真挚的感谢,同时讲一讲自己此时的心情。

（2）回顾这届学生在本校走过的岁月以及他们勤奋刻苦的精神和硕果累累的成绩,表达依依不舍的心情。

（3）展望未来,提出希望、勉励或忠告。

（4）对母校和老师发出良好的祝愿。

撰写毕业典礼演讲稿时应注意以下五点:

（1）作为同窗学友,应把演讲重点放在倾诉与老师、同学和母校的离别之情上,着重讲述一两个感人至深的事例,拨动大家的心弦。

（2）描写校园的一草一木,唤起同学们在长期学习和生活中所积淀的对母校、对老师的情感,引发他们心灵的共鸣。

（3）回忆自己和同学们刚入校时的单纯稚气,热诚赞美他们今天的强健成熟,以前后的鲜明对比来激发大家面对未来的信心和勇气。

（4）从利益的角度讲述勤奋与怠惰所产生的不同结果,勉励同学们在毕业之后更上一层楼。

（5）引用名言,作为送给同学们或母校的精神礼物,会给他们留下深刻的印象,并起到长久的激励作用。

（二）命题演讲的准备技巧

1. 记忆演讲稿的准备

一般情况下，演讲比赛都要求脱稿演讲，这是有原因的。演讲实质上是"演"和"讲"的结合，如果拿着讲稿读，那就叫朗读，不是演讲。读讲稿时表情呆板，语调平直，目光也不能与听众交流，整个演讲缺乏生气，没有激情，当然也就达不到宣传、鼓动、号召、引起共鸣的目的。可见，记忆演讲稿是命题演讲中非常重要的一个环节。记忆演讲稿可分两步走：

（1）分析讲稿

确定字词读音、基调、重音、停顿，设计态势语。分析时可以在演讲稿上标注相应的符号，便于记忆时不断提醒自己。

（2）记忆讲稿

可以利用演讲稿结构上的特点来帮助记忆，如议论性的演讲，可采用"问题排列法""论点论据法"；叙事性的演讲，可采用"时间法""空间法"等等。

2. 试讲的准备

试讲准备的扎实与否是演讲能否成功的关键因素。进行试讲时不一定完全拘泥于讲稿上的词句，只要能把观点材料讲出来就行了。同时与有声语言、态势语的技术处理结合起来，这样既有助于加深对演讲内容的理解和记忆，也易于激发自己的情感，使演讲做到声情并茂。试讲的准备可以通过下列几个步骤完成：

背熟演讲稿——→录音（或录像）试讲，自己纠正——→对镜讲，调整态势语言——→小范围试讲，听取大家的意见——→请专业人士指导，进一步完善——→大范围试讲，锻炼胆量。

3. 演讲前的心理准备

演讲怯场是演讲中常见的心理现象，对演讲的成败影响极大。下面介绍几种战胜怯场、消除情绪紧张的方法：

（1）心境调节法

在临上场前，应注意创造良好的外部环境，听听轻音乐，读读小画册，听些幽默故事，与人开个玩笑，或者闭目养神，用心静想自己曾经身临其境的一个静谧、优雅的环境，以及在那种环境中的舒适感受。这样，把大脑兴奋点从上台演讲这件令你紧张不已的事情上转移到与此不相干的另一件事上，心绪就会平缓许多。

（2）语言暗示法

用使你产生积极心态的语言暗示自己，"我准备这么充分，我一定行""今天听众很熟悉，没有紧张的必要"；也可以作相反的暗示，"今天的听众一个也不认识，没熟人怕什么呢"，等等。也可以用手势暗示自己。

（3）不急不躁法

上台之后不要冒冒失失就开讲，最好站在麦克风前微笑着扫视全场（若有必要可以调节一下麦克风的高低），定定神，调节一下呼吸，再开讲。

这三种方法可综合运用，也可选对自己最有效的方法，在关键时刻发挥作用。要彻底克服怯场心理，必须主动抓住一切机会、创造一切条件进行实践。

（三）命题演讲的登台演讲技巧

演讲稿写好了，所有准备工作都做好了，"万事俱备，只欠东风"，只等上台演讲了。只有在台上演讲得好才能算最后的成功。登台演讲过程中必须注意以下几点：

1. 普通话语音要力求准确；
2. 语气语调要随着演讲内容的变化而抑扬顿挫；
3. 面部表情要随着演讲内容的情感变化而变化；
4. 目光要平视台下的听众，时时与他们交流，并照顾到全场听众；
5. 手势、身姿、目光既要互相协调，又要与演讲的语言同步、协调；
6. 注意力完完全全集中在演讲和与听众的情感交流上，不要理会台下人的窃窃私语、走动的人员、面前的摄像机等等。

（四）应付演讲中意外情况的技巧

1. 处理中途忘词的技巧

在演讲中，有时会遇到突然卡壳的情况。这时，不可放弃演讲，不可对听众说"不好意思，让我从头再讲"，也不可拿出稿子翻找下文。最好的办法就是努力使自己镇静下来，想到哪里，就从那里接着讲下去。要知道，越慌乱越是忘词。

2. 处理中途讲错的技巧

万一由于紧张讲错了观点，绝对没有必要声明"这句我讲错了"。如果这句话无关紧要，则可以置之不理，面不改色心不跳地讲下去；如果这句话有原则问题，则可以自圆其说地在错话后面加一个设问句：

"刚才这种说法对不对呢？我们要说：不对！"

"刚才这种明明是错误的思想，偏偏有个别人奉为真理！"

3. 处理反应冷淡或者会场不安静的技巧

在演讲中，由于时间、环境或内容、方法等原因，演讲引不起听众的兴趣，甚至会场骚动起来，怎么办？有经验的演讲者在准备演讲稿时，应准备一两个与主题、内容有关的幽默故事或笑话，以防万一，在必要时用来调节会场的气氛。其他方法也可用，比如压缩听众不感兴趣的内容、突然短暂地停讲、临时增加设问，等等。

课堂训练

1. 请根据学到的朗读知识，处理下列语句的重音、顿连、节奏、语调等。

（1）天路无捷径，唯有肯登攀。科学的训练加上顽强的拼搏，使我们在短短几年内全都具备了执行飞行任务的能力。

（2）从某种意义上讲，人生最大的差距是勤奋的差距，人生最大的遗憾是勤奋不够。记得一位哲人说过：世界上能登上金字塔的生物有两种，一种是鹰，一种是蜗牛。不管是天资超常的鹰，还是资质平庸的蜗牛，能登上塔尖，极目四望，俯视万里，都离不开两个字——勤奋。缺少勤奋的精神，是雄鹰也只能空振羽翅，望塔兴叹；有了这种勤奋精神，哪怕是行动迟缓的蜗牛，也能雄踞塔顶！

（3）于是我们无奈地看到，当一些大城市里的名校已经拥有了体育馆、天文馆、塑胶跑道、绿茵场的时候，山西沁源中学的师生们却因为没有操场，而不得不在公路上跑步，最终酿成了数十人伤亡的惨剧。同是一片蓝天，同在一方热土，同为一代学子，差距为何如此悬殊？

（4）你们每个人都有独特的天赋，你们拥有的这些天赋就是你们参与竞争、实现人生价值的资本，好好利用它们，与人分享它们，把它们转化为推进时代前进的动力吧！人生是要让我们去生活，而不是用来浪费的！只要肯争上游，人人都可能当总统！

（5）古人云，天时不如地利，地利不如人和。所谓人和，就是得民心，得民心者得天下。一个政府取信于民，就要讲诚信。

（6）让我们一起行动起来，用我们的忠诚和汗水，来书写无愧于历史和未来的"诚信"大字，让我们的政府在诚信大赛上奋力摘取一枚金灿灿、光闪闪的金牌！

2. 请就下面的话，设计你觉得演讲中合适的手势动作。

（1）请珍惜这稍纵即逝的日子，以天真的心灵踏上生命的旅程。祝福你，祝福我，祝福每一个人！

（2）庆幸的是，我们没有在虎门的炮声中退却，我们没有在卢沟桥的枪声中消沉。在战火硝烟里，一轮崭新的红日从世界的东方冉冉升起。

（3）我相信，只要我们努力依旧，只要我们热情永存，未来的世界一定属于我们！

（4）是的，"祖国利益高于一切"，一切的艰难困苦，一切的矛盾纠纷，一切由于历史的原因造成的个人恩怨，都会在这一神圣的理念中得到完全的化解。

（5）我想，既然是竞选，就该谈点儿任职后的工作设想。我打算组织一些活动来丰富大家的业余生活，如演讲朗诵比赛、辩论赛、联欢会、各种球赛等等。

（6）不久的将来，我国还要进行神舟七号、神舟八号的宇宙飞行。我和我的战友们最大的愿望，就是把祖国的荣耀写满太空！

3. 分析下面这篇竞选演讲辞的精彩之处，然后进行模拟演讲。

尊敬的老师们、亲爱的同学们：

晚上好！今天我很高兴能够站在这个讲台上来竞选学生会秘书长这一职务！

我是现代港口与物流管理系市场营销0912班的陈帅，来自遥远而美丽的古城——徐州。深受徐州汉文化的影响和熏陶，我鼓足勇气走上了这个竞争激烈的讲台。

我一上台，许多同学也许会好奇地想：怎么一个男生来竞选秘书长？这可都是女生干的事情啊！的确，秘书大多是女性。但是大家想想，我们的安南秘书长、潘基文秘书长不都是男性吗？我想，为什么秘书大多要用女性？因为女生细心、工作认真！在这里我要说，比心细我不怕，因为我比女生更心细。

秘书长是一个光荣而又艰巨的职务，它承担着协调、辅助、宣传、组织等责任。要想成为一名优秀的秘书长，首先要有端正的思想、高尚的品德；其次，要有无私的奉献精神，要舍小家为大家，把学生会当成自己的家，把学生会的事当成自己的事；最后，作为一名学生会干部要具备良好的人际关系和沟通能力，要具备创新、开拓、务实的工作作风。

在高中，我曾当过三年班长，在组织、管理、协调等方面积累了不少工作经验，掌握了许多工作方法，并协助老师多次举办活动和晚会，对秘书工作有比较深的了解。如果我有幸当选咱们系秘书部的掌门人，那么我将从以下三个方面开展工作：

第一，充分调动秘书部干事们的积极性，安排好具体的事务。如：安排口才好、责任心强的同学负责会议通知，安排细心、周到的干事做会议记录，安排计算机操作技术好的干事承担会议内容的整理和工作通讯的排版任务。

第二，我将本着"全心全意为学生会服务"的理念，做好师生之间的桥梁，及时、快速、有效地向下传达院系领导和老师布置的任务，向上通报同学们的意见和建议，力求做到信息畅通无阻。

第三，我计划在工作中充分发挥自己的创新能力，因为创新是成功的基础。系里举办活动或晚会时，我争取给老师、主席提供一些新颖、独特的思路，为我系在院里成为最优秀的大系做出我应有的贡献！

今天，我站在这个讲台来竞选秘书长，很激动也很担心。激动的是，我有机会来竞选我喜欢的职务，担心的是，在竞选秘书长的四位同学当中，有三位女生，只有我一个男生；有三位是大二的，只有我一个是大一的，可以说我是今天竞选场上最另类的一个，所以我有些担心。

但是，作为学生干部，要敢于尝试、勇于开拓！

今天，如果我失败了，那说明我和学长们相比，还需要继续锻炼、提升自己，我就把这次竞选当成锻炼勇气和口才的一次机会；如果我成功了，那么什么都不要说，我将根据以往的工作经验，一如既往，为我系学生会赴汤蹈火，在所不辞！

尊敬的老师们，亲爱的同学们，我不会用华丽、铿锵的语言来粉饰自己，只会用内心最朴素、最真诚的语言告诉大家我对这个职务的热爱与向往。希望各位能够了解我服务同学、服务学院的一片真情。

在此，我恳请各位老师、同学能够严格地审视我、考察我、支持我！支持站在各位面前的这位姓陈的帅小伙儿——陈帅！同时，我也预祝咱们系第三次学代会能够取得圆满成功，也祝愿我们系学生会的明天会更美好！

谢谢大家！

（作者：陈帅，现代港口与物流管理系市场营销0912班学生）

4. 任选下面的演讲题做命题演讲练习（可在课外完成，也可在班级举办演讲比赛）。

（1）我看偶像崇拜　　　　　　　　（2）我眼中的代沟

（3）感恩缺失谁之过　　　　　　　（4）个人与环境保护

（5）性格决定命运　　　　　　　　（6）诚信是一种美德

四、即兴演讲的技巧

即兴演讲是在特定环境中自发或应别人要求立即进行的演讲，包括会议发言、研讨等"临时说几句"的口语活动。在事先没有准备的情况下能够面对观众侃侃而谈，出口成章，是有才智、有能力的表现。即兴演讲能力已成为现代社会人才的必备条件。

即兴演讲话题集中，往往针对眼前、近期的情况。即兴演讲使用面广，不同规模聚会中的欢迎、欢送、哀悼、答辩、婚礼、祝寿、喜庆等场合中的发言或讲话，都可以叫即兴演讲。即兴演讲直陈己见，观点鲜明，真诚坦率，不绕弯子；即兴演讲言简意赅，短小精悍，富有力度。

（一）迅速选点的技巧

由于即兴演讲是"临时说几句"，一般没有充裕的时间提前准备，因此"说什么"（如何迅速选点）、"怎么说"（如何快速构思）成为演讲成败的关键。在即兴演讲之前，要使大脑处于极其活跃的思维状态，迅速地选取并确定演讲内容的落脚点，让演讲主题有一个合适的载体，解决"说什么"的问题。

1. 以"环境"为点

抓住演讲环境中某物在特定场合、时间的象征意义，借题发挥；抓住会场环境气氛，点明其象征意义，表现演讲主题。

我来参加会议，没有想到有这么好的会场。这个会场不要说是上海市企业新闻工作者协会成立大会，就是上海市新闻工作者协会成立大会也可以在这里召开。没有想到有这么多的企业报记者、编辑参加这个大会。它说明企业报的同仁是热爱自己的组织、拥护自己的组织的。没有想到，今天摆在主席台上的杜鹃花这么美丽。鲜花盛开，这标志着企业新闻工作者协会也会像这杜鹃花一样兴旺、发达……

【简评】 这是上海市新闻工作者协会主席王维一次出席市企业新闻工作者协会成立大会时的即兴演讲片段。会场是上钢三厂新建的俱乐部会议大厅，宽敞明亮，一派新气象。王维同志抓住环境中的三个点：会场、人员、鲜花，又通过三个"没有想到"把这三个点巧妙地连缀成一体，揭示了企业新闻工作者协会雄厚的经济实力、全体会员的凝聚力和向心力，同时表达了自己对企业新闻工作者协会的美好祝愿。

2. 以前者讲的内容为点

当场从前面演讲者的演讲里捕捉话题，加以引申、发挥，讲出新意来，从而给人以启迪。这种选点方法有一定的难度，要求演讲者具有细心聆听的习惯和敏捷灵活的思维，能够迅速捕捉前者演讲中的闪光点，并在自己的演讲中以它作为切入点进行发挥。

一次，中国工程院院士钟南山教授应邀参加某学校的"阳光体育活动"启动仪式——典礼上，校长介绍道："钟教授是一个对体育十分热爱的人，体育活动让他赢得了健康的体魄、幸福的生活和不凡的事业！"

钟南山笑了笑："其实，体育对我的影响不光在这个'赢'上，它还让我更好地认识了'输'：第一是它教给我'不服输'，让我有了进取心；第二是教我'不怕输'，提高了我的意志品质；第三是让我'懂得输'，输了不可怕，爬起来就还有机会；第四让我'敬畏输'，有了输的洗礼，人生道路上，我懂得要时时保持谦虚，学会敬畏对手！"

（摘自丁金华：《"一字立骨"训练，让你的表达更有力》，《演讲与口才》(学生版)2011年第3期）

【简评】 钟南山教授的口才果然了得。他抓住校长介绍中的"赢"字，巧妙地借题发挥，引申出相对的"输"字，用"不服输""不怕输""懂得输""敬畏输"条分缕析，说明体育对自己精神面貌的影响，从而让主题更加深刻，表达也更加有力。

（二）快速构思的技巧

选好"点"之后，必须迅速构思成为一个完整的表达内容，解决"怎么说"的问题。要在很短的时间内完成构思，胸有成竹地进行表达，需要学习一些构思的基本技巧。下面介绍几种即兴演讲常见的构思方法。

1. 串联法

就是先确定演讲的主题，以事态发展的时间顺序单线纵向发展，形成一根环环相扣的链条,用自己经历过的事情来证明自己的观点。演讲主题可以作为开篇首句,也可以作为总结性的结束句。

> 我很喜欢电脑,在高中的时候就在苹果电脑上写游戏,还自学完了 BASIC 语言。读大学时,我很想选计算机专业,我父母说什么专业都可以选,计算机不要选,因为计算机对人体有害,你每天坐在电脑前就像照 X 光。这个说法不是没道理的,因为当年计算机显像管的辐射是非常大的,对健康多少是有影响的。最终,我被迫选择了通讯专业。然而,我并没有放弃自己的爱好。我经常跑图书馆去看计算机方面的书,经常到计算机系里坐到后面去蹭课旁听,还经常在上课的时候看计算机专业的书。最终,我凭借我自学来的计算机知识创办了网易。
>
> 后来我自己也在思考,为什么我还比较顺利,我想有一点要跟今天的同学们交流——你一定要做你喜欢做的事情,你不要勉强自己去干一件自己不喜欢的事情,我觉得这是非常非常重要的。当你喜欢做一件事情的时候,你一定很愿意把它做好,一定会钻进去,会成为这个领域的专家。
>
> (摘自李丹:《用自身说事儿,演讲让人印象深刻》,《演讲与口才》2010 年第 11 期)

【简评】 这是网易创始人丁磊在浙江大学的演讲。他演讲的结构主线是:喜欢电脑——但被迫选择了通讯专业——并未放弃自己的爱好——想方设法发展自己的爱好——最终凭借计算机知识取得了成功——总结性的结束句。丁磊的成功心得联系了自己深刻的切身感受,主题鲜明,条理清晰,对演讲台下的大学生们具有非常大的影响力。

2. 并联法

就是把各个"点"并列在一起,排比成篇。有时会用"第一、第二、第三……"、"首先、其次、再次、最后、总之"等词语,使全篇条理非常清晰。

> 1976 年 1 月 8 日,周恩来逝世时,设在美国纽约的联合国总部降了半旗。自 1945 年联合国成立以来,世界上有许多国家的元首先后去世,联合国还没有为谁下过半旗。一些国家感到不平了,他们的外交官聚集在联合国大门前的广场上,言辞激愤地向联合国总部发出质问:我们的国家元首去世,联合国的大旗升得那么高,中国的总理去世,为什么要为他下半旗呢?
>
> 时任联合国秘书长的瓦尔德海姆先生走出来,在联合国大厦门前的台阶上发表了一次极短的演讲,总共不过 1 分钟。
>
> 女士们、先生们:
>
> 为了悼念周恩来,联合国下半旗,这是我决定的,原因有二:
>
> 一是,中国是一个文明古国,她的金银财宝多得不计其数,她使用的人民币多得我们数不过来,可是她的周总理没有一分钱存款!
>
> 二是,中国有九亿人口,占世界人口的四分之一,可是周总理没有一个自己的孩子。
>
> 你们任何国家的元首,如果能做到其中一条,在他逝世之日,联合国总部将照样为他降半旗。
>
> 谢谢!
>
> 说完,他扫视了一下广场,尔后转身返回秘书处。这时广场上先是鸦雀无声,接着响起雷鸣般的掌声……

【简评】　这是一篇简短而精彩的即兴演讲。瓦尔德海姆先生运用并联法阐释了周总理举世无双的高尚品格:第一,这么大的文明古国,财富多得不计其数,而她的总理却"没有一分钱存款"——这说明周总理毫无自私之心,把所有的精力都放在国家利益、人民利益上了;第二,人口如此众多的国家,她的总理却没有一个自己的孩子——这说明周总理把全国人民都当成了自己的孩子,把所有的爱都奉献给了自己的九亿孩子。这篇即兴演讲最大的特点就是言简意赅,内涵深刻,因此获得了"雷鸣般的掌声"。

3. 对比法

就是把对立的两个点并列在一起,形成强烈的反差,深刻揭示演讲的主题。这两个对立的点常常是相反的人物、事件、现象等等。

> 人的生活方式有两种:第一种是像草一样活着,你尽管活着,每年还在成长,但是你毕竟是一棵草。你吸收雨露阳光,但是长不大,人们可以踩过你,但是人们不会因为你的痛苦也产生痛苦,人们不会因为你被踩了,而来怜悯你,因为人们本来就没有看到你。所以,我们每一个人都应该像树一样成长,即使我们现在什么都不是,但是只要你是树的种子,即使被人踩到泥土中间,你依然能够吸收泥土的养分,自己成长起来。也许两年三年你长不大,但是八年,十年,二十年,你一定能长成参天大树。当你长成参天大树以后,从遥远的地方,人们就能看到你;走近你,你能给人一片绿色,一片阴凉,你能帮助别人;即使人们离开你以后,回头一看,你依然是地平线上一道美丽的风景线。树,活着,是美丽的风景;死了,依然是栋梁之才,活着死了都有用。这就是我们每一个同学做人的标准和成长的标准。
>
> (摘自李增源《对比用得好,演讲生奇效》,《演讲与口才》2010 年第 3 期)

【简评】　这是新东方科教集团董事长兼总裁俞敏洪题为《态度决定未来》的演讲。俞敏洪把人的两种不同的活法进行对比,一种是"像草一样活着","尽管活着",但是"长不大",即使被人"踩了",也不会引起人的同情,因为人根本"没有看到";另一种是"像树一样成长",作为树的种子即使被踩到泥土里,也能"自己成长起来",活着是"美丽的风景",死了依然是"栋梁之才"。通过对比,二者的生存方式和生命意义的巨大差异便不言而喻。如此鲜明的对比,自然会激发听众进行冷静的思考和认真的选择。

4. 递进法

就是用层层递进、步步深入的方法把各点连缀起来,使整篇演讲成为由浅入深的整体。

> 这位同学请我谈谈"矮子问题"。(哄笑)由我当众提出这个问题,岂不惹火烧身?这也需要点儿勇气呢!(鼓掌)老实说,年少时我并不觉得"矮"有什么问题,直到步入青年之后,在舆论的压力之下,才觉得成了问题。(哄笑)其实,白鹤腿长,鸭子腿短,都是生来如此,何必自寻烦恼! 现在要问:矮子能有风采吗? 答曰:个儿高不见得都有风采,个儿矮不见得都没有风采!(鼓掌)那么,矮个儿怎样才能有自己的风采呢? 我有几点心得可供大家参考:
>
> 第一,要有自信。论个子,我比他低一头,而论觉悟、学识、才干,可能比他更胜一筹! 这也叫"取长补短"吧!(鼓掌)
>
> 第二,不要犯忌讳。大凡麻子怕说麻子,秃子甚至怕说电灯泡。其实越犯忌讳越尴尬,

不如自己说白了反而没事。我经常有机会跟北方汉子们在一起开会聊天儿。我跟他们开玩笑："我不如你们高,你们可别见笑,怨只怨我们那山上的猴子就是袖珍型的!"(鼓掌、哄笑)

第三,把胸脯挺起来,但也用不着踮脚尖儿。衣着讲究适当,比如不穿横条、大方格的衣服。但也用不着老穿高跟鞋。我主张矮要矮得有骨气,还是脚踏实地的好!

第四,最重要的还是本人的德、才、学、识。有修养、有风度、对社会有贡献,自然会受人爱戴。

趁着今晚的高兴劲儿,解开这个"矮子"心结,不知台下的某些同学心里是否踏实了一些?

【简评】　这是湖南师范大学党委副书记戴海在一次大学生篝火晚会上的即兴演讲。他先讲个儿矮要矮得有自信,再讲个儿矮没必要太敏感,接着讲矮要矮得有骨气,最后讲这一切都必须以自己出众的德才学识为基础。步步深入,浑然一体。加上幽默风趣的语言、生动贴切的比喻,让台下的大学生在轻松愉快的气氛里理解如何对待自身先天不足的问题。

5. 模式法

一般说来,思路清晰的即兴演讲有一个基本模式,即:

(1) 礼貌的称呼语　　　　　同学们、朋友们:大家好!
(2) 是什么(是谁)　　　　讲明事由或摆出自己的观点、态度
(3) 为什么　　　　　　　列举理由,并举例(可分点举例,也可总括举例)
(4) 怎么办　　　　　　　说出自己的感受或提出自己的建议
(5) 感谢语　　　　　　　谢谢大家!

在以上五点中,第(1)点和第(5)点纯属演讲格式问题,中间三点就是构思演讲内容的模式。有经验的演讲者遇到什么题目都会以这个模式为底版,快速添加进去符合演讲主题的内容,使演讲既符合人们一般的认识规律,又严谨有序。

我尊敬的人

(1) 礼貌的称呼语　　　同学们、朋友们:大家好!
(2) 是谁　　　　　　我最尊敬的人是我的爸爸。
(3) 为什么　　　　　爸爸的做人原则和教育方法在我的成长中起着关键性的作用,可以说没有爸爸的影响和教育,就没有现在的我。举两到三件生动感人的事例。
(4) 怎么办　　　　　谈谈我该怎么做才能报答爸爸的养育之恩,也可分几点讲。
(5) 感谢语　　　　　谢谢大家!

我喜欢的季节

(1) 礼貌的称呼语　　　同学们、朋友们:大家好!
(2) 是什么　　　　　夏天和秋天。
(3) 为什么　　　　　列举在夏天出游着装简洁、行囊轻便等诸多好处。谈谈这次秋天的旅游带给您的眼福、口福等多方面的享受。
(4) 怎么办　　　　　谈谈自己今后在夏秋两季的计划。
(5) 感谢语　　　　　谢谢大家!

这是两则即兴演讲的构思参考,表达方法可根据内容的需要和演讲者的爱好自由选择。

相关链接

几种常见的社交场合即兴演讲的构思提纲

1. 开场白

开场白是在举行一些临时性的会议或小型活动时,由主持人或主要领导者所做的即兴演讲。开场白是整个活动的序曲,如果能够做到"开门精彩",对整个活动的顺利进行会起到很好的引导作用。开场白的结构如下:

(1) 开头:对参与者的称呼,宣布活动开始,介绍参与活动的人员。

(2) 主体:交代活动的背景、起因,阐明活动的指导思想,宣布活动的主要内容和程序。

(3) 结尾:提出对参与者的希望和要求,祝愿活动取得成功。

构思开场白应该注意以下两点:一是开场白往往定下了整个活动的基调,因此,表达时要根据活动的主题营造与之相适应的气氛;二是语言力求口语化,简洁明快,亲切热情,富于鼓动性。

2. 结束语

结束语是在一些临时性的会议或小型活动即将结束时,由有关领导人或德高望重者做的总结性的即兴演讲。"编筐编篓,重在收口",精彩的结束语可以使这次活动的主题更加深入人心,回味绵长。结束语的结构如下:

(1) 开头:对参与者的称呼,说明活动已完成预定任务,即将结束。

(2) 主体:阐述活动进展的情况、意义与影响等。

(3) 结尾:发出号召,提出希望,表示祝愿,致以谢意,宣布活动结束。

构思结束语应注意三点:一是要简洁明了,点到为止,不可拖泥带水,画蛇添足;二是语调要高昂,充满热情,富于鼓动性和号召力;三是如果能现场选点,可以用诙谐幽默的语言把它们和活动的主题联系起来,这会收到意想不到的效果。

3. 主持词

主持词是在聚会、联欢、演出、比赛等带有庆贺、娱乐、宣传性质的集体活动中串联、调控整场活动的演讲。程序如下:

(1) 以举办活动的季节、地点、事件背景等引入话题,欢迎宾客的到来。

(2) 简要说明举办活动的目的,渲染参与活动各方的心情。

(3) 对这次活动和所有参与人员发出良好的祝愿。

(4) 宣布活动正式开始。

构思主持词应注意:一是紧紧围绕主题,充分调动所有参与者的情绪;二是开场语言轻松活泼,热情真挚,迅速引起全场共鸣;三是用生动、简洁、明快的语言把节目的特色、表演内容、表演者概况等巧妙连缀成一个整体,特别注意节目之间承上启下的巧妙过渡;四是要把握好分寸,切忌喧宾夺主、喋喋不休;五是表情要真诚自然,动作要适度。

4. 同学聚会词

同学聚会词是在同学聚会上所做的演讲。感人的同学聚会词有利于久别同学之间畅叙旧情,增进友谊。其内容如下:

(1) 代表老同学对于费心组织同学聚会的人表示真诚感谢。

(2) 追忆同窗共读时的难忘往事,表达对老同学的情感、思念、问候和祝愿。

(3) 讲述自己毕业以后的生活和工作情况。

(4) 祝愿老同学友谊长存,结束演讲。

构思同学聚会词应注意:一是尽量采用生活化的口语,营造随意、亲切的现场气氛;二是抓住同窗共读时大家印象深的人和事进行细致的描述,引发大家的共鸣,激发大家对已逝岁月的怀念之情;三是真实生动地介绍自己毕业后的生活历程,拉近彼此的心理距离,让大家一同分享自己的人生乐趣。当然也要注意表达的分寸;四是可引用歌颂友情的诗词、名言,用较高雅的格调增强演讲的感染力;五是特别注意描写自己接到邀请函那一刹那间的惊喜、激动的心情,唤起大家对各自当时心情的回忆,激发强烈的共鸣。

5. 祝酒词

祝酒词是在宴请中的发言。它能够起到加深感情、增进了解、巩固友谊的作用。其内容包括:(1)回顾宾主间交往的美好往事;(2)对双方已有的合作成果作出积极评价,并以乐观的态度展望彼此关系的未来;(3)举杯邀祝。

构思祝酒词应注意:一是形式不拘,长短灵活。在比较正式、隆重的场合可以讲得长一些;在家宴、朋友、同学聚会等规模较小的非正式场合可以讲得短一些,有时几句简洁精练的话也同样能够表情达意。二是演讲者必须对对方的历史、现状、风俗、习惯等有比较深入的了解,表达准确,才能取得对方的认同与好感。三是真诚地赞美对方,颂扬对方的特长、成绩以及其他方面的内容,激发对方的荣誉感和自豪感,使气氛更加热烈、和谐、友好。

(三) 怎样才能临场做有水平的即兴演讲

要在很短的时间里迅速找好"点"、构思成篇并从容流畅地做即兴演讲,是有一定的难度。但只要我们用积极的心态去面对每一次有可能进行即兴演讲的场合,难也就变得不难了。具体来说,在一些特定的公共场合,应该做到以下几点:

1. 集中精力倾听——听各位发言者的立场、观点、态度及谈话涉及的方面,可以随手记下听出来的问题或自己的"灵感"。边听边思考:还有哪些问题我可以谈? 还有哪些问题可以继续深入探讨?

2. 时刻准备发言——如果我说,打算说什么问题,该怎么说。如果需要我说,我不推辞、不老调重弹、不啰嗦。要积极主动打腹稿,力求做到言简意赅,干脆利索。

3. 沉着冷静应对——树立自信,不怯场、不自卑、不自傲,进行积极的心理暗示。

4. 注意反馈信息——观察听者的表情,准确判断其心态,及时调整讲话的内容和方式。

5. 仪态自然大方——精神抖擞,富有激情,谦逊有礼,用良好的情绪感染听众。

相关链接

演讲十忌

一忌主题不明,观点含糊;

二忌装腔作势,内容空洞;

三忌结构松散,东拉西扯;

四忌逻辑不强,论证无力;

五忌引文不准,行文不畅;

六忌堆砌词藻,哗众取宠;

七忌文白混杂,艰涩难懂;

八忌发音不准,气势不宏;

九忌举止不雅,言谈失态;

十忌开头不新,结尾平庸。

(摘自《演讲与口才:学生读本》2009年第12期)

课堂训练

1. **散点连缀训练。**每人在三张小纸上各写一个词,然后混在一起。练习时,每人任意抽三张,然后将这三个似乎毫无关联的词用几句话连缀起来,组成一段有意思的话。开始阶段可以给几分钟,以后则应逐步减少时间,达到拿到题目就能讲的地步。

举例:窘态、论文、竖琴

班级毕业论文交流会马上就要开始了。当录音机里那悠扬的竖琴独奏结束后,同学们一一走上台去宣读自己的论文。有几位论文没有完成的同学坐在角落里,脸上露出了窘态。

2. **续句接龙训练。**先由组长确定一个中心话题,每人说一句,一个接一个地围绕中心话题说下去。要求全部临时想出句子,而且不能离题。

举例:人,应该有远大的志向

学生1:人生在世,必须有远大抱负,绝不能庸庸碌碌,做一天和尚撞一天钟。

学生2:作为一个人,就应该有价值,有值得人们尊重你的人格和尊严;

学生3:作为一个人,就应该为社会为人类作出贡献,为祖国为集体作出贡献;

学生4:作为一个人,活着就应该有着崇高的理想,远大的志向。

学生5:有了远大的志向,我们所走的每一步才会有明确的方向,

学生6:有了远大的志向,我们每走一步才会有巨大的动力。

学生7:记得很小的时候,老师教育我们要立志做一个有益于社会的人才,

学生8:长大后老师还教育我们要为国家的事业作贡献。

学生9:志是建立在每一个人心上的,这个人心有多高,为人类作贡献的目标就有多高。

学生10:作为一名大学生,不仅要学好知识,而且还要有伟大的志向、崇高的理想,

学生11:你的人生才能充满光明,焕发光彩。

学生12:让我们树立高远的志向,为国家为民族无私地奉献自己吧!

参考话题:

(1) 保护牙齿

(2) 珍惜时间就是珍惜生命

(3) 成就来自勤奋

3. 对比下面两则祝酒词,分析其优劣,并说明原因。

(1) 好,我来说两句啊,这个,今天哪,我们开这个酒会,总经理有事不能来,他让我随便说两句。这个,说什么呢? 我也没准备,其实也没什么好说的,大家来了就行,啊,这个,这样吧,千言万语啊,汇成一个字吧——喝! 喝、喝、喝,喝、喝、喝……(作举杯状)还是一个字——吃! 吃、吃、吃,吃、吃、吃……

(2) 各位来宾,今晚我们公司荣幸地邀请了各位合作伙伴,这么多的能人志士欢聚一堂,真是一个难得的机会! 遗憾的是,吴总经理因为有重要的外事活动错过了这个好机会,他向大家表示歉意。吴总经理委托我代表他本人、代表本公司,借一杯薄酒,感谢各位的光临,感谢大家几年来与本公司的友好合作。请大家举杯,为了我们今后的合作取得更大的成功——干杯!

4. 请仿说某军校首长在一次考试前的即兴演讲,注意语气和语调。

各位学员:

有关考场纪律,我不想多重复,因为大家都是考场"老手",了解违规的后果。不过有一点我想强调一下,那就是你们都是未来的军事指挥员,是管人的、带兵的人,我不希望大家在考风考纪上出问题。考不出好成绩当然是一个问题,而违反纪律那就是品格上的缺陷了。成绩不好,可以补考,这不丢人,而品格出了问题,背个处分,或被取消了考试资格,那就没法弥补,损失就大了,得不偿失啊! 那时,你将无颜站在部下面前理直气壮地讲话,更没有资格谈纪律谈作风! 所以,我希望大家都能交出两张合格的答卷:一张是好成绩,另一张是好品格!

希望大家多一些自尊自重,不要心存侥幸,做不该做的事,那将使自己永远背上三个"对不起"的包袱:对不起老师! 对不起父母! 对不起自己! 我们应把三个"对不起"换成三个"对得起":对得起老师! 对得起父母! 对得起自己!

其实这很容易做到,只要牢牢记住八个字:"遵守考纪,诚信第一!"

(摘自《演讲与口才》2005 年第 8 期)

5. 请以下面这幅漫画为开场白,用"谈谈个人修养"这个主题构思即兴演讲的提纲。

(摘自《讽刺与幽默》2006 年第 1 期)

6. 根据下列主题,迅速构思即兴演讲提纲,并在班级试讲,大家互评。

(1)我的责任
(2)我赞美敢于当众"出丑"的人
(3)假定你毕业后应聘到一家公司,在欢迎新员工的座谈会上,公司负责人请你说几句,你怎么说?

五、交谈的技巧

对话双方互为发言者又互为听众的谈话形式就是交谈。交谈是人际间最直接、最广泛的言语交往形式。人们通过交谈或表达自己的意见,或听取别人的想法。交谈可以使你与他人增进了解,加深友谊,同时获取更多的信息。

交谈也是一种生存的技能。在现代社会,说话能力已经成为衡量人才的重要标准。许多企业、事业单位招聘员工都必须经过面试。你能否获得用人单位的青睐,很大程度上决定于你是否具有良好的交谈能力,能全面地展现自己,得体地推销自己。

(一) 交谈的基本原则

1. 诚恳

交谈双方只有态度认真、诚恳,认真对待交谈的主题,坦诚相见,不藏不掖,明明白白地表达各自的观点和看法,才能有融洽的交谈环境,才能奠定交谈成功的基础。"出自肺腑的语言才能触动别人的心弦",真心实意地交流是自信的表现,也是信任对方的表现,只有用自己的真情激起对方感情的共鸣,交谈才能取得满意的效果。

2. 平等

交谈是双向交流活动,要取得满意的交谈效果,就必须顾及对方的心理需求。交谈中,任何人都希望得到对方的尊重。交谈双方无论地位高低,年纪大小,或长辈晚辈,在人格上都是平等的,交谈的态度也应该是相互尊重的。面对达官贵人、名流权威不必唯唯诺诺、手足无措、畏首畏尾;面对地位比自己低的人,也不该趾高气扬、盛气凌人。

3. 谨慎

孔子说:"君子敏于行而慎于言。"意思是说有修养的人做事要敏捷,说话要谨慎。讲话之前,应对自己要讲的话稍加思索,想好了再说。切不可冒冒失失胡乱议论,甚至不知所云。讲话之前不加思索,讲话必然言不及义,文不对题,给人留下浅薄的印象。

4. 大方

要把握住自己,与任何人的交谈都应该是落落大方的,即使在陌生人面前,也要表现得从从容容,不要扭捏不安,惊恐拘束;即便做不到谈笑风生,也应该不慌不忙,有问必答,切不可躲躲闪闪,慌慌张张。

5. 朴实

文雅当然是一种美德,但这是知识渊博的自然流露。有些人文化修养不深,说话时却故意卖弄,甚至装腔作势,乱用一些名词典故,结果贻笑大方。所以,交谈中只要用词达意,通顺易懂即可。自然朴实自有动人之处。

（二）交谈的共性技巧

1. 会听

全球知名成功学家戴尔·卡耐基说："在生意场上，做一名好听众远比自己夸夸其谈有用得多。如果你对客户的话感兴趣，并且有急切想听下去的愿望，那么订单通常会不请自到。"如果你总觉得自己所说的每一件事都非常重要，这也许是真的。但你必须明白，交谈的对方也是这样看重自己的话的，对方的话也同样需要你去认真地听。交谈过程中的"会听"，一是指用较多的时间听别人说；二是指能准确听出对方的语意，进行有效的双向交流，否则交谈就不会顺利进行。

> 供货商：汪经理，这些年我们多亏了贵公司的关照，太谢谢你们啦！不知您是不是了解，最近的市场行情变化很大呀！原材料价格波动较大，加工成本也忽忽往上蹿。上周外省几家公司到我们这里上门求货，他们很能体恤我们公司现在的处境，给出的价格还是比较优惠的……
>
> 汪经理：（略微沉吟一下）这样吧，明年的供货合同咱们照签，价格就按现行的市场价吧。
>
> 供货商：（眼睛放光，朗声大笑）哈哈，和你这样的聪明人合作就是愉快！

【简评】 汪经理是商界的谈判高手，这是一次供货合同谈判中的交谈。供货商先谈到他们合作的愉快，又"顾左右而言他"。俗话说，"敲锣听音，说话听声"。汪经理听出了弦外之音：这位供货商想提高供货价格，又担心伤了合作的基础。汪经理考虑现在成品出厂价格确实在逐渐上涨，如果在其他地方进货，价格也要比原来高。这家供货商是长期合作的伙伴，各方面已经合作得比较默契，适当提高价格也是可以接受的，于是就直截了当地拍板了。

在交谈中"会听"，主要表现在四个方面：一是集中精力，专心倾听；二是不随意打断对方的话；三是谨慎反驳对方的观点；四是了解倾听的礼仪。

在交谈中，听对方说话要保持社会公认的礼仪，这样既显得自己有涵养，又表达了你对对方的尊重。具体说来，要做到以下几点：

（1）保持视线接触，不东张西望。

（2）身体前倾，表情自然。

（3）耐心听对方把话讲完。

（4）表现出对对方的话语感兴趣。

（5）重点问题适当做记录。

（6）插话时请求对方允许，使用礼貌用语。

2. 会说

美国著名的电视主持人拉里·金是一位世人瞩目的成功的谈话者，曾获得过国际广播电视协会颁发的年度最佳节目主持人奖及其他多项大奖。他是凭借谈话而获得成功的典范。他总结出成功谈话的四条基本原则：一是内心要真诚；二是态度要公正；三是对谈话的对象要有浓厚的兴趣；四是心情要开放、轻松。

他还总结出在各种社交场合谈话的诀窍：第一，提出众人关心的最好话题；第二，话不投机时一定要表现得优雅、愉快,利用一个短暂的间隔,说几句客气话,然后自自然然地继续找别人交谈;第三,用引导人发表意见的方式,控制谈话的主题;第四,不要独霸说话机会;第五,注意周围的景物和气氛,以便随时借题发挥。

拉里·金的成功经验对我们生活、工作中的交谈很有指导意义。在交谈过程中的"会说",一般指内容准确、得体;按实际情况选择明确、肯定或委婉、模糊的表达方式;表达顺序也要根据表达需要而有所讲究。

在生活中不会说话,有时会使交谈对方感到尴尬、不快甚至愤怒,当然也会使自己的形象受损。

> 小李:(本周二打电话)喂,小王,这周的周六我举行婚礼,咱们是铁哥们儿,到时候你一定得来啊?
>
> 小王:没问题! 周六见!
>
> 小李:(本周日打电话)喂,小王,你这人真不够意思,昨天怎么连你的人影都没见着?
>
> 小王:哎呀,周五老总突然要我出差,也没空通知你一声,这不,这会儿还在外地呢。真的对不起,向你赔礼啦! 这样吧,下次,下次我一定来!
>
> 小李:下次?! (大怒,使劲挂上电话)

【简评】 这个小王,前面的话说得还可以,最后来了个让人大跌眼镜的结尾。他想弥补自己的过失,却说错了话。有谁愿意让人在大喜的日子惦记着自己下一次的婚礼? 说轻了是口误,说重点儿就是咒人了。

在工作中,同样的意思选择什么样的说话方式,工作的成效也大不相同。请看以下两个例子。

> 顾　客:这台冰箱看起来不错,就是太贵了……
>
> 销售员:这你还觉得贵? 你有没有搞错!
>
> 顾　客:我就是觉得贵嘛!
>
> 销售员:那就没什么好说了,价格又不是我定的。
>
> 顾　客:我想知道冰箱的质量怎样?
>
> 销售员:当然好啦,我还能蒙你? 我们的产品可是经过国家有关部门检验合格的,看看,那不是证书嘛。
>
> 顾　客:我家里那台还不是一样有认证! 可是用了没多久就整天轰隆隆的,吵死人了。
>
> 销售员:谁让你买那些便宜货、破玩意呢!

【简评】 这位销售员的语言冷冰冰、硬邦邦的,不停地反驳顾客的每一句话,一副很好斗的样子。特别最后一句话,是对顾客价值观粗暴的贬低,而且带有一种幸灾乐祸的语气。商店不止一家,谁愿意为侮辱自己的人掏钱呢?

顾　客：这台冰箱看起来不错，就是太贵了……

销售员：您的眼光真不错！这台冰箱的价格是稍微贵了一些，但它是一款最新推出的节能环保冰箱，省电。

您的眼光真不错！

顾　客：哦，不知道质量有没有保证？

销售员：您放心好了！我们的产品率先通过了国家相关质量认证，您看（指着冰箱上的认证标志），产品刚上市，销售量就非常大，用户也给了我们很高的评价（拿出销售记录）。

顾　客：我想知道你们的售后服务怎样？我家那台旧冰箱整天轰隆隆的，吵死人了。那家公司派人来修理过，效果不是很好。

销售员：我能理解您的感受。我们公司一向重视售后服务，就算哪天冰箱出了什么问题，您只要打个电话。我们会立即派人上门为您免费服务。

顾　客：真的吗？那太好了！我就要这台吧。

【简评】　这位销售员表现得非常善解人意。他能从顾客的顾虑中发掘值得赞美的地方，及时说"您的眼光真不错"，从而拉近与顾客的心理距离；他还能够体谅顾客的疑虑，说"我能理解您的感受"，让顾客心里如沐春风；当顾客疑虑重重时，他能够坚持不懈地争取；当顾客担心售后服务的情况时，他又能用朴实真诚的语言消除顾客的担忧。这样善于说话的销售员，他的销售业绩怎么会差呢？

对于涉世未深的青年人来说，说什么——即如何选择话题，也许是一个令人头痛的问题。善于交谈的人，总是会找到一些别人感兴趣且自己多少知道一些的话题进行交谈。

（1）可选的话题

最好是你熟悉和了解的、对方也有可能感兴趣的话题，大至国际风云变幻，小至生活中的鸡毛蒜皮。怎么才能知道对方是不是感兴趣呢？这就要根据对方的年龄、性别、职业、具体境遇等多方面的因素来综合推断。

（2）不可选的话题

① 在生人面前滔滔不绝地夸耀自己——反映出你是一个骄傲自大的人。

② 在大庭广众面前数说家人或朋友的缺点——反映出你是一个背信弃义的人。

③ 对不了解的书、电影、电视节目乱发议论——反映出你是一个莽撞浅薄的人。

④ 不顾具体的语境，三句不离本行——反映出你是一个呆板枯燥的人。

⑤ 见人就诉苦，身体的病痛、工作上吃的亏、生活对自己不公平等等——反映出你是一个缺乏自信的人。

⑥ 兴致勃勃、添枝加叶地谈论流言蜚语——反映出你是一个拨弄是非的人。

⑦ 窥探别人的隐私——反映出你是一个趣味低级的人。

交谈中最受欢迎的十种话

(1) 我真替你高兴,你的努力没有白费呀!

(2) 幸亏有大家的协助,不然这事结果如何就很难说了。

(3) 这事你处理得太好啦,要是换了我,可能就不会考虑这么周到。

(4) 这个主意真不错!我怎么就没有想到呢?

(5) 这件事需要一个头脑清醒、谨慎细致的人来做,我觉得你就最合适。

(6) 恭喜恭喜,我早就预感到你会成功的!

(7) 我一定得好好请教请教你,怎么做才能做得和你一样好。

(8) 你是这方面的高手,我想请你帮帮这个忙。

(9) 你看这件事可以不可以这样考虑?

(10) "智者千虑,必有一失"嘛!不要紧,想想问题到底出在哪里,我相信下次你肯定会做好的!

交谈中最不受欢迎的十三种说话方式

(1) 自命不凡:"我这人从来就……""你怎么能这样呢?""你根本就错了!我认为……"

(2) 轻率粗暴:"你问我我问谁?""听你的还是听我的?""长没长眼睛?不会自己看吗?"

(3) 挑衅好斗:"谁说不好啦?""你能把我怎么样?""谁也没请你这么干!"

(4) 挖苦嘲讽:"咱们是什么人,人家是什么人?""谁比得上你呀!"

(5) 随意打断:随意打断别人的话,只顾自己说,不顾别人的感受,不懂得尊重别人。

(6) 枯燥说教:"你应该……不应该……""这都是为你好!""你应该明白这样做的后果。"

(7) 藏藏掖掖:"也许你的意见是正确的。""有这种可能性。""我不是这个意思……"

(8) 死气沉沉:目光呆滞,面无表情,反应迟钝。"是。""不是。"与之交谈毫无乐趣。

(9) 心不在焉:左顾右盼,手不停活儿,爱听不听的样子。"你刚才说什么?""哦,你的发型不错!"

(10) 搔首弄姿:指指点点,挤眉弄眼,手舞足蹈,挖耳掏鼻。

(11) 口齿不清:声音小,犹犹豫豫,黏黏糊糊,不知所云,令人谈兴大减,产生不信任感。

(12) 啰里啰嗦:说话抓不住重点,注释比正讲的事长得多。

(13) 口头禅:"那个""那种""嗯""然后""就是""反正""对不对""是不是"等。

3. 会看

在交谈中,学会察言观色很有必要。这是因为人的情绪变化往往通过表情、眼神透露出来,而人的行为又常常受到情绪的影响和制约。人在情绪处于低潮时,很敏感,易发火,喜安静,恶交谈,这时与他交谈应该十分谨慎;人在情绪处于高潮时,兴致勃勃,宽容大度,待人温和,乐于与人攀谈,不计较对方的言辞,这时是交谈的好机会。学会察言观色,留意对方的表情、眼神、举止,就能够寻找最佳谈话时间,这样可以避免许多不必要的纠纷,容易达到预期目的。

交谈时神情专注,二目有神,声音响亮,面无惧色,这类人充满自信,并且有与你长久交谈下去的意思；反之，眼神游移不定，低头不语，左顾右盼，手里东抓西弄，这类人或者是不善表达、不自信，或者对谈话毫无兴致，甚至已经不耐烦了。这时，最好尽快结束交谈。交谈中的"会看"，表现在以下几个方面：

（1）学会用目光接触对方，但要避免——

① 不看对方——无礼、目中无人。

② 扭扭捏捏或紧张不安——无经验、无自信、不专业。

③ 鬼鬼祟祟、目光游移——不安好心、不可信任。

④ 死瞪着对方不放——无礼、挑衅、让人尴尬。

（2）学会观察、评价对方

迅速判断对方属于哪种类型：实惠型？个性型？严肃型？浪漫型？炫耀型？

（3）读懂对方的态势语

对方的一举一动、一颦一笑都传达着特定的信息，读懂它们，你才会是一个好的交谈者。

（4）不做势利眼

树立"国王和乞丐人格平等"的观念。因此，和人交谈时要想真正"会看"，还得进行价值观、思想境界方面的长期修炼。

　　李珊的表姐是某房地产公司的销售经理。大二暑假，李珊到表姐的售楼部进行社会实践，负责接待顾客。

　　一天，来了一位老人，他的穿着非常朴素，怎么看都不像是买房子的。他东瞧瞧西看看，可始终没有售楼小姐理睬他。李珊记住表姐的话：来者皆是客，要好好接待。于是，她热情地接待了老人。

　　旁边的售楼小姐在一旁窃窃私语，偷偷嘲笑李珊傻头傻脑不会看人。半小时后，老人走了。一个售楼小姐说："李珊，你真傻，这种人一看就知道是来闲逛的，看样子就知道他买不起房子，你根本就不用理他。"

　　第三天，老人又来了，他找到李珊说："我打算买两套房子，一套给儿子，一套给自己住。"旁边的售楼小姐一听老人的话，都争着为老人服务。可是，老人谁也不理，认定让李珊为他服务。

【简评】　李珊虽然是没有任何销售经验的学生，但她不以貌取人，对顾客一视同仁，热情接待，结果受到机会的惠顾。她不但赚得了一笔丰厚的售楼佣金，还获得了用钱买不到的经验：不要轻视任何一位顾客，即使他是多么的不起眼。

（5）会看场合说话

很多情况下交谈并不局限于两个人，那么就应该学会看场合说话。第一要根据具体场合确定恰当的说话方式，第二要根据在场人的具体情况谨慎选择说话内容。

　　王东、周明和张立一起参加了机电系数控机床操作技能大赛，王东赢得了一等奖，周明得了三等奖，张立没有获奖。决赛完回宿舍的路上——

　　周明：（钦佩地）王东，你怎么这么厉害？我都拼足了全力，才得了个铜奖。你却毫不费劲地拿到了金奖，真是太厉害了！

　　王东：别那么夸张，瞎猫碰个死耗子而已！

　　周明：你还是瞎猫啊？你要是瞎猫，那其他人不都成了病猫、死猫了！

张立:(怔了一下,突然加快脚步)

王东:(尴尬地)不好意思,我也先走一步!

周明:哎,你们怎么……

【简评】　按理说,周明以自己、他人之弱来比衬王东之强,会令王东感到愉悦,但遗憾的是,周明说话时没有考虑到旁边的"第三者"——未得奖的张立。听到周明对王东的赞美,张立肯定会因自己过早出局而自惭形秽,而周明又用"死猫"来比喻参赛成绩较差的同学,这就使他不得不"对号入座"深受伤害。本例中周明本为赞美王东,无意中却伤害了张立,也使王东备感尴尬。

4. 会问

在交谈中,"问"是个法宝。它是深化的阶梯、长进的桥梁、触发的引信、觉悟的契机。"问"的作用有三个:为自己释疑;启发对方思路;打破交谈僵局。高明的问话,不仅能起到投石问路的作用,还能使交谈沿着自己希望的轨道向深层展开,达到相互沟通的目的,而且被问的一方感到舒畅。

一家大型机械设备厂的某推销人员曾经三次打破公司的销售纪录,其中有两次他的个人销售量占全厂销售量的50%以上。他是怎么做到这些的? 他说自己成功销售的秘诀就是经常进行有针对性的提问,直到销售成功。他通常是这样提问的:

(1) 您好! 听说贵公司打算购进一批机械设备,能否请您说明您心目中理想的产品应该具备哪些特征?

(2) 我很想知道贵公司在选择合作厂商时主要考虑哪些因素?

(3) 我们公司非常希望与您这样的客户保持长期合作,不知道您对我们公司以及公司的产品印象如何?

(4) 您是否可以谈一谈贵公司以前购买的机械设备有哪些不足之处?

(5) 您认为造成这些问题的原因是什么呢?

(6) 如果我们产品能够达到您要求的所有标准,并且有助于贵公司的生产效率大大提高,您是否有兴趣了解这些产品的具体情况呢?

(7) 您可能对产品的运输存有疑虑,对于这个问题您完全不用担心,只要签好订单,一个星期之内我们一定会送货上门。现在我想知道,您打算什么时候签署订单?

(8) 如果您对这次合作满意的话,一定会在下次有需要时首先考虑我们,对吗?

【简评】　以上问题能让客户在回答问题的过程中对产品产生认同感。问题(1)和(2)的目的是弄清客户需求;问题(3)的目的是为自己介绍公司及产品做好铺垫,同时也可以引起客户对本公司的兴趣;问题(4)、(5)、(6)则是站在客户需求的立场上提出问题,有助于对整个谈判局面的控制;问题(7)是有目的地促进交易完成;问题(8)为以后的长期合作奠定基础。这八个问题让对方觉得提问的人态度真诚,说话有分寸感。和这样稳重、干练的推销人员合作,一定会非常愉快。

有的人问话一出,便能打开对方的话匣子,双方相见恨晚,成为好朋友;反之,愚蠢的问话,会使对方感到可笑或者愤怒,造成难堪的场面。

小　王：(远远看见邻居张大爷自行车上推着煤气罐走过来,便热情地招呼)喂,张大爷,又没气了?

张大爷：(顿时心中不快)小伙子,你怎么说话呢?

小　王：我说得没错呀,我家四口人,气总是足足的;你家就老两口儿,怎么老断气呢?

张大爷：……(气得青筋怒胀,再也不愿多看小王一眼,推着车扭头就走)

【简评】　小王错在两点:一是不会斟酌词句,"煤气"省略成"气",又和"没"搭配一处,很容易产生歧义;二是不了解老年人的忌讳。年纪越大越珍惜生命,你左一个"没气"、右一个"断气",让张大爷怎么领你的情?

(1) 提问的技巧

在交谈中想要做到"会问",必须掌握两种技巧:一是要根据对方的个性和心理设计问题。若对方情绪高涨,提问可以轻松愉快一些;若对方心绪不佳,提问就得小心慎重一些。二是要设计好问题和提问方法,让对方有话可答。提问要注意四个方面:

① 要适合对方的水平和能力,假如问一位目不识丁的农民"对中国'入关'怎么看",一定会使他很为难。

② 要看对方能不能、想不想回答。比如国家机密、个人隐私等问题,对方往往就不能、不想回答,因而最好不要涉及。

记　者：罗斯福先生,听说我国海军要在加勒比海的一座小岛上建立潜艇基地,请问有这回事吗?

罗斯福：有。

记　者：那么您能透露一些关于这个计划的细节吗?

罗斯福：(小声地)你能保密吗?

记　者：能保密。

罗斯福：(迅速接话)你能,我也能!

记　者：……

【简评】　罗斯福在当美国总统以前,曾任海军副部长职务。记者采访的失败是因为触动了问话中的"地雷"——国家机密,而罗斯福机智的回答不仅展现出军队高层领导人物的智慧和修养,也巧妙而果断地拒绝了记者不恰当的要求。

③ 不要先定好调子。比如问"你们是怎样幸福地生活的?""谈一谈你的美好感受好吗?"等等,如果对方的生活并不幸福、感受并不美好,就无法回答这些问题,交谈过程也就会出现不和谐、不顺畅的情况。

(2) 要用谦逊的态度提问

提问时态度谦逊、语气谦和、彬彬有礼,充满对对方的尊重,对方回答时才会从容而有兴致。典型的谦逊型句式有:能向您请教个问题吗? 想听听您的看法,行吗? 事情的真实情况您能告诉我吗? 对此您有什么想法,请谈谈好吗? 谈谈您对这个计划的看法好吗?

(3) 不要用质问语气提问

交谈中最忌的是质问。因为,质问是刺心的利箭。许多夫妻不睦、父子不和、兄弟成仇、

同事交恶,都是一方喜欢以质问式的态度交谈所致。习惯质问的人,大多胸襟狭窄,好与人为难,自大好胜,认为自己高人一等,所以一交谈,就用质问的语气对人。常见的质问型句式有:你怎么总是迟到? 你难道没有听吗? 你连这么简单的道理都不明白吗? 连这都不懂,你是怎么回事?

5. 会用不同的语气

在交谈中,一个人的语气常常反映出他的个性、气质和胸襟。中国有句古话:"江山易改,本性难移。"虽然人的性情往往难以改变,但说话的语气是可以改变的。为了获得最佳的交际效果,我们应该学会面对不同的人,用不同的语气和人交谈。

春秋时期的纵横家鬼谷子对于如何针对不同的人选择不同语气的论述,很值得我们分析和借鉴:"与智者言,依于博;与博者言,依于辨;与辨者言,依于要;与贵者言,依于势;与富者言,依于高;与贫者言,依于利;与贱者言,依于谦;与勇者言,依于敢;与愚者言,依于锐。"也就是说,与聪明的人交谈,语气要显出博学;与博学的人交谈,语气要精于思辨;与善于思辨的人交谈,语气应善于举要;与高贵的人交谈,语气要有恢宏的气势;与富有的人交谈,语气要高远;与贫困的人交谈,语气要平和实际;与社会地位低的人交谈,语气要谦卑;与勇敢的人交谈,语气要果敢有力;与愚笨的人交谈,语气要十分肯定。

（三）交谈的分类技巧

1. 拜访

拜访是联络感情、拓宽社交范围的礼节性交谈。拜访有探亲访友、工作拜访、商务拜访等类型。这种交谈要有礼貌,要热情谦虚、亲切友善,使交谈从一开始就形成轻松愉快的气氛。拜访活动的交谈要注意这样几点:一是以对方为中心:以听为主,答语简明热情而有分寸;二是客随主便:谈自己的见解时可以对方的某些话为起点,先顺承,然后转向自己的感受,争取认同;三是融洽和谐:若有与主人不同的观点,应该尽量避免争论,而用委婉的方式表明自己的看法;四是尊重主人:不要过多地对房间里的摆设进行评论和批评,谈话中要注意分寸,避开主人家里对一些话题的忌讳;五是彬彬有礼:进门时见到长辈和在场的其他人要问好,告辞时要同主人和其他客人一一告别。

在拜访活动的具体操作上应该注意:

（1）预约时间:以免吃闭门羹或当不速之客。

（2）准时到访:如果不能按时到,要提前通知对方,因为不遵守时间是很不礼貌的行为。

（3）选准时机:不要选在对方用餐时间,不要选择周末的晚上,以免打扰对方。最好是在节假日的下午或平日晚饭以后。

（4）掌握时间:无事不要闲聊,因为别人的时间是很宝贵的。晚上拜访,要尽量缩短时间,不要影响别人的休息和其他家务安排。

（5）进门前要轻轻敲门,不能破门而入,再熟悉的朋友也要等主人招呼再进门。

（6）不要随便选择地方或坐在床上,不要乱动主人家里的摆设。

（7）不要东张西望,甚至伸着脖子好奇地往房间里"窥探"。

2. 待客

待客也是常见的交际活动,有家庭待客、工作待客、商务待客等类型。做一个热情好客的东道主,不仅能给登门造访的客人留下良好印象,而且很有可能为自己日后的发展创造良机。与拜访相同,这种活动中的交谈也是以礼貌、谦逊、热情为基调,作为主人要尽量自始至终对客人照应周到，使客人感到像在自家一样亲切。

招待客人时的交谈要注意以下几个方面：

（1）要热情地招呼客人"请进"、"请坐"、"请不必拘束"。

（2）要把客人介绍给在场的其他人，并把客人让到显要位置上就坐。

（3）对于很要好的老朋友，虽然不必过分客套，但交谈中也必须表现出应有的尊重。

（4）要针对客人的不同情况选择恰当的话题，主动调控话题。

（5）听客人说话应该神情专注，不要东张西望，心不在焉，或者频频看手表（钟表）。

（6）留客人吃饭时，要多考虑客人的习惯，不应该过分劝酒，不要过分殷勤地给客人夹许多菜，免得客人即使不喜欢吃也不好拒绝，这时候就需要"主随客便"了。

（7）客人要告辞时，要婉言相留："如果不忙，再多坐一会儿吧。"客人走出大门时，要说："有空请再来坐坐！""慢走。"

3. 采访

采访是新闻工作的基本工作方式之一，是一种以记者为主导、以被采访人为主体的双向口语交流活动。采访的针对性、目的性很强，同时需要有敏捷的思维能力、灵活的应变能力、筛选话题的能力和交谈过程的调控能力。因此，它是训练交际口才的好方法。由于采访目的、对象、环境的不同，采访过程存在着种种可变性，因此需要充分做好采访前的准备工作，同时掌握一定的采访技巧。

（1）拟订提纲，设计问题。要注意问题的可答性，尽量把问题大化小，化整为零，所有问题加起来形成一个整体，为采访主题服务。比如采访一位市民："你知道怎样维护消费者利益吗？"就可以分成"你周围的人买过假冒伪劣的东西吗？""买了之后怎么办？""应该到哪去投诉？找谁？"几个小问题，这样的问题指向小且具体，使采访对象有话可说。

新闻背景：一名七岁半的小男孩在火车上被乘警发现并且送往当地福利院。孩子患有多发性软骨瘤，福利院已经帮他联系做了手术。目前小男孩被当地一位好心人收养并让其在一所学校学习，状况良好。孩子不是当地人，能勉强说出父母的名字以及家庭住址，但是思维很混乱。心理医生对他做了测试，发现他有心理创伤，内心有一个很恐惧的画面，这个画面可能是他过去生活中看到的画面，或是长期遭受虐待自发形成的画面。这个画面时常会折磨他。

目前，我们希望能通过报道帮小男孩找到他的亲生父母，了解真相，毕竟孩子是父母的心头肉，骨肉分离是件痛苦的事情！

（网络资源：http://www.22826.com/question-73753439.html）

采访提纲：

采访目的：①了解7岁左右的男孩目前身体状况和心理状态；②了解该男孩被收养后的生活情况；③呼吁社会提供线索，帮助小男孩早日找到亲生父母。

采访要求：①对孩子采访时注意问题和用词，避免引起内心恐慌；②细致观察小男孩言行举止；③仔细询问发现、治疗、收养过程的具体细节。

采访问题设计：

采访首先发现孩子的人：①何时发现孩子的？②当时发现孩子时，孩子是什么情况？

采访福利院接待孩子的人：①孩子到福利院时的状况？②如何发现孩子腿部患病？

采访为孩子治疗腿部的医生：①孩子腿部患的是什么病？②孩子目前的健康状况怎样？

③是否对他以后的生活有影响？

采访心理医生：①如何发现孩子有心理障碍的？②孩子的心理障碍是哪一方面的？③经过心理指导是否能康复？

采访收养孩子的家庭：①为什么收养这个孩子？②有没有什么反常的地方？③目前学习情况怎么样？④是否期盼孩子能早日找到亲生父母？

结束语：呼吁社会上的热心人提供线索，帮助孩子早日找到亲生父母。

【简评】 这份采访提纲所设计的问题均是开放型的，让被采访者有话可说，有利于挖掘细节；同时，每一个问题都是紧紧围绕采访目的，用词的分寸也把握得恰到好处，有利于观众了解整个事件的详情，并积极配合媒体为孩子寻找家人。

（2）和蔼可亲，积极引导。采访对象是知情者、当事人，而采访者是个问路人、求知者，因此必须用求教的态度向采访对象发问，认真而耐心地恭听对方的介绍。遇到采访对象有顾虑或记忆不清的时候，应该积极引导，耐心说服。只有这样，对方才能很好地配合。

（3）形式多样，灵活变换。采访时，要根据对方的情绪，以灵活多变的方式发问。不要死追硬逼，让对方产生厌烦情绪；更不要盲目追问对方不知情的问题，使对方产生反感。有时一问一答的采访方式容易使气氛紧张，不妨把问答变为交谈、聊天，往往效果更好。

实习记者：听说您在班主任工作中取得了很优异的成绩，是吗？

教　　师：不过是做了一些班主任应该做的工作。

实习记者：市政府授予了您优秀班主任的光荣称号，是吧？

教　　师：那是领导的一种鼓励吧。

实习记者：这也与您的勤奋努力分不开呀。

教　　师：更重要的是学生的努力和家长的配合。

实习记者：您为什么主动要求当班主任呢？

教　　师：这应该说是工作的需要和学校领导的信任吧。

【简评】 整个采访过程呆板僵硬，问话方式单一。最致命的是，所提的问题只是在陈述一个事实。这些问题本身就阻塞了被采访者的思路。因此，这不是一次成功的采访。

4. 洽谈

洽谈是向对方提出要求，通过交谈期望得到协作或支持的口语交际形式。与采访一样，洽谈的过程常常是问答的过程。一问一答，构成了洽谈的基本部分。恰到好处的提问与答话，有利于推动洽谈的进展，促使洽谈目的的实现。

（1）推销产品中的洽谈技巧

推销中的洽谈，讲究谨慎灵敏，顺藤摸瓜，投其所好。具体说来，一是向顾客提问要从一般的事情或简单的问题开始，然后再慢慢深入下去。这样既能创造和谐的交谈气氛，又可以从中发现顾客的需求，为推销奠定基础。二是要了解顾客的需求层次，这样可以把问题缩小到某个范围内，易于了解顾客的具体需求。三是要注意提问的表述方法。

教士：我在祈祷的时候可以吸烟吗？

上司：（心想：祈祷的时候还想吸烟？一点儿都不虔诚！）不行！

教士：那我在吸烟的时候可以祈祷吗？

上司：（心想：吸烟的时候都不忘祈祷，真的很虔诚啊！）当然可以喽！

【简评】　这个示例虽然不是关于推销产品的，却是洽谈成功的典型范例。这位教士随机应变，及时调整自己的提问方式，很快就达到了洽谈目的。推销也是如此，应该选择顾客最易产生认同感、最乐于接受的表述方式。比如"您看看这里的手机哪一款最适合您"比"您需要买手机吗？"高明得多。

推销洽谈有以下几种常用的提问方式：

① 求教型提问：这种商品的质量不错吧？请您评价一下好吗？

② 启发型提问：

　　　销售员：请问买质量好的还是差一点的呢？

　　　顾客：当然是买质量好的！

　　　销售员：好货不便宜，便宜无好货。这也是……

③ 协商型提问：您看是否明天送货？

④ 限定型提问：您看我是今天下午两点钟来见您还是三点钟来？

（2）应聘中的薪资洽谈技巧

应届生洽谈薪资问题时应该注意以下三点：

① 了解市场行情：应届生就业市场的行情，每年会因毕业生人数、市场需求量等的变化而有所不同。应届生要注意留心报刊媒体上的就业情况分析，了解上一年度的就业市场薪资价位行情和本年度就业市场的预期展望，并侧面询问一些具有典型行业特点的企业人事经理，了解他们企业当年度招聘应届生的薪资范围。将上述几方面综合考虑，就可以大致得出一个适合自己的薪资范围，进行有效的薪资洽谈。

② 洽谈态度坦诚：洽谈薪资时，可以坦诚地告诉面试考官自身对薪资要求的范围，并用具体的数据说明为何有如此薪资要求（如：可以表明自己对就业市场薪资情况的了解，以及自身的知识、技能、特长与未来工作的吻合度等等）。

③ 应变机敏灵活：如果对方问："我们公司能付给你的薪资与你的期望有一定差距，你能接受吗？"如果你十分中意这份工作的话，应适当降低薪资标准，但不要急于告诉对方你可以接受的薪资最低数额，而是征询是否可以在试用期后根据表现提薪。

5. 劝说

劝说是通过交谈说服对方改变观点、立场、态度的口语交际活动。人的生活和工作不可能永远一帆风顺，总有遇到艰难险阻甚至天灾人祸的时候。当人的处境不顺时，往往会情绪低落、自暴自弃，甚至走向极端。此时，如果他能够得到别人安慰、劝说和疏导，就会很快走出心理上的困境，勇敢面对生活。因此，劝说是一种能够解人燃眉之急的口语表达艺术。成功的劝说不靠强权的压制，而靠心灵的征服。只有晓之以理、动之以情、导之以行，才能说服对方认同自己的观点，放弃原先的所思所想所为。劝说时应该注意以下几个方面：

（1）将心比心

劝说者把自己和对方摆在平等的位置，设身处地替对方着想，以情感人，劝其理智行事，放弃原先的错误想法和做法。

> 歹徒：(身上捆满炸药威胁警方，若不答应条件，他将与人质和大楼同归于尽。)
> 警官：(赤手空拳接近歹徒。像拉家常一样)我有一个儿子，今年十岁，上小学四年级。他非常可爱。为了他，我可以牺牲我的一切。(话锋一转)你有儿子吗？
> 歹徒：(情绪稍有放松，但仍用枪指着警官)有。两个，一个六岁，一个九岁。
> 警官：你爱他们吗？
> 歹徒：(不明白警官的意图)当然爱。
> 警官：你既然爱儿子，难道不想看着他们长大成人吗？
> 歹徒：(头上开始冒汗，拿枪的手剧烈颤抖起来)……
> 警官：(穷追不舍)你既然爱他们，难道忍心让他们这么小的年纪就失去父亲、成为孤儿？
> 歹徒：(心理防线轰然崩溃，扔掉手枪，一屁股坐在地上，哭了起来。)
> 警官：(初战告捷。趁机继续开导，终获成功。)

【简评】　这位警官的成功之处在于，他不是以"警察"对"罪犯"的方式谈话，而是以一个"父亲"对另一个"父亲"的方式谈话。同是"父亲"，就必然有一些共同的经历、共同的感受。从共同点入手，容易撼动对方的心灵，使对方接受自己。

（2）耐心委婉

不直接指责对方，用诚恳的态度耐心、委婉地劝说，常常能够使对方心悦诚服地接受建议。

> 售票员：请问你们几位买车票了吗？
> 小青年：我们是待业青年，没有工资，用什么买票？
> 售票员：(微笑着，小声地)你们自己看看，这样子给人的印象多不好？其实，我知道你们不是故意使坏，都长这么大的男子汉了，总知道爱护自己的名誉吧？乘车买票，块把钱是小事，名誉坏了，用多少钱也买不回来！看，车上这么多乘客都看着你们呢，多不好意思！
> 小青年：(不好意思起来，相视一笑，顺从地买了票。)

【简评】　这位售票员成功说服几个想逃票的小青年买了票，得益于她诚恳的态度和委婉的话语。她针对小青年爱面子的特点，含蓄中带着刚毅，微笑中透着坚决，表达委婉，效果明显。

（3）巧施类比

遭受挫折的人总是习惯于和成功者相比，结果由于"比上不足"而灰心丧气。这时，劝说者如果能使其换一个角度和别人对比，就能有效地带他走出心理困境。

> 晓林：(高考失利，录取到高职院校，深感自己无能，"破罐破摔"，无心学习。)
> 老师：能到我们学院来上学，说明你还是很有能耐的。
> 晓林：(惊讶地)啊？能耐？我有什么能耐！
> 老师：你想想，全国七百多万考生，考上本科的二百多万，是少数。落榜的有三百多万，你在这三百多万考生的前面，你说说算不算有能耐？
> 晓林：这……
> 老师：俗话说，"宁做鸡头，莫当凤尾"，现在全国各类企业对高级技工的需求缺口很大，

据网上统计,今年北京缺八万,南京缺十一万,广东缺一百万,而且几年内都难以缓解。你的分数在学院新生中名列前茅,只要你不故意荒废自己,三年内真正掌握所学的专业技术,毕业后找工作没准儿比本科生还要容易呢!

晓林:(使劲地点点头。)

【简评】　这位老师引导晓林与比自己更不如意的人相比,使他消除了失落感,产生"知足"乃至振奋的情绪;进而又鼓励晓林利用高分专科生的优势,争取较好的前途。这位老师的劝说入情入理、有理有据,劝说的效果非常好。

（4）分析利害

劝说者站在被劝者的立场上,从目的、效果等方面为其分析利害,促其醒悟。

小莉:学校生活太乏味了,还不如现在就退学,早点出去找工作挣钱。

小玲:你说说退学对你有什么好处? 有什么坏处?

小莉:好处,第一,自由了;第二,可以早点挣钱;第三……没有了。坏处嘛,没想。

小玲:让我来帮你想想吧。退学的坏处:第一,马上大三了,你退学,等于白白浪费了两年青春时光;第二,工作肯定能找到,问题是要找什么样的工作? 退学就等于没有文凭,你工作的起点就可想而知了;第三,白白浪费了你爸妈两年来为你付的学费和生活费,对家庭的经济来说是个不小的损失;第四,让你爸妈失望,他们会觉得你太不懂大人的一片心了……

小莉:停,停,停,那我说的两点好处呢?

小玲:那根本不能算什么"好处"。你说退了学就自由了,找到工作还会继续自由吗? 你说可以早点挣钱,其实不过是不想受学校管束的借口而已。我觉得,你的这个想法第一不明智,第二没有远见,第三对自己不负责任。

小莉:真有那么严重吗? 让我再好好想想。

【简评】　小玲并没有直截了当批评小莉的错误想法,而是帮助小莉作理性的分析,弄清她的想法的利害得失,使小莉的头脑变得清醒起来,最终放弃了退学的念头。

（5）情感认同

劝说者把自己与被劝者相同或相似的情感体验充分表达出来,使被劝者从被人理解的感受中找到一些心理平衡,然后晓之以理,帮助对方走出困境。

小李:(大一。远离亲人、朋友和熟悉的同学,来到陌生的地方上学,倍感失落,干什么都没心情。)

小张:(大二。小李的老乡)振作起来,哥们儿! 才离家几天就这种样子,至于吗? 去年我刚进校时也想家,老想给家人和朋友打电话。后来我一想,我们现在还不到二十岁,以后的离别还多着呢,不早点学得坚强一些,就会变成一个懦弱的人。我就主动和同学们交往,发现在新环境里也一样有友爱、有热情、有朝气,所以,很快我就走出了心理的阴影。哥们儿,你也试试,怎么样?

【简评】　小张把自己摆在与小李相同的心理层面上,表现出对小李心情的理解,然后谈自己和小李共同的心路历程,使小李认同自己,并接受劝说。

6. 拒绝

拒绝是表达自己不能或不愿接受对方的请求或提议的口语交际活动。在日常生活和工作中,对于别人的要求,有时应该满足,有时却需要拒绝。说"不",也是有窍门的。无论选择什么方法,微笑着拒绝总是没有任何害处的。对人对己莫不是如此。即使别无选择了,那么,伴着微笑的"不",至少显得悦耳动听一些。拒绝使你为难的要求,可以根据情况选择下面的方法:

(1)代替式

对方提出 A 事情,你则采用比 A 事情更为重要的 B 事情来替代。

> 客户:今天晚上我想请你撮一顿,有空吗?
> 科长:(面露难色)哎呀,很抱歉,今晚恰好有几位老同学要来我家玩儿。你看这……

【简评】 客户请客的目的很明确,若断然拒绝,显得有些生硬,也会伤客户的自尊;不拒绝吧,赴宴之后紧接着的很可能是不合理的要求。这位科长用"老同学来访"拒绝了宴请,既保全了对方的面子,又达到了拒绝的目的。

(2)发问式

对于对方不合理的要求,通过巧妙的提问,诱使对方自我否定,放弃原来不合理的要求。

> 小涛:哎,小刚,听说市里最近新开了一家游泳馆,去那里游泳的人特别多,咱俩一起去玩吧?
> 小刚:当然想,可是这种地方门票是很贵的。
> 小涛:我教你一个好办法,打电话告诉你爸,说学校要增收补课费二百元。这样就可以去玩十几次了!
> 小刚:哦,你是让我去骗我爸?嗯,这倒是个好主意。不过……这可要担风险啊!值不值得呢?那新开的游泳馆真的那么好玩?你不会骗我吧?
> 小涛:真的,我不骗人!
> 小刚:你不骗人,那我也不能骗人。

【简评】 小刚设了一个套子,小涛很容易就钻进去了。小刚没有直接拒绝,但对方已经心知肚明了,也不会感到生气、难堪。这种拒绝技巧令人叫绝,小刚通过巧妙的发问,诱使对方按照自己的逻辑去否定自己,"以子之矛,攻子之盾"。

(3)模糊式

每个人都有一些不愿让外人知道的事情,如经济收入、健康状况、年龄、经历等,因人而异。当别人的问话涉及到你的忌讳领域,可以用模糊的、不精确的方法去应对。

> 观　众:您在央视做主持人,一个月有多少收入?
> 白岩松:应该说,养活一个老婆是足够的!央视主持人的收入不是固定的,要看你上节目的多少和档次的高低,有时这个月收入很高,下一个月可能就只有它的零头。我从不走穴,没有什么外快,在央视,我的收入不算很高的,当然同下岗职工相比,我就什么也不应该说了!

【简评】 无论在国内或在国外,个人经济情况都属于隐私。探问别人的经济收入,是不礼貌的行为。白岩松避实就虚,用模糊的语言委婉地表明自己的收入属于中等水平,表明自己洁身自爱、淡泊知足的生活态度,回答非常得体。

（4）无效式

在交际中,可能会遇到一些令人心烦的人。他们喜欢刨根问底,刺探隐私,穷追不舍。拒绝这种人,可以采取表面上有问有答、实际上不提供任何有价值信息的方法,这实际上是一种态度的拒绝。

> 男:（套近乎地）我好像在哪儿见过你,你贵姓?
> 女:我跟我父亲姓。
> 男:你父亲贵姓?
> 女:当然是跟我祖父姓啦!
> 男:（仍不死心）你家有几口人?
> 女:跟我家的自行车一样多。
> 男:你家有几辆自行车?
> 女:（白了他一眼）每人一辆。

（摘自《演讲与口才》2005 年第 6 期）

【简评】 面对陌生男人的套近乎、献殷勤,这位少女非常机智。她没有像一般人那样用硬邦邦的话"怎么啦,要查户口吗"去激怒对方,而是问什么答什么,但每一句话都在兜圈子,让提问者一无所获。

（5）示弱式

大凡求助的人,都抱有很高的期望值,相信你能解决这个问题。期望值越高,越难拒绝。如果多讲自己的长处,或过分夸耀自己的能力,就会在无意中抬高对方的期望值,增大拒绝的难度。如果适当地讲一讲自己有限的能力,就会降低对方的期望值,在此基础上,诚恳地帮对方分析问题、提一些合理的建议。这样不仅可以达到拒绝的目的,而且使被拒绝者因得到一个更好的途径,愉快的心情就会取代被拒绝的失望与烦恼。

> 小明:哥们儿,这次英语考试我可全靠你帮忙了!到时候我可等着你的关照呢。
> 小强:哎呀,最近学的内容挺难的,我还没有弄懂呢。这样吧,咱俩一起复习,真正弄懂一些问题,对咱俩都有利,即使考不了高分,也比被老师"一网打尽"好吧!

【简评】 小明的要求显然是违反校规和道德准则的。如果断然拒绝,很可能使双方关系陷入僵局,因此小强先强调自己"没有弄懂",没有能力在考试时"帮"他,然后提出"一起复习",进而亮明自己不愿意因作弊而受处分的想法。因为有可能共担风险,而小强又明确表示不愿担这个风险,小明如果够聪明,就能由己及人地去想问题,不再强人所难。

交谈是一门需要用一生潜心学习的艺术。作为一名即将踏入社会的大学生,锤炼交谈艺术的捷径就是通过交谈本身。第一步,与家人练习交谈,重点训练自己寻找话题的能力;第二步,与朋友、同学练习交谈,学习做一个受人欢迎的东道主,重点训练自己控制话题的能力;第三步,与陌生人练习交谈,实践学过的知识,做一个反应敏捷、彬彬有礼的交谈者。当然,重要的是对交谈应该抱有积极的态度。

相关链接

交际中的遗憾

爱听奉承话的遗憾是错误的病灶日益严重。

损人的遗憾是同时害己。

借钱不还的遗憾是再借就难。

不尊重别人的遗憾是别人也不尊重你。

被人尊重的遗憾是处处需严于律己。

言辞木讷的遗憾是不引人注意。

口若悬河的遗憾是必有失言。

唇枪舌剑伤害别人的遗憾是同时也伤害自己。

说假话的遗憾是从此失信于人。

自我夸耀的遗憾是别人反而认为你浅薄。

拿别人一分钱的遗憾是降低了一分人格。

爱耍小聪明的遗憾是被人提防。

盛气凌人的遗憾是被人憎恨。

阿谀奉承的遗憾是被人轻视。

压迫下属的遗憾是压而不服。

顶撞上司的遗憾是顶而不和。

给别人制造痛苦的遗憾是自己也不会幸福。

给别人制造紧张的遗憾是自己也不会轻松。

给别人制造烦恼的遗憾是自己也不会快乐。

事事计较的遗憾是处处得不到宽容。

疏远别人的遗憾是别人也不会跟你亲近。

待人冷漠的遗憾是别人也不会赐你热情。

待人虚伪的遗憾是别人也不会对你忠诚。

别人当面怕你的遗憾是在背后恨你。

被别人当面说好话的遗憾是往往被人背后说坏话。

欲限制别人的遗憾是别人反而跟你离心离德。

(摘自卢仁江:《交际中的遗憾》,《交际与口才》1999 年第 9 期)

课堂训练

1. 分析下列每组说法,判断其优劣,并说明理由。

(1) A. 你昨天为什么不来上班?

　　B. 昨天没见到你,身体不舒服或家里有什么事需要帮忙吗?

（2）A．你什么时候得的这种病啊？

B．你在这里住多久了？住院前觉得哪儿不舒服？

（3）A．我生长在农村，从小家境贫寒，养成了节俭的习惯，一分钱巴不得掰成两半儿花。

B．我生长在农村，我的缺点是小气，比较看重钱。

（4）A．我说老马，你在哪里拣个破烂的报废车来开？耽误了大家多少时间！

B．老车认主，老马识途。这车的脾气，马师傅早摸透了，立马就能修好，大家放心吧！

2．阅读下列短文，谈谈梁思成先生的话有什么精妙之处。

　　一次，著名建筑学家梁思成就古建筑的维修问题作学术演讲。演讲开始，他说："我是个'无齿之徒'。"听众听到这话，以为是"无耻之徒"，大为惊讶。这时，梁思成接着说："我的牙齿没有了，后来在美国装上了这副假牙，因为时间长了，所以不是纯白色的，略带点儿黄，因此看不出是假牙，这叫'整旧如旧'。我们修理古建筑也要这样，不能焕然一新。"听众会意地笑了。

3．以下是五种普通的服务情景，你认为顾客的下一个需求是什么？

（1）某顾客已花了很长时间等候服务。

（2）顾客不停地看手表。

（3）一位顾客抱着一大堆东西向你走来。

（4）某天一早，顾客就排队等候，显得烦躁不安。

（5）洽谈时，顾客在东张西望。

4．对比下面的两个情景对话，分析情境（1）中的销售员沟通失败的原因以及情境（2）中的销售员沟通成功的原因。

情境（1）

顾　客：你们的设备质量太差了，现在又得买一个小配件。

销售员：星期二才会有。

顾　客：但是我今天就需要它。

销售员：可是我们的库存里已经没货了。

顾　客：我说过了，我今天就需要它！

销售员：那我也没办法。

顾　客：（怒气冲天）你叫什么名字，我要投诉你！

情境（2）

顾　客：你们的设备质量太差了，现在又得买一个小配件。

销售员：对不起，星期二我们才会有这些小配件，你觉得来得及吗？

顾　客：星期二太迟了！那台设备得停工好几天。

销售员：真对不起，我们的库存里已经没货了，但我可以打电话问一下其他的维修处，麻烦你等一下好吗？

顾　客：没问题。

销售员：真不好意思，别的地方也没有了。我去申请一下，安排一个工程师跟你去检查一下那台设备，看看有没有别的解决办法，你看行吗？

顾　客：也好，那就麻烦你了。

5. 下面是一位女主持人采访一个招聘干女儿的老大娘的实录,阅读之后请谈谈你对这次采访的感受。

主持人:你觉得来应聘的女儿哪一个最有缘?

老大娘:"我觉得三个……

主持人:(打断)三个都还可以吧?

老大娘:其实……

主持人:(打断)那没选上的女儿,是不是不好意思推辞?

老大娘:这个问题嘛……

主持人:(打断)那你跟这三个女儿还是在来往吗?

老大娘:这个嘛……

主持人:(打断)还在来往对不对?

老大娘:嗯,是这样的,我要说……

主持人:(打断)这样的日子过得很快乐对吗?

老大娘:呃,但是……

主持人:(打断)对,你们真的很快乐,你们永远都会这样对不对?

老大娘:永远?

主持人:(打断)好了,现在节目结束。谢谢我们的嘉宾,谢谢大家!

(摘自浩海波涛:《陈鲁豫,你主持有点谱没有》,《演讲与口才》2011年第2期)

6. 以班干部为采访对象,在课堂做模拟采访练习。采访内容为对班级现状的看法、推动班级工作的举措等。可分两组进行,然后作对比评析。

7. 以临时指定的学生为采访对象,在课内外做模拟采访练习。采访内容为对校内外某一热门话题的见解。练习话题的提出、展开、控制和转移的技巧,最后由教师归纳。

六、辩论的技巧

辩,就是辩解、辩驳;论,就是议论、讲述。辩论,是指双方站在互相对立的立场上,就同一问题进行针锋相对的争论,以求明辨是非、分清曲直的一种口语交际过程。"论"与"辩"是构成辩论的两大基本元素。"论"就是正面立论,证明己方观点的正确;"辩"就是揭露、批驳对方的错误。"论"为"辩"服务,"辩"是中心。没有彼此唇枪舌剑的思想交锋,就失去了辩论的意义,也就谈不上辩论。辩论区别于其他口语交际的主要一点,就是"辩"。

辩论是人们交流思想的一种形式。它是人类社会生活的必然产物。人们认识事物的结果是千差万别的,离开了辩论,事物的是非、美丑、优劣就难以区别。有人说"理不辩不明",有人说"论辩是真理之源",这都是有道理的。大到解决世界性问题的联合国大会上的辩论,小到家庭夫妻间因教育孩子的方法之争,辩论可以说是无处不在。

辩论按不同的标准,可以有不同的分类。从辩论的目的上分,可分两类:一种是以追求真理为目的的辩论,例如古希腊苏格拉底的辩论、现代的如学术辩论;一种是以锻炼和显示辩论术为目的的辩论,例如古希腊以普罗塔戈拉为代表的智者学派的辩论、当代的如电视辩论。从辩论的内容形式上分,则可分为三大类:一是日常生活、学习、工作中人们之间的争辩;二是各类专业性辩论,如商业谈判、法庭辩论、政治性辩论、学术辩论等等;三是竞赛性辩论,如国际华语大专辩论赛等。

这里,我们从辩论的一般技巧和赛场辩论的技巧两方面来了解和掌握有关辩论的技能。

(一)辩论的一般技巧

辩论是一种有益的理智的口头交流活动,在日常生活中它虽然表现为"舌战",但"舌战"是争论、辩论,不是争吵、吵架。鲁迅曾经说过:"辱骂和恐吓决不是战斗。"无论我们和谁辩论,都要辩出水平,辩出境界,辩出修养,这就需要掌握辩论的一般技巧。

1. 以牙还牙式

辩论是一种通过说理明辨是非的口语交际活动。但是,某些人不是为了说理,而是有意刁难、恶意挑衅甚至肆意侮辱对方。对付这种论敌的有效方法,就是给予以牙还牙式的反击。

> 白人牧师:(对黑人领袖)先生既有志于黑人解放,非洲黑人多,何不去非洲?
> 黑人领袖:(毫不示弱地)阁下既有志于灵魂解放,地狱灵魂多,何不下地狱?
> 白人牧师:(顿时语塞,狼狈不堪地离开。)

【简评】 这位白人牧师挑衅意味明显,无法理智地与之答辩。黑人领袖立即向对方提出一个针锋相对、始料未及的问题,既巧妙地回答了对方的问题,又对其进行了辛辣的讽刺,令对方措手不及,当即陷入被动,自己则反守为攻,成功地掌握了谈话主动权。

2. 顺水推舟式

辩论中的顺水推舟就是按照对方的思维模式依势顺推,或以对方的核心论点为前提进行推理,得出一个明显错误的结论,然后集中火力,制服对方。

> 张老板:(到 A 公司商务洽谈时,很欣赏该公司公关小姐肖慧,趁肖慧为他添茶水时说)小姐,以你的能力和姿色完全可以到一家大公司去取得优厚的待遇,何必在这里为一个草包服务,每月挣那么几百元钱,你不觉得委屈吗?
> 肖　慧:(添好茶递上去)就倒一杯茶水,谈不上委屈不委屈。
> 张老板:(满脸通红,哑口无言。)

【简评】 A 公司虽然规模不比张老板的公司大,但上下一心,人际环境和发展前景都不错。肖慧很反感这种不惜贬低别人来挖墙脚的行为,但又不好直接反驳,于是就顺着张老板"为草包服务委屈"的思路说下去,说得张老板无地自容。

3. 归谬引申式

这种辩论方式是指为了证明对方论点的错误,先假定它是正确的,然后由这种"正确"推导出一个明显荒谬的结论,最终否定对方的论点。

> 女白领:车夫,赶紧送我去火车站!
> 司　机:(很不高兴地)小姐,你怎么叫我车夫呢?
> 女白领:(鄙夷地)那些赶马的叫马夫,你是开车的不叫车夫叫什么?
> 司　机:是吗? 你一向这么称呼别人?
> 女白领:对呀! 我就这样,怎么啦?

司　　机:哦,你说得好像挺有道理呀。我就纳闷了,难道你管记账的叫"丈"夫吗?

女白领:……

【简评】　对于女白领的强词夺理,机智的司机以退为进,在询问中摸准了对方荒谬的逻辑,先假装认可对方的观点,随即依据她的逻辑进行巧妙引申,利用"账"与"丈"的谐音,得出她"管记账的叫'丈'夫"的荒谬结论,在幽默的调侃讽刺中有力反击了对方的不敬,使对方无言以对。

4. 类比推理式

这种辩论方式是指列出一个对象,与对方所提出的对象相比较,再由两者在某些属性上的相同而推导出它们在其他属性上也可能相同的结论,而这个结论是非常荒谬可笑的。这种辩论方法与归谬引申式的区别在于:它是列出另一对象与对方提出的对象相比较而得出荒谬结论,而归谬回敬式是顺着对方的语势将其"道理"推向极端而得出荒谬结论。

2010年1月,西方个别国家悍然宣布将向台湾出售大批武器装备。对此,中国政府表示坚决反对,并提出了严正交涉。而对方狡辩称:无意破坏两岸之间的关系,出售给台湾的都是防御性武器,只是为维持台湾足够的自我防卫能力。后来,当记者就此问题采访前外交部长李肇星时,李肇星说:"个别国家向台湾出口先进武器,这就相当于弟兄两个人正在拥抱的时候,有人给其中一方递上一把匕首,用心何在?"

【简评】　李肇星没有直接反驳,而是列出了"向正在拥抱的弟兄之一递上匕首"与西方个别国家的所作所为进行类比,形象生动地揭露了企图干涉我国内政、破坏中国统一的险恶用心。语言简练而犀利,一语破的。

5. 假言推理式

这种辩论方式是假定对方的说法是正确的,那么从这个说法推导出一个不利于对方的结论;假定对方不赞成这个结论,那就说明对方刚才那个说法是错误的。

富翁:海涅先生,您说奇怪不奇怪? 前不久我去了太平洋上的一个小岛,岛上什么都有,就是没有犹太人和驴子!

海涅:有什么好奇怪的? 只要我和您再去一次那里,不是什么都有了嘛!

【简评】　德国著名诗人海涅是犹太人。面对富翁把犹太人与驴子相提并论的恶意侮辱,海涅不躁不怒,而是用语言这把利剑给予对方有力的回击。他的推理是:你说那个小岛上没有犹太人和驴子,假如这是真的,咱俩一同去,我本来就是犹太人,你当然就是驴子了;假如你不承认自己是驴子,那么就等于你刚才的话只是瞎说而已。

6. 二难推理式

辩论的一方提出一个有两种可能性的前提让对方选择,而这两种可能性都使对方难以接受,将对方置于进退两难的境地。这是辩论的一种有效武器,在某些特殊的场合,它的确可以使你在"山穷水尽"之时绝处逢生,出奇制胜。

皇帝:(闲来无事,向全国宣布)如果有人能说一件十分荒唐的事,使我说出:"这是谎话。"那我就把我的一半江山分给他。

> 农民:(拿着一个斗来到皇宫)万岁,您欠我一斗金子,我是来拿金子的。
> 皇帝:(勃然大怒)一斗金子? 我什么时候欠的? 撒谎!
> 农民:(不慌不忙地)既然这是谎话,那就给我一半江山吧!
> 皇帝:(急忙改口)不! 不不! 这不是谎话。
> 农民:那就给我一斗金子吧!

【简评】 这个农民巧用二难推理式进行辩论,各路设卡,使得皇帝左右为难。

在辩论中,有时一方先使用"二难提问"的招数来发难,另一方招架乏力,因为无论回答"是"与"否",都会陷入圈套,置身进退维谷的"二难"境地。针对这一特点,可以有意识地超越论敌设置的"非此即彼"的怪圈,破解论敌"二难提问"的招数。

> 诡辩家:你是否停止打你的父亲了?
> 朋　友:我从未打过我的父亲,也无所谓停止。

【简评】 朋友直接否认了"二难提问"中的"此"和"彼",巧妙地避开了诡辩家的语言陷阱。

在以"社会秩序的维系主要是依靠法律还是道德"为题的辩论中:

> 正方:你认为社会秩序的维系主要是依靠道德。那么我问你,如果你家里被"梁上君子"光顾了,你是立刻去报警呢,还是等那个不知名的小偷良心发现,归还所窃物品呢?
> 反方:可是我们社会上也常有这样的情况:当一个小偷偷了东西,倒是被那些见义勇为的人先行抓获了。不知你看过昨天的电视新闻没有? 一位中年妇女在自动取款机上取了钱,一出门就被小偷偷了,她发现后一呼喊,三十多名群众一齐追去,有骑摩托车的,有开出租车的,很快就把小偷捉拿归案。可见,道德不但能够"扬善",同时也具备"惩恶"的功能啊!

【简评】 正方发出"二难提问",如果反方回答"是",会恰恰证明了对方观点的正确;如果回答"否",则显得不合情理而愚不可及。然而反方避开了"非此即彼"的被动选择,舍"此"弃"彼",增设了"第三种选择",从另一个角度举证"道德也能够惩恶"的观点,坚守了己方阵地,破解了对方的"二难提问"。

7. 转移话题式

转移话题式是指对于某些不能、不愿或不便回答的问题或者对方故意刁难的问题,机智地运用偷梁换柱法进行的辩论。这是运用反逻辑的方式构成的言语策略。在特定的言语环境中,它不失为一种机智的办法。转移话题式包括两种基本形式,即暗换概念和转移论题。暗换概念就是不保持原概念的同一,故意改变概念的含义外延;转移论题就是不保持原论题的同一,故意改变论题的含义或者另以似是而非的论题去代替。正确得当地运用这一策略可以展示表达者机智灵活的思维,也可以取得幽默风趣的效果。

> 一场以"男女平等——女性的出路"为主题的外国留学生汉语辩论会上。
> 甲方:我先提一个问题,乙方说,女性不应该依赖男性,应该自由、自主,那为什么还要结婚?
> 乙方:因为我爱我的丈夫呀!(全场哄堂大笑)

【简评】 甲方"为什么还要结婚"的提问,是从抽象的一般意义上讲的,用以驳斥"女性不应该依赖男性,应该自由、自主"观点的,而乙方的巧妙回答,却转移了论题,从具体的个别的意义来答辩,"因为我爱我的丈夫",这不仅化解了对方的凌厉攻势,而且取得幽默风趣的效果,使辩论赛一开始就掀起了一个小高潮。

8. 大智若愚式

这种方式对对方的谬论假装糊涂,好像没有发现他的本意,故作曲解,讽刺对方。大智若愚式辩论是曲线型思维的结果,即采用拐弯抹角的进攻方式。运用这种方法可以产生强大的嘲讽和幽默效果,是常用的雄辩技巧。

辜鸿铭:(身穿长袍马褂、留着小辫子。坐在公共汽车上欣赏窗外景色。)

留学生:(对辜鸿铭的形象品头论足,很是不屑。)

辜鸿铭:(不动声色。从怀里掏出一份英文报纸从容地看起来。)

留学生:(笑得前仰后合)看看这个白痴,不懂英文还要看英文报,把报纸都拿反了!

辜鸿铭:(慢条斯理地用流利纯正的英语说)英文这玩艺儿实在太简单了,不倒过来看,还真没意思。

留学生:(大惊失色,面面相觑,然后讪讪地离开了。)

【简评】 辜鸿铭先生是我国近代学贯中西的著名学者,在年轻洋人的取笑面前,他不是拍案而起,而是装出愚蠢的样子,倒过来看报纸,反而显示出他过人的聪明才智而将对手折服。

(二) 赛场辩论的技巧

辩论赛是指两支辩论队在事先规定人数、规定程序、规定题目、规定时间的情况下进行的一种对抗性辩论活动。参赛队抽签选定各自立场,通过交替发言,论证本方观点,攻击对方观点,最后通过评委打分,来决定胜负。辩论赛是一种短兵相接的言语对抗,也是机敏应变能力的较量。在辩论赛中,双方随时都可以从各个角度向对方发难。同时,双方又必须面对一些意想不到的难题,随机应变,快速应对。因此,你有来言我有去语,快速问答,是辩论赛的显著特点。

1. 辩论赛的组织、程序和评判

(1)组织

辩赛的人员分为两组,一组为正方,另一组为反方。正方反方的分配,一般于辩论赛的前若干天由双方抽签决定。正方、反方人数相等,现实运用中较多的是每组四人。在团体辩论阶段,一辩的职责是破题,即阐明本方观点;二辩、三辩的发言既要维护本方观点,又要集中力量批驳对方观点;四辩则承担总结本方观点的重任。

(2)程序

(辩论会主席执行)

① 辩论赛开始

② 宣布辩题

③ 介绍参赛代表队及所持立场

④ 介绍参赛队员

⑤ 介绍规则、评委及点评嘉宾

⑥ 辩论赛比赛（辩论过程程序见下表）

⑦ 评委及点评嘉宾退席评议

⑧ 观众自由发问

⑨ 宣布比赛结果

⑩ 辩论赛结束

序　号	辩论赛程序	时间规定
1	正方一辩发言	2′30″
2	反方一辩发言	2′30″
3	正方二辩选择反方二辩与三辩进行一对一攻辩	1′30″
4	反方二辩选择正方二辩与三辩进行一对一攻辩	1′30″
5	正方三辩选择反方二辩与三辩进行一对一攻辩	1′30″
6	反方三辩选择正方二辩与三辩进行一对一攻辩	1′30″
7	正方一辩进行攻辩小结	1′30″
8	反方一辩进行攻辩小结	1′30″
9	自由辩论（正方先开始）	8′
10	反方四辩总结陈词	3′
11	正方四辩总结陈词	3′

（3）评判及评分标准

组委会将聘请五至七位资深评委组成评审组进行全程评议。每场比赛另设两名点评嘉宾，不参与比赛评分。评分标准是：

① 团体分：共 300 分。

	评分项目	分值	得分	总分		评分项目	分值	得分	总　分
正方	攻辩	30			反方	攻辩	30		
	攻辩小结	40				攻辩小结	40		
	自由辩论	70				自由辩论	70		
	总结陈词	40				总结陈词	40		
	语言风度	50				语言风度	50		
	团体配合	50				团体配合	50		
	综合印象	20				综合印象	20		

② 辩手个人分：每场总计 50 分。每场比赛的最佳辩手由得分最高者获得。每次比赛全场最佳辩手由个人累积分最高者获得。

评分项目	正方				反方			
	一辩	二辩	三辩	四辩	一辩	二辩	三辩	四辩
整体配合								
语言表达								
辩驳能力								
风度仪态								
综合印象								
本场总分								

注：a. 每场比赛的胜负判断，根据五位(或七位)选定评委所计的团体分总和来评判。
　　b. 辩手个人得分只作为个人奖项的评审依据，与判断每场胜负无关。

2. 辩论赛的取胜技巧

从根本上看，辩论赛是一种思维和语言表达的游戏。这场游戏是丰富的知识积累和精湛的辩论技巧完美结合的角逐。广博的知识在辩论中起着根本的作用，没有它，一切辩论技巧都是无源之水、无本之木。作为一名辩手，一是要有广博的知识，二是要对所辩问题有全面深刻的了解把握。做不到第一点，就难以使自己的认知与社会的方方面面建立广泛的联系，可供调动的东西很少，这样势必视野狭窄，辩论中难免辩词苍白，被动挨打；做不到第二点，就难以使自己有深刻的理性把握，这样势必思想肤浅，难以分析得入木三分，也难以切中要害。

但是，一个人即使有丰富的知识积累，而如果不善于表达，不熟悉辩论技巧，在赛场上往往难以招架，不可能有出色的表现。下面介绍几种常见的赛场辩论技巧。

（1）巧妙诠释辩题，争取有利条件

辩题，是己方观点的"纲"，"纲"举才能"目"张。一旦确定辩题，就要对其做出有利于己方的解释，确立己方论点，辩论时才有可能先发制人，攻守得体，游刃有余。巧妙诠释辩题，有两种常用的方法：

① 限制法：这是指辩题对己方不利时，对辩题巧妙恰当地提出一些限制的技法。使用这种方法，往往能够收到起死回生的效果。比如"大学生勤工俭学利大于弊/大学生勤工俭学弊大于利"这一辩题显然不利于反方。面对被动处境，反方在战略上对辩题进行了巧妙的限制，把原来的辩题改变成"大学生勤工俭学没有限度必定弊大于利"。这样，就大大加固了己方辩论的基石。运用限制法，关键在于其限制要恰当巧妙，既要在辩题限制后，使己方从原来的无话可说变得口若悬河，游刃有余，又要限制得天衣无缝，让人感觉没有篡改辩题之嫌。否则，留给对方把柄，必败无疑。

② 定义法：就是给辩题中某些关键字眼作出有利于己方的定义，从而先发制人，占据主动。比如"宽松式管理对大学生利大于弊/宽松式管理对大学生弊大于利"这一辩题无疑使正方处于不利地位。对此，正方巧释题眼，别开新意，开场就摆出"宽松式管理"并不是不要规章制度，并通过例证说明，为己方论点开辟了广阔的活动舞台，牢牢把握了辩论场上的主动权，并最终获胜。

（2）设计辩论框架，确定推理思路

辩论前必须把所准备的相关知识、材料按严密的逻辑规范组织起来，形成论辩思路，建构辩论的基本框架。设计时第一要明确己方的理论基点，第二要明确理论基点和各个分论，以及各分论点间的逻辑联系；第三要明确用何种论证方法来联系论点和论据。

设计辩论框架，要充分考虑到对方提出的理由和可能从哪里展开对己方的反驳，想出应对的策略。这样，才能做到知己知彼，心中有数。设计辩论框架，要避免两种情况：一是太简单，对上述三层逻辑规范没有周密的思考，自己的理论体系一盘散沙，又对对方的理由及反驳的问题全然没有预测，一切都临场去随机应变；二是太详尽，一切照事先准备好的稿子，上场后照本宣科，不理睬对方的陈词和反驳，也不反驳对方。这两种情况是辩论赛辩不出水平的主要原因。

（3）广泛引用材料，佐证己方观点

赛场辩论中的旁征博引、左右逢源，就是指辩手善于引用材料，诸如名人名言、历史典故、科学理论中的公理、定理或其他有关的事实和材料，来证明己方论点、反驳对方论点。引用材料如果巧妙、贴切，还能起到画龙点睛、点明主题的作用。

　　"知足常乐／不知足常乐"辩论赛片段：

　　正方：知足常乐是对的。"淡泊明志，宁静致远"，是诸葛亮终生恪守的座右铭。他淡泊名利知足常乐，不管当军师还是当丞相，他都保持"淡泊、宁静"的知足心态。刘备临终前甚至劝他取代刘禅，自为蜀主，他断然拒绝，全心全意辅佐后主，绝无半点野心，知足常乐的态度永远不变，在历史上留下忠臣良相的美名。

　　反方：请问对方"致远"是什么意思？"致远"就是实现远大的理想啊！诸葛亮永远也不知足：借荆州——取益州——建蜀汉——平孟获——伐中原，其志在恢复汉室，统一中国。他永远不知足，永远进取这种不知足的精神最可贵！没有这种进取精神，诸葛亮能在历史上留下美名吗？

　　正方：对方辩友一定读过普希金的《渔夫和金鱼的故事》吧，那个贪得无厌的老太婆，要了木盆还要房子，得了宫殿还要做皇帝，结果竹篮打水一场空，还是天天守着那破木盆过日子。这难道不是对贪得无厌者的讽刺和惩罚吗？

　　反方：我看那位老太婆没有什么不好！她强烈要求改变自己受压迫的穷苦生活，永不满足于现状，难道不应该吗？毛泽东在延安时谈到这则故事，力排众议，对老太婆的永不知足的精神持赞扬的态度。我们干事业就要有这种永不知足、永远进取的精神啊！

　　　　　　　　　　　　　　　　（摘自《演讲与口才》2005 年第 9 期，有改动）

【简评】　正方引用诸葛亮的座右铭，无疑是正确的。他们借诸葛亮的话表明自己的生活态度，强调"淡泊""宁静"，结合诸葛亮鞠躬尽瘁、忠心耿耿的事例，较好地证明己方观点。反方十分机警，抓住"致远"两字，也结合诸葛亮雄心勃勃、匡扶汉室的事例，各取所需，另辟蹊径，巧妙地证明自己的观点，反驳是成功的。

正方用《渔夫和金鱼的故事》，抨击贪得无厌。引用寓言典故，生动形象地证明了自己的观点。反方也用这个故事，并且引用毛泽东的独到看法，去证明"永不知足，永远进取"的观点，灵活巧妙地回击了对方。

这段攻辩，可谓一波三折，引用材料，使双方的攻辩如鱼得水。正方稳扎稳打、先发制人，反方机动灵活、后发制人，各有所长，都值得大家借鉴。

（4）揪住对方破绽，集中火力攻击

在辩论赛中，一方面要守住阵地，稳扎稳打，不能贪图一时之利口不择言，言语出错，给对方以可乘之机;另一方面又要洗耳恭听,敏锐地捕捉对方的言语、逻辑错误,一有机会,立即盯住,穷追猛打。这正是展示辩手知识水平、理论功底、逻辑能力与语言技巧的最佳时机。对方理论上的缺陷、推理上的漏洞、常识上的欠缺、语言表述上的失误都可以视为攻击的良机。

"大学生经商利大于弊/大学生经商弊大于利"辩论赛片段:

反方:一只刚出生的小母鸡,它不会企图给人下蛋,因为它还无蛋可下,它目前的责任是进食,等它长大以后,自然能下蛋。在校的大学生,绝不应该经商赚钱来减轻家庭负担,他目前的任务是学习。等学成后参加工作,自然能够承担起家庭责任了。

正方:也许,大学生经商和刚孵出来的小母鸡下蛋,是存在一定的"可比性",但大学生毕竟不同于小母鸡。小母鸡下蛋是它力所不及的事情,是客观条件决定的,而大学生在搞好学习的前提下,利用空余时间经商,一可减轻家庭负担,二可锻炼自己,何乐而不为呢? 大学生经商应该比小母鸡下蛋容易得多吧?

反方:……

(摘自 http://blog.sina.com.cn/u/1731089900)

【简评】 反方的类比显然有些牵强附会,大学生经商与小母鸡下蛋的"可比性"显然不大。正方及时抓住这一破绽,辨析二者之间本质上的差异,驳倒了对方的观点。

(5)团队默契配合,全力协同作战

要在一场辩论赛中取胜,除了每个辩手自身的知识结构、心理素质、应变能力等因素,整个团队的默契配合也是不容忽视的。从开始讨论辩题、确定框架,到搜集材料、整理思路,最后到上场拼杀,团队就是一个向心力很强的整体,要力求做到智慧共享、思路共享、材料共享,在比赛中要协同作战、异口同声。这种默契配合只有通过四个队员之间深入的思想沟通、观点交流来实现,大家都对己方的论点、事实、推理和价值一致认同,才能达到心灵的相通。

(6)态度不卑不亢,举止优雅大方

辩论赛不仅是辩手智慧和辩才的战场,也是辩手风度、修养的舞台。在辩论中,应该做到这样几点:一是有礼有节、不卑不亢。比如,常用"请问""对方辩友""您""尊敬的"等礼貌用语,彬彬有礼,侃侃而谈。二是克制情绪,不要出现气急败坏、暴跳如雷的失态行为。如果把辩论变成吵架、对骂,那么这种高尚的益智游戏就从根本上变味儿了。三是注意辩论礼仪。身姿要挺拔,表情要灵活,二目要有神,手势要得体,从各个细节上表现自己的辩论风度和人格魅力。

课堂训练

1. 请运用学过的知识,分析下列文字材料属于何种辩论技巧。

情境(1)

李 某:(与人发生争吵将对方刺成重伤而被告上法庭。)

公诉人:(陈述事实经过)李某,证据如山,你还有什么可说的吗?

李 某:我怎么会平白无故拿刀刺人呢? 我刺他是因为他骂我是"蠢猪"。

公诉人：按照你的说法，别人骂了你一句，你就把别人刺成重伤，那么你多次谩骂别人，直到归案后审讯时，你还在骂别人呢(有录音为证)，别人岂不应该把你杀死，并剁成肉酱吗？

李　某：(无言以对)

情境(2)

小青年：(牵着一条大狼狗在学校里招摇过市，并不时唆使狼狗追逐小学生寻开心。)

刘校长：你为什么带着狼狗到学校来扰乱秩序？请你把它牵出去！

小青年：你说我干扰秩序，那你说说，法律上哪一条规定不准带狼狗到学校里玩？我到别的学校去玩都没人说，你怎么管得这么宽！

刘校长：不错，法律上确实没有不准带狼狗到学校里玩的规定。不过，请问，法律上难道有哪一条规定可以带狼狗到学校玩吗？你到其他学校没人管，那是他们不敢说你。在我这儿就不行！再不走我就拨打110，让警察来跟你说！

小青年：(悻悻地牵着狼狗走出校门。)

情境(3)

毛拉：(在挤满了农民的集市上买驴。)

富翁：(掩鼻皱眉，厌恶地)这地方真脏！除了农民，就是毛驴。

毛拉：先生，您准是位农民了？

富翁：不！我才不是农民呢。

毛拉：那您又是什么呢？

情境(4)

小男孩：先生，买一个两便士的面包。

店老板：好。

小男孩：先生，您不觉得这个面包比平时小很多吗？

店老板：哦，那不要紧，这样你拿起来就方便了。

小男孩：(没有争辩，只给一个便士就离开了面包店。)

店老板：(一个箭步追上去)嗨！你面包钱没给足啊！

小男孩：(不慌不忙地)哦，这有什么关系呢？这样你数起钱来就方便多了。

店老板：……

2. 请用有说服力的语言反驳下列错误说法。

(1) 假定你就是下面这位老师，请你批评教育这位做错事的大学生。

大学生：(折了校园里的花，悠闲自在地走着。)

老　师：你为什么要折花？让它长着不好吗？

大学生：因为我爱花。

老　师：古人说，爱花人不折花。可见你不是真正的爱花。

大学生：老师，周敦颐在《爱莲说》中说"晋陶渊明独爱菊"，看来陶渊明是爱菊的吧？

老　师：当然。

大学生：可是，陶渊明有"采菊东篱下，悠然见南山"的诗句。他自己都说折了菊花，能说他不爱菊吗？

老　师：＿＿＿＿＿＿＿＿＿＿＿＿＿＿＿＿＿。

（2）假定你就是小区物业管理员小欧，请你用有说服力的语言反击老陈的话。

> 小欧：最近邻居们都反映你在阳台上养鸽子影响了大家，强烈要求你不要再养了。
> 老陈：我在自家的阳台上养鸽子，是我的自由，谁也无权干涉！
> 小欧：_____。

3. 设计辩论赛。某杂志曾有一场"该不该说假话"的争论：

> 甲认为生活现实中存在着该说的假话，适当的假话也可以是美的、好的，适当的假话是指从一个良好的愿望出发而又能取得良好的效果的假话，这样的假话就是该说的假话。
> 乙则认为所谓假话就是指违背事实真相的语言，而那些对敌斗争使用的策略性语言、劝慰亲朋好友的善意性语言、认识过程中不可避免的"假话"等，都不是假话。与欺诈、虚伪相联系的假话，应该受到人们的唾弃。
> 请根据甲、乙两方的观点设计一场论辩赛。

4. 苏格拉底是古希腊大哲学家、雄辩家。当时，人们崇尚口才，学术辩论与政治辩论盛行。一次，苏格拉底与同是雄辩家的欧西德进行了一场辩论。请仿说这场辩论，并分析苏格拉底的辩论策略。

> 欧西德：我所做的事，没有不正当的。
> 苏格拉底：那么，你能举例说明什么是"正当"，什么是"不正当"吗？
> 欧西德：能。
> 苏格拉底：虚伪是"正当"还是"不正当"？
> 欧西德：不正当。
> 苏格拉底：偷盗呢？
> 欧西德：不正当。
> 苏格拉底：侮辱他人呢？
> 欧西德：不正当。
> 苏格拉底：克敌而侮辱敌人，是"正当"还是"不正当"？
> 欧西德：正当。
> 苏格拉底：诱敌而窃取敌物，是"正当"还是"不正当"？
> 欧西德：正当。
> 苏格拉底：你方才说侮辱他人和偷盗都"不正当"，现在为什么又说"正当"？
> 欧西德：以前是对友，现在是对敌。
> 苏格拉底：假如一位将军见其军队士气低落，不能作战，便欺骗士兵说："救兵将到，勇往直前吧！"因此大获全胜。这是"正当"还是"不正当"？
> 欧西德：正当。
> 苏格拉底：小孩生病不肯吃药，父亲骗他说："药味很甜。"小孩吃了，挽救了生命，这是"正当"还是"不正当"？
> 欧西德：正当。
> 苏格拉底：你的朋友因精神病发作想取刀自杀，你将他的刀偷去了。这是"正当"还是"不正当"？
> 欧西德：正当。

苏格拉底：你说"不正当"只可对敌，不可对友，何以现在又可以对友了呢？

欧西德：苏格拉底，我不能答你了。

（摘自静水流深：http://blog.sina.com.cn/yueduzhe）

5. 以下是近年来比较热门的大学生辩论赛辩题，请你至少选取其中五个辩题，从正反两方的观点思考思考，应该如何分析辩题、构建框架、赢得比赛？

正　方	反　方
个人的命运是由个人掌握	个人的命运是由社会掌握
网络使人更亲近	网络使人更疏远
宽松式管理对大学生利大于弊	宽松式管理对大学生弊大于利
青年成才的关键是自身能力	青年成才的关键是外部机遇
成大事者不拘小节	成大事者也拘小节
男性比女性更需要关怀	女性比男性更需要关怀
大学生谈恋爱利大于弊	大学生谈恋爱弊大于利
国际社会需要世界警察	国际社会不需要世界警察
爱情中的自私多于无私	爱情的无私多于自私
钱是万恶之源	钱不是万恶之源
美丽是福不是祸	美丽是祸不是福
强将手下无弱兵	强将手下未必无弱兵
在校大学生积累知识更重要	在校大学生塑造人格更重要
应当允许名人免试就读名牌大学	不应当允许名人免试就读名牌大学
挫折有利于成才	挫折不利于成才
物质文明带来的快乐大于痛苦	物质文明带来的痛苦大于快乐
发展旅游业利多于弊	发展旅游业弊多于利
情比法更能解决纠纷	法比情更能解决纠纷
网络爱情是真正的爱情	网络爱情不是真正的爱情
城市化使人的生活质量提高	城市化使人的生活质量下降
天灾比人祸更可怕	人祸比天灾更可怕

学 习 小 结

1. 听话能力是人的基本生存能力之一，是人们学习各种知识和技能所必备的能力，又是在人际交往中和谐沟通的重要因素。听得准、理解快、记得清、善于组合和品评，才能更有利于自己的表达。

2. 说话能力是一个人立足社会、成就自我的必备能力，是个人发展宝贵的潜在资源。只有不断提高自己的口语表达水平，才能实现与他人的良性沟通，为自己营造和谐的生存和发展空间。

3. 要真正掌握本章所提供的各项训练项目，应该做到课内外相结合，尤其应该从日常生活中的每一次口语实践做起，同时要积极参与各种语言类的竞赛活动，在大量的锻炼中逐步提高自己的口语表达水平。

1. 简要分析自己在口语表达方面的优势和不足。

2. 主动与同学、老师交流,积极参与院系组织的各项活动,在实践中总结得失,提高听话和说话的水平。

第二章

交际口才相关技能训练

D E Z

1. 了解交际中必备的心理素质和常见的交际心理障碍,掌握有效克服交际心理障碍的方法。

2. 了解常见的思维方式,通过训练初步掌握提高思维品质的各种途径。

3. 了解态势语在交际中的重要作用和基本要求,通过训练优化自己的形象、气质,提升个人的人格魅力。

核心概念

1. 心理素质:心理素质是以生理素质为基础,在实践活动中通过主体与客体的相互作用,而逐步发展和形成心理潜能、能量、特点、品质与行为的综合,它包括情感、信心、意志力和韧性等。良好的心理素质是建立和谐人际关系的重要心理基础。

2. 思维:思维是高级生物的大脑对客观事物的本质和事物之间内在联系的规律性做出概括与间接的能动的反映。思维是口才的基础,口才是思维的表达,口才好的人一般都头脑聪慧,思维敏捷。口才与思维的训练是相辅相成、相互促进的。

3. 态势语:也叫肢体语言或体态语言,是在各种场合、任何环境下交流具体信息的动作、手势和习惯的结合。它既是一个人心理活动的无声表露,又是有声语言的辅助手段。

导　言

人类的口语交际实际上是一个非常复杂的综合过程,并不仅仅是"说出了什么话""听到了什么话"的问题。你想要说得自然、得体、流畅,就得具备良好的心理素质;你想组织出精彩的语言、灵活敏捷地应对,就得具备较高的思维水平;你想在口语表达中充分展现自己的人格魅力,除具备以上两点之外,还必须恰当运用身姿、表情、眼神、手势等辅助语言形式表情达意。表达是否流畅、沟通是否成功,与表达者的心理素质、思维水平以及态势语等方面有着千丝万缕的联系。本章从心理素质、思维和态势语三方面介绍与交际口才有关的技能,帮助大家全面提高口语表达水平。

第一节 心理素质训练

引导案例

欧莱雅求职面试经历

大约 12 点多，面试官戴青女士带我走进小会议室进行面试。她微笑着招呼我坐下，刚才稍稍紧张的心顿时踏实了许多。

你感觉我们公司今后在哪些方面还可以做得更好呢？

"请你先介绍一下自己，好吗？"我面带自信的微笑简述了自己学习、工作、生活各方面的经历和取得的成绩，列举了自身几个性格特征和相关的具体细节后，我总结道："我非常希望自己能成为一名集诗人和农民于一体的理想的欧莱雅人，像诗人一样富有激情和创造力，又像农民一样勤恳、脚踏实地。"戴女士用微笑和点头鼓励我。

戴女士转而用英语问道："你们专业学习了哪些课程？"显然，她在面试中穿插着考查英语的听说能力。我用英语列举了所学的专业课程：经济学、财务管理、会计学、审计学、市场营销学等，还简要地介绍了专业的相关特色。

"如果有三个职位让你同时选择，你的第一选择是什么？"戴女士问。"财务管理"，我很肯定地坚持着自己的求职方向，并谈了自己对财务管理专业的理解。接着戴女士向我介绍了公司相关培训的情况。

"那么平时你参加过学校的社团活动吗？"正是有了丰富多彩的课余生活和面试前的充分准备，我顿时信心满怀，如数家珍地聊起了在学生会记者团与同学们一起策划、组织、报道的大型活动，以及在《校报》亲历选题、采访、写稿、编辑、校对、排版的深刻体会。当我拿出一份自己参与编辑的《校报》百年校庆特刊时，她很是惊讶和欣喜。

"你感觉我们公司在今后有哪些地方还可以做得更好呢？"戴女士又问。我迅速梳理了一下思绪，说："贵公司的敬业精神的确让我感动，刚才我亲眼看到了贵公司员工为每一张海报的色彩搭配、每一段音响的高低组合一丝不苟地忙碌着，力求把最完美的视听效果展现在大家面前。我想，这也是欧莱雅精神追求的最好体现吧！我很荣幸欧莱雅集团给予我一个走进贵公司的机会。但是据我所知，近几年欧莱雅仅在几所高校招聘毕业生，我想在今后是否能给其他一些高校的学子们走进欧莱雅的机会，大家共同交流进步？""非常感谢你的建议，我想我们有自己合适的选择范围。"戴女士诚恳地解释道。

最后，戴女士让我用英语做自我介绍，我从容地答完了这最后一个问题。

"非常感谢你参加这次欧莱雅招聘活动，我们将在第一轮面试全部结束后决定复试名单，电话通知个人。"

我微笑着感谢欧莱雅给了我一次难得的机会，衷心希望加盟这个充满活力与创新的团队。最后我们笑着互道再见。几天后，我幸运地收到了欧莱雅的复试通知。

（摘自 http://www.exam8.com/qiuzhi/qiuzhi/mianshi/200909/905167.html）

【简评】 面对世界500强公司欧莱雅（中国）人力资源总监戴青女士，"我"的面试成功靠的是什么？是自信，是勇气，是真诚、沉稳的心理素质。虽然刚开始稍有紧张，但"我"很快稳住了情绪，用真诚、自信的微笑给面试官留下良好的第一印象，用坦诚和有分寸的语言获得了面试官的好感。尤其是面对戴女士提出的"你感觉我们公司在今后有哪些地方还可以做得更好呢"这样棘手的问题，"我"在表示赞赏的同时也客观地提出了自己的一些想法，可谓两全其美的应答策略。这一切，除了得益于"我"自身的专业素质、充分的求职准备之外，与其良好的心理素质是密不可分的。

心理素质是指个体在心理过程、个性心理等方面所具有的基本特征和品质。它是一个人在思想和行为上表现出来的比较稳定的心理倾向、特征，是人进一步发展和从事活动的心理条件和心理保证。口语交际是个复杂的生理与心理过程，交际中双方的心理处于互动互变状态。克服心理障碍，具备健全的心理素质，懂得心理沟通的方法，是人际交往获得成功的前提条件。

一、交际中必备的心理素质

（一）真诚

真诚是高尚人格的体现，也是人际交往中必备的个性心理品质。与人交往首先要真诚，以心换心，双方才能从心理上确立安全感和信任感，促使交际的深入。只有真诚，双方才能推心置腹，情感交融。

大量事实证明，说话的魅力并不在于你说得多么流畅，滔滔不绝，而在于是否善于表达真诚。最能推销产品的人并不一定是口若悬河的人，而是善于表达真诚的人。当你用得体的话语表达出真诚时，你就赢得了对方的信任；对方由信赖你这个人说的话，进而喜欢你的产品。

刘雨霖：（来到一家公司应聘文案工作。递上自己的资料。）

面试官：你就叫刘雨霖？我在市晚报上经常看到你的文章，非常不错！你的文笔很清新，也很动人，实在是难得的人才啊！我决定录用你了！

刘雨霖：（心里一惊，但很快镇定下来）经理先生，我想这里可能有点误会，我从来没有在本市的晚报上发表过文章。您看的恐怕不是我的作品。不过您也不必失望，我发表的作品虽然不多，但也有几篇。这里有复印件，您可以看一下。

面试官：（先是一愣，翻了翻刘雨霖的作品，微笑地）好，你是个诚实的人。我很欣赏，你的文笔也不错，欢迎你加入本公司，也欢迎你把你的诚信带给我们公司！

【简评】 这个面试片段有两种可能：一是面试官真的记错了名字，二是面试官故意设圈套考验应聘者的诚信度。不管属于哪一种情况，刘雨霖没有将错就错，顺水推舟地趁机邀功，而是以自己真诚的品质征服了对方。用人单位感到他诚实，值得信赖，所以接纳了他。

（陆和是艺术设计专业的毕业生，到一家工艺品公司应聘。他过关斩将，进入最后的面试阶段。）

面试官：（看了看陆和的资料和作品）嗯，挺不错。你有相关的工作经验吗？

陆　和：我曾在另一家工艺品公司实习过，积累了一些工作经验。

面试官：（又问了几个专业方面的问题，陆和的回答非常到位）好，你明天就来上班吧！我这里有一个任务：给你三天时间，拿出一项工艺品的设计方案。你看怎么样？

陆　和：（想了想，胸有成竹地）没问题！按照正常的情况，三天是拿不出这个方案的。但我有个"超常规"的办法可以提前完成任务。

面试官：哦，什么办法？

陆　和：我原来实习的那家公司有类似的产品，我可以通过关系，尽快把那套产品的设计方案搞到手。

面试官：（惊讶地）哦？是吗？

陆　和：（得意地）这很容易，那里有我的一个铁哥们儿。

面试官：（笑了笑）好吧，今天就到这里吧。

（陆和兴奋地走出老板的办公室。刚走到楼梯口，听到有人喊他。回头一看，是老板的秘书。）

秘　书：老板让我通知你，你不必来本公司上班了。

陆　和：（不解地）什么？为什么？刚才不是说要我的吗……

秘　书：设计方案三天搞不出来不要紧，老板只是想听听你是否能实事求是地谈你的意见。但是，你那个"超常规"的办法差点没把我们老板吓死，只怕你以后也会用这种办法把本公司的技术"超"给别人呢！

陆　和：……

【简评】　本来，陆和比较扎实的专业知识功底和工作经验方面的优势已经赢得面试官的好感，谁知他后面冒出一个用不正当手段窃取他人成果的馊主意，到手的"鸭子"吓飞了。这样的人，再有才能也不值得信任。他今天可以把原公司的技术资料弄进来，明天就很有可能把本公司的技术资料弄出去，若雇用了这种人，无疑是在自己的身边安置了一颗定时炸弹。

海明威说："善待身边的每一个人，相信生活也会回报你。"不论从事何种工作，真诚的品格总会增加你的人气，甚至助你事业成功。

有一名推销员去拜访一位老太太，想以养老为理由说服老太太购买债券。然而，去过两次后，他发现老太太非常孤独，儿女都不在身边。于是，他就经常与老太太聊天，陪老太太散步，反倒没有提起销售债券的事。经过一段时间，老太太就离不开他了，常请他喝茶，或者和他谈些投资无关的事。一天晚上，老太太突然去世，这位先生还没说出口的生意也泡汤了。然而，相比生意，他更沉浸在老太太去世的悲痛中，他仍然前去参加老太太的葬礼，并为葬礼做一些力所能及的事情。

葬礼结束后，一位穿着华丽的女士来公司拜访他，原来，她就是老太太的女儿。她告诉这位先生："我在整理母亲遗物时，发现好几张您的名片，上面还写了一些十分关怀的话，我母亲很小心地保存着。而且，我以前也听母亲提起过您，她说和您聊天是生活中的快事。因此，今天我特地前来向您致谢，感谢您曾如此鼓励和关心我的母亲。"

女士深深鞠躬，眼角噙着泪水，又说："为了答谢您的好意，我想向您购买贵公司的债券……"然后拿出 40 万元现金，请求签约。对于这突如其来的举动，这位先生大为惊讶，一时无言以对。

（摘自彭龙富：《最有分量的说辞》，《演讲与口才》2011 年第 3 期）

【简评】 这位推销员为推销而结识老太太，但推销活动却没有掩盖其真诚的爱心，这种发自内心的真诚的关爱不仅为别人带来了温暖，赢得了别人的信任与尊敬，也为自己带来了成功。很多推销员都抱着这样的态度：如果买我的东西，你就是上帝；不买，那你什么也不是。那么，顾客又如何会尊重你，又如何相信你和你的产品呢？

（二）自信

自信是意志和力量的体现，是人们对自己各种能力的充分估计，是对自我认识感到满意的心理倾向。它体现的意志和力量影响着人的思维和言谈举止，拥有自信是人际交往中所必需的心理素质。

一个人拥有自信心而不是虚荣心，就会有较高的追求。他能够坦诚地正视自己，同时会宽容大度地认识和对待别人。这样的人，以健康而平衡的心态做人处世。他会积极进取地工作，潇洒快乐地生活。即使遭遇挫折，他也能够勇敢面对，永不言弃。本节开头的案例就证实了自信的伟大力量。这里再来看两个例子：

史蒂文斯以前是程序员，听说微软公司招程序员，他就信心十足地去应聘。面试时考官提的问题是关于软件未来发展方向方面的，这点他从来没有考虑过，故遭淘汰。事后，史蒂文斯感到微软公司对软件业的理解令自己很受启发，就写了一封信表示感谢。这封信后来被送到总裁比尔·盖茨的手中。三个月后，该公司出现人员空缺，史蒂文斯收到了微软的录用通知书。十几年后，凭着出色的业绩，史蒂文斯当上了微软的副总裁。

【简评】 史蒂文斯并没有因为求职失败而怨天尤人，而是理智地总结得失。他给公司写感谢信，一是真诚感谢求职面试中得到了面试官的启发；二是表明自己对这一问题的理解有了领悟。他的行为，让公司总裁比尔·盖茨看到了其良好的心态，而这一心态对从事任何工作都是大有裨益的。

成功的公式

直到 16 岁，他仍是懵懵懂懂地在学校混日子，打架斗殴抽烟逃学，十足的坏学生。那年，他喜欢上一个女同学，给她写了一封情书，她鄙视地看了他一眼，竟然把情书贴到了学校的宣传栏里。第二年，他就转学了。在后来的那两年时间里，他像变了一个人似的，拼命地学习，竟然考上了湖南大学。

22 岁，他大学毕业，顺利地进了国家机关，每天一杯茶一张报地混日子。有一回，他到乡下访亲，看见亲友竟然把一头狼像狗一样地养在家里看家护院。他惊问其故，亲友告之：

这狼自幼就与狗一同驯养,久而久之,连眼神都有些像狗,更别提狼性了。没多久,他就在别人的惋惜声中辞职,去了深圳。

到深圳后,他专找有名的外资公司去求职。他总能想方设法直接地向外方经理面送自荐信,搞得那些外方经理一个个莫名其妙:"我们现在没有招聘需要啊!"他微笑着告诉对方:"总有一天你们会招聘的,真到那时,我就是第一个应聘的人。"还别说,他真的被其中一家公司录用了。那一年,他24岁。

27岁,他因为业绩突出,被调到美国总部。上班的第一天,他按国人的习惯请新同事共进午餐。然而,同事们却一个个坚持自己买自己的单。他当时觉得很尴尬,但同时也明白了些什么,于是更加努力地工作。

这是一个人的真实经历,他叫王其善,现在是全球第四大电脑公司的技术总监。王其善在回母校演讲时,讲起他人生中的这几个小片段,我们都有些莫名其妙,不知道这与他的成功有什么联系。

他告诉我们:"16岁的经历让我明白,一个人要想被他人接受,并且被他人尊重,首先得自己尊重自己;24岁,我知道,要想求职成功,首先要自信;而27岁在美国上班的第一天,我知道了美国人为什么实行AA制:每个人都不能指望别人会为自己的人生买单;要想获得成功,你就得自己努力,根本不能指望别人,这就叫自强。"

其实,我们每个人的人生何尝不是由这么一些片段构成的,而自尊+自信+自强=成功,这就是成功的公式。

(摘自亚飞:《成功的公式》,《成功之路》2006年第8期)

【简评】 善于领悟的人必然善于总结,善于总结的人必能找准自己的方向。王其善就是一个善于领悟、善于总结的人。16岁时,他把打击和羞辱变为改变自己的动力。22岁的偶然所见让他领悟到:没有自信,不去争取,即使是狼也会失去自己驰骋的田野。27岁的一次聚餐,让他明白:找回自尊到树立自信再到自强不息,才是自己人生的正确选择。

可以尝试用下面的方法建立自信:
(1)精通专业知识和技能。
(2)发展一两种兴趣爱好。
(3)走路时昂首挺胸,加大步伐,加快速度。
(4)说话时坦然地正视对方。
(5)主动争取当众发言的机会,并且尽量大声一些。
(6)听课、听讲座时挑前排的位子坐。
(7)开怀大笑。

(三) 宽容

宽容是胸襟博大者为人处世的一种态度。这种博大在于一个人有一颗仁慈、宽厚、博爱之心,有一份热诚、坦荡、无私之情,"胸中常容渡人船"。法国文学巨匠雨果曾经说:"世界上最宽阔的是海洋,比海洋更宽阔的是天空,比天空更空阔的是人的心灵。"有了宽容之心,就不会在一些鸡毛蒜皮的小事上非要争个是非曲直,甚至意气用事;有了宽容之心,就会用宏大的气量去感受相逢一笑泯恩仇的快乐,从而时常感到快乐;有了宽容之心,就有了一种无私、大度的力量。这种力量使你既容得下江河,也容得下小溪;既容得下参天大树,也容得下一棵小草。

人与人之间不免存在差异与分歧,这就需要我们在人际交往中用海纳百川的宽容之心,欣赏他人的优点,记着他人的好处,忘掉别人的过失,原谅别人的缺点。如果大家寸土必争,锱铢必较,你说我一句,我回你十句,你打来拳,我踢去脚,结果必然是两败俱伤。当然,宽容并不是庇护和纵容,也不是软弱和迁就。宽容是一面镜子,折射着一个人的修养与公德,反映出社会的文明程度。

> 理发师:(给周总理刮脸。突然总理咳嗽了一声)哎呀,不好! 总理,我把您的脸刮破了!
>
> 周总理:(和蔼地)哦,这个不能怪你,我咳嗽前没向你打招呼,你怎么知道我要动呢?

【简评】 这桩小事,使我们看到了总理身上的美德——宽容。这样待人宽容、平易近人的好总理,当然会受到全国人民的爱戴和尊敬。在人与人交际中,难免会有些小摩擦,只要不是恶意的,就应该设身处地为他人着想,像周恩来那样主动承担责任,严以律己,宽以待人。

> 姑　娘:(拥挤的公交车猛然刹车,脚被身后一位小伙子踩了一下)哎哟,踩着人家脚啦! 德行!
>
> 小伙子:对不起,对不起! 不过这和"德行"无关,是惯性。
>
> 姑　娘:(在周围乘客们的一片笑声中忍住了笑意,不吭声了。)

【简评】 这个小伙子知道自己踩了人家的脚,赶紧道歉。"不过这和'德行'无关,是惯性"这句话既不失礼节,又对自己没有站稳的原因作了说明。这时,车厢里的笑声中包含对姑娘无礼言辞的嘲笑和对小伙子宽容之心的赞赏。

宽容是一种美德。我们本着"换位思考"的原则,多为别人考虑,绝不斤斤计较别人的过失,以宽容之心对待亲人、朋友、同学乃至对手,在生活中、工作中多一点宽容和理解、热情,就能确立起友善的人际关系,营造良好的社会风气,使我们的社会变得更加和谐美好。

(四) 镇定

镇定是指遇到紧急、意外的情况不慌不乱的一种心理素质。在人际交往中,并不是所有事态都会沿着我们期望的方向发展。一旦出现你所不愿看到的事情,听到你所不愿听到的话,遇到你所不愿遇到的情景,首先必须善于自我控制情绪,善于镇定、冷静地进行思考。这样能够帮助你迅速作出积极的、恰当的情绪反应,尽快缓解矛盾,平息冲突,使事态向积极的方向发展;相反,你的情绪过分慌乱或激动,或六神无主,或暴跳如雷,则会加速事态恶化的进程。

> 美国经济大萧条时期,有一位女孩好不容易找到了一份高级珠宝店售货员的工作。在圣诞节前夕,店里来了位 30 岁左右的顾客,衣着破旧,满脸哀愁,用一种企盼的目光盯着那些高级首饰。
>
> 女孩去接电话,一不小心把一个碟子碰翻,6 枚精美绝伦的戒指落到地上。她慌忙去捡,却只捡到了 5 枚,第 6 枚戒指怎么也找不着。这时,她看到那个 30 岁左右的男子正匆匆向门口走去,顿时意识到戒指被他拿去了。

女孩：(柔声)对不起，先生！

男子：什么事？

女孩：先生，这是我头一回工作，现在找个工作很难，想必您也深有体会，是不是？

男子：(定睛看了看女孩，然后一笑)是的，确实如此。但是我能肯定，你在这里会干得不错。我可以为你祝福吗？(说着，把手伸向女孩)

女孩：(也伸出手)谢谢您的祝福！

男子：我也祝你好运！(转过身，走向门外)

女孩：(目送男子的背影消失在门外，转身走到柜台，把手中的第6枚戒指放回原处。)

（改编自许晨：《说话的艺术》，《大众心理学》2011年第1期）

【简评】　这位姑娘的处理方式恰到好处，反过来想想，如果她很强势地咬定该男子是小偷甚至报警的话，在当时她孤身一人的情境之下，结局就很难预料了。正是她遇事镇定、沉着，并抱着同情心站在对方的角度说话，也使对方感受到这种共情，故事才得到了完美结局。

大学生：(选了几本书拿到柜台上，买不买一直犹豫不决。)

售货员：磨磨蹭蹭的，到底买不买？不买拉倒！还是个读书人呢，真讨厌！

大学生：(一怔，脸都气白了。稍顿，微笑着)谢谢！谢谢您的鼓励。

售货员：(不解地)你……

大学生：您叫我不买拉倒，意思是叫我下狠心把这本小册子一口气读完。我一个穷学生，囊中羞涩，买不起书哇。您的建议不错，就是声音大了点，大伙儿都在安静地看书呢。

售货员：(火气消了一大半)对不起啦，请便吧。

【简评】　这位大学生没有因对方出言不逊而以牙还牙，而是采用延缓应对的方法，不急于和对方一争高下。他控制住自己的情绪后，镇定应对，故意把"恶意"解释为"好意"，使女售货员想吵也吵不下去，终于化解了矛盾。

控制，意味着有度；控制，意味着主动。能够很好地控制自己的情绪，镇定地面对你所遇到的任何情况，你一定能够想出妙招，从容应对，逢凶化吉。

二、交际中常见的心理障碍

(一) 自卑

自卑是对自己的知识、能力、才华等作出过低的错误估价，进而否定自我的一种心理状态。自卑的人在交往中，虽有良好的愿望，但是总是怕别人的轻视和拒绝，因而对自己没有信心；很想得到别人的肯定，又常常很敏感地把别人的不快归为自己的不当；很想努力改变自己，又担心受到别人的冷落与嘲笑。有自卑感的人往往过分地自尊，为了维护自尊而表现得非常强硬，让人难以接近，在人际交往中变得格格不入。

一位高职学院一年级的学生在交际口语课作业中这样写道：

高考失利使我无奈选择了读高职。来到学校，我发现即使在高职，竞争还是十分激烈，还是强手如林。比如我们班,有的人成绩好,有的人特长多,有的人交往能力强。看看我自己,毫无过人之处。我经常深深地责备自己:×××,你怎么这么没出息啊! 于是,我只能把自己封闭起来,远离同学、远离老师,远离一切集体活动。老师您问我为什么,是因为我本来就没有什么优点,再跑到人多处去丢人现眼,更加被别人看不起了!

【简评】 这是典型的自卑心理的反映。这位同学只从学习成绩这一个方面片面地评价自己,过分地看重自己的弱点,而看不到自身的优势和特长。在这种消极心态的影响之下,他选择了同样消极的方法来面对一切。这样做的结果很有可能是"破罐破摔",一事无成。

美国心理学家的研究表明,儿童时期如果各项活动取得成绩而得到老师、家长及同伴的认可、支持和赞许,便会增强他们的自信心,内心获得一种快乐和满足,就会养成一种勤奋好学的良好习惯。相反,则会产生受挫感和自卑感。个体自卑感的形成主要是社会环境长期影响的结果。自卑是一种不良的心理品质,它使人离群、孤立、苦闷,甚至导致嫉妒、沮丧、暴怒、自欺欺人等不良情绪的产生。自卑心理对于人际交往,甚至对人一生的生活、工作都会产生十分有害的影响。

(二)怯场

怯场,就是在人多的场面上参与发言、表演等活动时因紧张、害怕而神态举止不自然。怯场是大多数人都会有的一种心理,只是程度轻重不同而已。具有严重怯场心理的往往是涉世不深、阅历较浅、性格内向、不善辞令的人。他们在交际场所或大庭广众之下,往往羞于启齿或害怕见人,心存过分的焦虑和不必要的担心,结果目光呆滞、不敢与别人对视,或面红耳赤、呼吸急促,甚至手腿发抖、语无伦次。如果持续下去,对于正常的人际交往非常不利。怯场心理的产生主要是自我贬低情结。有一些人对自己的要求过高,恨不能以自己超群的口才和举止得到所有人的称赞与喜欢。结果由于压力过大、过分紧张而出现失误,不可避免地造成自我挫败。

一位高职学院一年级学生在交际口语课作业中这样写道:

我觉得自己最大的缺点是缺乏自信,许多事情总是想做而没有勇气去做。上课想主动提问,想参加演讲比赛,想面对一群人说出自己的想法……但是在就要开口的时候,我就会有一个念头:说不好怎么办? 在这么多人面前出丑怎么办? 我经常会被这个念头死死地控制着,呆在那里,一句话也挤不出来。可是,事后我会一遍一遍地在脑子里重温刚才的镜头,回顾每一个细节,觉得假如我鼓起勇气说出来应该是不难做到的,然后为此后悔不已。

【简评】 这个同学属于怯场心理比较严重的一类。他的想法和表现具有代表性。他的心理轨迹是:在做某件事之前就有一种消极的主观预见——我肯定会失败,接着把失败后自己的尴尬、他人的反应无限放大,压得自己喘不过气来。

(三)自傲

自傲是一种以自我为中心的心理障碍。自傲也源于错误的自我评价。自傲者习惯于过高地估计自己,在交往中表现为目中无人,妄自尊大,只顾自己的感受。与同伴相聚,高兴时海阔天空、手舞足蹈讲个痛快,不高兴时会不分场合地乱发脾气,全然不考虑别人的情绪。再则,在与别人的关系上,过高地估计了彼此的亲密度,讲一些不该讲的话。这种过于亲昵的行为,反而会使人出于心理防范而与之疏远。自傲的人还不愿意与自认为不如自己的人交往。

　　小张大学毕业应聘到一家效益不错的电脑公司。他利用业余时间做些设计程序的零活,很快发了点财,买了新房又买了车。渐渐地,他对一些大学同学轻视起来,觉得他们太没本事了。于是,他一改过去谦逊、随和的态度,见了同学摆出一副不屑理睬的架势。这样,大学同学再也不愿跟他来往了。在毕业五周年同学聚会上,他原本想借机炫耀一下自己的成功,但同学们没有几个人愿意听他吹牛。看着大家三五成群亲亲热热地促膝畅谈,自己却孤零零地被晾在一边,小张心里别提多难受了。

【简评】　小张发财后,觉得自己高人一头,瞧不起曾经患难与共的老同学。这样的人,当然不会受到别人的欢迎。从此,他失去了曾经拥有的纯洁美好的友情,落得个"门庭冷落车马稀"的下场。

　　有人把自尊与自傲混为一谈,这是不对的。自尊与自傲是两种截然不同的心理倾向。自尊是建筑在客观实际基础上的自我评价与自我态度,是上进的内驱力;自傲是建筑在以自我为中心基础上的一种超现实的自我评价与自我态度,它使人孤傲离群,使人际关系难以协调。

　　还有人把自信与自傲混为一谈,这也是不对的。自信与自傲仅一步之遥。自信的人身上充满着活力,对自己的能力有一个正确的判断和把握,不断给自己加油鼓劲;而自傲的人对自己的能力估计得过高,在竞争中容易轻视对手,不把对手放在眼里,从而容易招致失败。

　　自傲与自卑是孪生姊妹。自傲者一旦受挫,往往容易走向另一个极端——自卑。

（四）狭隘

　　狭隘是指心胸狭窄、气量狭小的心理状态。狭隘常常表现为不能容忍不利于自己的议论和批评,更不能受到丝毫的委屈和无意的伤害。狭隘也常常表现为吝啬小气,吃不得亏,否则心理就不平衡,想方设法弥补"受损"的利益。心胸狭隘的人,人们难以与其相处。心胸狭隘往往影响人际关系,伤害他人感情,也给自己带来烦闷、苦恼。因此,狭隘于人于己有百害而无一利。

　　女仆:(遵薛姨妈之托给姑娘们送去宫花,因顺路先将花送给了迎春、探春、惜春和凤姐,然后到了黛玉处)这是薛姨妈托我送给姑娘的宫花。
　　黛玉:是单送我一个人,还是别的姑娘们都有了呢?
　　女仆:各位都有了,这两枝是姑娘的了。
　　黛玉:(冷笑着)我就知道,别人不挑剩下的也不会给我!
　　女仆:(一下子被噎得答不上话来。)

【简评】　林黛玉是《红楼梦》中惹人怜爱的形象,同时又是文学作品中以心胸狭窄闻名的人物形象。一桩不足挂齿的小事,竟想象出如此多的弯弯道道,不仅得罪了送花的女仆,而且引起了薛姨妈和众姐妹的不满。林黛玉总觉得周围的人和她过不去,整天杯弓蛇影,草木皆兵,既伤了自己的心,更伤了别人的心。在人际交往中,如果像林黛玉那样小心眼,谁还愿意同你交往啊!

（五）嫉妒

嫉妒，就是与他人比较，发现自己在才能、名誉、地位或境遇等方面不如别人而产生的一种由羞愧、愤怒、怨恨等组成的复杂情绪。在现实生活中，一旦看到别人比自己幸运，心里就"别有一番滋味"。这"滋味"是什么呢？就是嫉妒心理的情绪体验。嫉妒心重的人常常对被嫉妒者进行挑剔，散布对其不利的言论，甚至进行人身攻击，使被嫉妒者感到压力或痛苦，而嫉妒者则以此求得心理平衡和满足。

嫉妒是有"指向性"的，不是任何人在某些方面超过自己都会产生嫉妒。某运动员获得世界冠军，某科学家获得诺贝尔奖，我们只会羡慕而不会嫉妒。一般说来，嫉妒的对象是与自己有关系的人，往往是和自己职业、层次、年龄相似而超过自己的人。这是由于两者在利害关系上有着某种联系，彼此是竞争的对手。

小孙与小陆同在一个宿舍，小孙活泼开朗，小陆沉默寡言。渐渐地，小陆觉得自己像一只丑小鸭，而小孙却像美丽的公主，心里很不是滋味。于是，小陆时常以冷眼对待小孙。大学二年级时，小孙参加学院组织的服装设计大赛，获得了一等奖。小陆得知这一消息，先是痛不欲生，而后妒火中烧，趁小孙不在宿舍时将她的参赛作品撕成碎片。小孙发现后，不知道应该怎样对待小陆，更想不通小陆为什么要这样对待自己。

【简评】 小陆显然是一个嫉妒心极强的人。她担心别人超过自己，心里容不下别人比自己强，眼里看不惯别人比自己好。久而久之，她对被嫉妒者产生了憎恨的情感，丧失了友情。

嫉妒是一种恶劣的心理状态，是心灵空虚和无能的表现。正如黑格尔所说："有嫉妒心的人自己不能完成伟大事业，便尽量去低估他人的伟大，贬低他人的伟大性使之与他本人相齐。"嫉妒心看上去是对自尊心的一种满足与安慰，实际上它满足的只是一种畸形的欲望。倘若一个人不能从与他人的相互比较中努力进取、合理竞争，仅以嫉妒别人的进步与优势来安慰、满足自己的自尊心，那么，这种不正当的心理防卫势必成为人际交往中和个人发展道路上的重大障碍。

三、克服交际心理障碍的方法

（一）克服自卑心理

如何才能走出自卑的阴影？最重要的是摆正心态。首先，要正确认识自己，人有所长也有所短，己有所短也有所长，不要为自己的所短而自卑。其次，要进行自信心磨炼，将目标定得小一些，切合实际一些，采用"小步前进"原则，不断地使自己得到激励，多积累成功的愉悦体验。第三，要确立合理的评价参照系和立足点，俗话说："人比人，气死人。"若以强者为标准，则可能加重自卑心理。明智的比较方式是多对自己作纵向比较而少作横向比较，也就是比起去年，自己今年有进步；比起上个月，自己这个月有进步。一个人建立了足够的自信心，自卑感就会悄然而退。第四，要锻炼自己的心理承受能力，不要因为一次失败而一蹶不振，或因自己某一方面的过失而全盘否定自己。

除摆正心态之外，还可以进行下面一些技术性的训练：

1. 直接暗示

直接暗示有人称为"镜子技巧"。一些教师、企业家、律师、演讲家在讲课、演讲或参加社交活动前,先对着大镜子修饰一下仪容,然后凝视着自己的形象大声说几遍:"你今天一定成功!"最后精神焕发地跨出家门。这种做法看起来可笑,其实是一种积极的自我暗示。自我肯定的潜意识会帮你克服自卑与胆怯,增强信心。

2. 联想求同

如果在表演、朗诵、演讲比赛中发现有强大的对手,绝不要盲目自卑:"我的普通话、风度都不及他,我多么无能呀!"不妨这样想:"他能这样绝不是一朝一夕形成的,也许开始还不如我呢。"这种避开现实中的差距,通过联想找出双方共同点的心理暗示方法叫联想求同法。

3. 交叉比较

找出自己的长处同对方短处进行比较,然后想:"天生我材必有用。我并非一无是处,只要扬长避短,我也会超过他。"交叉比较的心理暗示,有利于克服自卑的心理障碍。

4. 渐进训练

从容易的事做起,即使不显眼,也不要放弃训练的机会,逐渐增强自信。比如,第一次发言或演讲,可以先从在自己班级(或宿舍、小组)讲一段话开始;与名人交谈太拘束,可以先从跟老师交谈做起,等等。这些由易到难的训练,可以逐步提高表达能力和口语交际水平。

(二)克服怯场心理

第一,要增强自信心。许多怯场者在知识才能和仪表方面并不比别人差。因此,要正确评价自己,多看到自己的长处。在心里对自己说:我不是孬种!然后抱定目标,绝不放弃。

第二,放下思想包袱。每个人都会说错话、做错事,这并没什么大不了的。即使有人议论也是正常的,俗话说"哪个人后无人说",没必要太看重。"走自己的路,让别人去说吧!"这会使自己变得洒脱。

第三,有意识地锻炼自己。胆量和能力都是锻炼的结果,要敢于说第一句话,敢于迈出第一步。做到上课、开会尽管坐到前排去;走路抬头挺胸,把速度提高四分之一;主动大胆地和别人尤其是陌生人讲话;与人说话正视对方的眼睛,等等。

第四,杜绝消极的心理暗示。许多怯场心理严重者总是在未做事情之前就主观地下消极的结论:"说不好怎么办?""说错了会在这么多人前面出丑。"这些消极暗示只会加重胆怯、紧张的情绪,最后真的导致失败。

第五,进行积极的心理暗示。同陌生人、名人、异性交谈或演讲、朗诵时出现紧张心理,可以暗示自己:"大家都是人,有什么好紧张的!""我做了充分准备,比对方有利,一定能成功!"这样想,可以帮助自己增强自信,从而克服紧张心理。

(三)克服自傲心理

第一,接受批评。自傲者的致命弱点是不愿意改变自己的态度或接受别人的观点。接受批评就能够通过别人的提示和自己内心的反省,改变过去固执己见、唯我独尊的形象。

第二,恰当地评价自己。既不低估,也不高估;既不妄自菲薄,也不自高自大。

第三,恰当地评价别人。应该认识到每个人都有他人所不及的独到之处,同时又有不及他人的地方,与人比较不能总拿自己的长处去比别人的不足,把别人看得一无是处。

第四,尊重他人。明白尊重他人就是尊重自己的道理,只有尊重他人和信任他人才能获得珍贵的友谊。

第五，关爱他人。设身处地地从他人的角度思考问题，将心比心，真诚地关爱他人，从而做到"我爱人人，人人爱我"。

（四）克服狭隘心理

第一，要胸怀宽广坦荡，一切向前看。正如歌德所言，比海洋更广阔的是天空，比天空更广阔的是心灵。

第二，要丰富自己，一个人的视野越开阔，就越不会陷入狭隘之中，这就是所谓的"站得高，看得远"。

第三，要学会宽容，宽以待人。

（五）克服嫉妒心理

第一，认清嫉妒的危害。如前所述，遭到别人嫉妒的人自然是痛苦的，而嫉妒别人的人一方面影响了自己的身心健康，另一方面由于沉溺于对别人的嫉妒之中，无暇顾及考虑如何提高自己，这恰恰是在耽误自己的前途。认清嫉妒的危害，是走出嫉妒误区的第一步。

第二，克服自私心理。嫉妒是个人心理结构中"我"的位置过于膨胀的表现。总怕别人比自己强，对自己不利。因此，要根除嫉妒心理，必须根除这种心态的"营养基"——自私。只有驱除私心杂念，拓宽自己的心胸，才能正确地看待别人，悦纳自己。

第三，正确认识别人的成功。别人取得了成绩并不等于自己的失败。进取心人人都有，但冠军只有一个。一个人不可能事事都走在人前。只要客观地认识自己的优势和劣势，现实地衡量自己的才能，为自己找到一个恰当的位置，就可以避免嫉妒心理的产生。

第四，将心比心。当妒火燃烧时，不妨设身处地地为对方着想，扪心自问："假如我是对方又该如何呢？"运用心理移位法，可以让自己体验对方的情感，有利于理解别人，有利于抑制不良心理状态的蔓延，这是克服嫉妒心理行之有效的办法之一。

第五，提高自己。嫉妒的起因是看不得别人比自己强。如果能集中精力，不断地学习，使自己在各方面得到提高，可以减少嫉妒的诱因。而且，用丰富多彩的课余生活将闲暇时间填满，自然也就减少了"无聊生是非"的机会。

第六，完善个性心理素质。大凡嫉妒心理强的人，都心胸狭窄，多疑多虑，自卑内向。努力完善自己的个性心理素质，培养正确的价值观和人生观，以宽容的态度面对生活，就会有效地抑制嫉妒情绪的产生。

相关链接

影响人际交往的八大因素

1. 以自我为中心：任何场合都把自己作为中心，高兴时海阔天空讲个痛快，不高兴时则乱发脾气，全然不顾别人的情绪和感受。

2. 狭隘嫉妒：因为嫉妒，对自己感到消极悲观，失落逃避；对别人嫉恨仇视，诋毁中伤。

3. 敏感多疑：总是"以己之心，度他人之腹"，把无中生有的事实强加于人，甚至把别人的善意曲解为恶意。

4. 胆小羞怯：在交际场所或大庭广众之下，羞于启齿或害怕见人，说话结结巴巴，行动手足失措。

5. 斤斤计较、过于吝啬：这种人给人的印象是自私、吝啬，难以深交。

6. 情绪不稳、缺乏自控：情绪波动很大，一发脾气就失去理智，恶语伤人，甚至打人毁物。

7. 喜欢抱怨、不负责任：总以为自己比别人聪明，成天抱怨别人这没做好，那没做好，喜欢扮演事后诸葛亮的角色。对什么事都喜欢指手画脚，但从来不愿意负责任。

8. 谎话连篇、缺乏诚信：谎言是人际交往之大忌，缺乏诚信的人永远不会有知心朋友。

（摘自《书摘》）

课堂训练

1. 阅读下列短文，读后回答问题。

记得我小时候第一次登台演出，站在幕侧的我看着台下黑压压一片人头，紧张得手心直冒汗。我央求老师说："那么多人看着我，我很害怕，我不想朗诵了！"老师问我："如果让你朗诵给其中的一个人听，你害怕吗？"我回答："不怕。""那么，朗诵给下面哪一个人听你会害怕呢？"我说："只要是朗诵给一个人听，我都不害怕，随便哪个人。""这就对了！你就当成要你单独朗诵给下面的每一个人听，只不过现在把他们集中起来一起听你朗诵。有什么好害怕的呢？你不要把他们看成是一个整体，他们都是一个一个单独的人。"老师说到这儿，冲我眨眨眼睛又说："你就当他们都是一棵一棵的卷心菜！"于是我忍住笑，勇敢地走上了舞台，我看着台下黑压压的"卷心菜"，就像排练时看着空空的课桌椅一样，非常成功地表演完了我的朗诵并获得一片掌声。

从此，每当需要我在比较重要的场合面对众人开口讲话的时候，我就会想起我的第一次演出，以及那位老师的至理名言："不要把他们看成是一个整体，他们都是一个一个单独的人。"

（摘自《演讲与口才》2002 年第 9 期）

（1）你在某个正式场合面对众人说话、演讲或朗诵，登台前一般会怎么想？

（2）面对自己的怯场心理，你做过哪些努力去尽力地克服它？效果如何？

（3）为什么"不要把他们看成是一个整体，他们都是一个一个单独的人"，就能比较有效地缓解紧张情绪？

（4）为什么把台下的观众当成"一棵一棵的卷心菜"，就能比较有效地缓解紧张情绪？

（5）在课堂上争取发言，主动报名参加院系组织的演讲、朗诵、表演、唱歌等活动，上台前用短文中那位老师的方法暗示自己。

2. 训练应付突发性提问的稳定心理。设计十几组趣味题（每组五题），同学抽题上台，每人完成一组快问快答题（提问后三秒内回答）。计分评比：答对 10 分；超过三秒，0 分；答错扣 10 分。

趣味题举例：

（1）七只青蛙几条腿？

（2）树上有五只鸟，打中一只还剩几只？

（3）房间里有两个女儿两个妈妈，至少有几人？

（4）鸡鸣、犬吠、狼嚎？狮×？虎×？龙×？

（5）用西瓜和菠萝打头，哪一个更疼？

3. 树立自信即兴讲述。指定五人上台，抽题后当场讲述。题目应有助于肯定自我形象、提高自尊与自信。例如："我就是这样一个人""我有个优点""我的特长""我最得意的一件事""我是独一无二的"等等。讲完后，由其余同学评论五人的心理素质，可以当场质疑、讨论。最后由五人答辩，谈谈怎样稳定心理。

4. 下面是大学生面试的一个片段，读后回答问题。

小顾：（走进面试室，还未站稳当。）

老板：（惊喜地）哎呀！没错，没错，那小伙子就是你！（说着热情地走过来和小顾握手）

小顾：（莫名其妙）您是说……

老板：（兴奋而又满怀歉意地）前几天我十三岁的女儿钱被偷了，没钱坐车回家，是你打车把她送到家的。当时我忘了问你姓名了，真对不起呀！

小顾：……

假如你是这位小顾，此时你应该如何应对呢？

5. 一位女士在一家商场里买了一条黑狐围巾，发现有点质量问题，于是找到售货员怒气冲冲地说："你们真是奸商！我花大价钱买了你们这条黑狐围巾，谁知一下雨，黑色就褪了，变成褐色！你给我退货！"说罢要求退货。这时候售货员可能会有三种应对的方法：

（1）（以牙还牙）你骂谁？嘴放干净点儿！谁叫你当时不看好呢？又不是我逼着你掏钱买的，凶什么凶？

（2）（冷漠地）怎么了？哦，褪色呀？货又不是我进的，我只管卖。有意见找经理去。

（3）（不加辩解，微笑着）这狐狸精可真厉害，做成了围巾竟然还能变化呢！（顾客也给逗笑了，气氛缓和之后，再同顾客商量解决办法，最后换了一条未经染色的白狐围巾。）

请你对这三种方法分别进行评述。

6. 模拟演播室热门话题漫谈。讲台前为假想"电视台演播室"，四名学生并排坐在台前，就热门话题展开交谈，要求不慌张、不胆怯、神态自然、言谈得体、接话主动、内容有主见、表达有条理。同学听后评议，谁的心理最稳定、谈吐最得体、表达最清楚。

话题建议：

（1）在职业技术院校开设交际口才与礼仪课很有必要

（2）做一个受欢迎的人

（3）如何合理安排自己的生活费

（4）业余爱好与个人素质

（5）我看网恋

7. 利用两个课时开展交际心理咨询活动。全班同学以无记名的方式在纸条上写出自己在交际中的心理障碍，由教师或心理素质好的同学当场进行解答。

第二节 思维训练

引导案例

客　人：(点菜时偶见鱼缸中有一条肚皮朝上的鱼，不满地)你们这儿连死鱼也卖？

服务员：还没死呢。

客　人：没死也快了。(对一起来的朋友)咱们还是换个地方吧！

经　理：噢，那条鱼是在仰泳，您看，鱼鳃还在动。当然，如果客人没有专门要求吃仰泳的鱼，我们通常只提供自由泳的鱼。

客　人：(忍不住笑了，打趣地)我们要会蝶泳的鱼。

经　理：对不起，先生，我们这里的鱼都还没有学过蝶泳，要不这样吧，让厨师教它们游蝶泳。您如果有兴趣，不妨点个"松鼠桂鱼"，因为这道菜既像松鼠，又有点像鳜鱼蝶泳。

客　人：那好吧，就点个"松鼠桂鱼"。

【简评】 面对客人的不满，服务员急不择语的话语，让客人更加无法容忍。而餐厅经理思维敏捷，巧妙地用"仰泳""自由泳"等游泳姿势来趣说鱼的精神状态，有效地缓解了客人的不满心理；还用幽默的语言感染了客人，使客人参与到幽默语言的游戏中来，提出"要会蝶泳的鱼"。在轻松诙谐的气氛中，经理成功地挽留住了拔腿要走的客人。

　　一个人的口才好坏是通过有声语言表达出来的，但深究下去，有声语言不过是人的思维的载体、思维的外壳。换句话说，思维的内容决定着有声语言的表达内容，思维的品质决定着有声语言表达的效果。在交际口才中，说话人的思维水平很大程度上制约着他进行口语交际的质量。口语交际一开始，思维就必须及时跟上，这就要求我们必须思维敏捷，反应灵活，表达迅速。因此，口才训练离不开思维训练。

　　思维训练的层次越高，难度越大，对知识修养的要求也就越高。为了满足思维能力发展的需要，我们必须学习一些最前沿的知识，不断更新大脑的"内存"。这种新知识的学习过程本身就是一种思维训练。同时，我们还必须勤于思考。请看这样一个发人深省的事例：

　　一天深夜，著名物理学家、诺贝尔奖获得者卢瑟福照常到实验室巡查。他发现一个学生还在做实验，就问："你上午在干什么？"学生回答："在做实验。""下午呢？""做实验。"卢瑟福不由提高了声调："那么晚上呢？""也在做实验。"

学生以为自己的回答能得到老师的夸奖。不料,卢瑟福严厉地批评他说:"你整天在做实验,那么什么时间用于思考呢?"

【简评】 智障来自心障。多方面的研究表明:大多数人为何不聪明,关键不在于缺乏思维技巧,而在于厌烦思考,畏惧思考,躲避思考。要破掉不善用脑的智慧障碍,就得首先破掉不爱用脑的心理障碍。这就是卢瑟福要对只顾埋头进行实验的学生进行批评的原因。

一、交际中的思维方式训练

思维方式有很多,这里介绍的是口语表达中常用的几种,包括发散思维与收敛思维、常规思维与逆向思维。

(一)发散思维与收敛思维

发散思维和收敛思维是人们进行创造活动时运用的两种不同方向的思维方式。

1. 发散思维

发散思维是指思路从某一中心向不同层次、不同方向辐射,从而引出许多新的信息的思维方式。这种扩散或者辐射式的思维,能够求得多种不同的解决办法,衍生出不同的结果。发散思维包括联想、想象、侧向思维等非逻辑思维形式。发散思维的过程并不是在定好的轨道中产生,而是具有广阔、自由的思维空间。因此,发散思维是一种创造性思维。训练发散思维能使说话者思路通畅,长于联想发挥,善于应急变通。

围绕"镜子"这个中心进行发散思维:

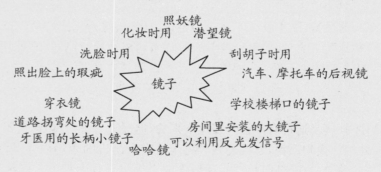

2. 收敛思维

收敛思维又称求同思维、辐合性思维,是尽可能利用已有的知识和经验,把众多的信息(即发散思维的结果)引导到条理化的逻辑程序中去,最终得到一个合乎逻辑规范的结论。这也就是把许多新信息围绕中心进行重新组合。收敛性思维包括分析、综合、归纳、演绎、科学抽象等逻辑思维和理论思维形式。训练收敛思维能使说话者思路更加缜密、更加有条理,从而产生更强的说服力。

以"做人与照镜子"为主题进行收敛思维,选取上面发散思维所得到的信息加工提炼成为一段完整的话。

做人与照镜子

镜子是我们生活的必需品,谁都离不开它。面对镜子,我们可以用旁观者的眼光看到自己面部、身姿、服饰等方面的瑕疵,然后着手修正,使自己看起来更完美。

其实,做人也需要时常照照镜子。

一是有勇气照自己。反省自己的言行举止,评价自己的功过得失,才能不断完善自己的品行,提高自己的素养。照自己是一种非常有效的自我教育。

二是有耐心照他人。用他人之长比自己之短,用他人的成功经验作为借鉴,用他人的失败经历作为警戒,才能少走弯路,直奔自己的人生目标。照他人是学习做人的必要途径。

三是有魄力照社会。只有深入社会,了解社会,才能了解自己,把握自己,确定好自己的位置和努力的方向。照社会是实现自我、超越自我的重要前提。

唐代著名谏臣魏徵说:"人以铜为镜,可以正衣冠;以古为镜,可以见兴替;以人为镜,可以知得失。"照镜子不仅能够帮助我们装饰表面,更重要的是它还能够帮助我们铸造灵魂。

【简评】 进行发散思维训练时,思维没有任何拘束,只要与"镜子"有关,想到什么说什么;而进行收敛思维训练时,就需要根据主题对看似杂乱无章的那些信息进行筛选、归纳、演绎,最后形成一段完整的、主题集中、条理分明的话。

发散思维与收敛思维可以同时进行对应训练。训练发散思维,重在一个"勤"字,日常生活中听到、看到的任何事物都是进行发散思维的好素材;训练收敛思维,重在一个"理"字,一是要将发散思维的结果理清头绪,二是通过重新组合阐明一个道理。

(二) 常规思维与逆向思维

1. 常规思维

常规思维就是遵从传统的、大多数人的思维取向的思维方式。

墙上芦苇,头重脚轻根底浅;山间竹笋,嘴尖皮厚腹中空。

今天我们来说一说当今的文化人。

文化人,是有知识,有学问的人,修养到一定极限,可以称之为"大家",尤其对国学精通的,常常得到人们的仰慕。

当今社会,文化人有两种,一种是真的文化人,是有知识,有文化的人;另一种是假的文化人,是戴着文化的帽子做装潢,冠冕堂皇,欺世盗名的人,正如开篇所语:"山间竹笋,嘴尖皮厚腹中空"。且将假文化人称之为"竹笋"。

……

(摘自互联网。作者:深圳之子)

【简评】 "墙上芦苇,头重脚轻根底浅;山间竹笋,嘴尖皮厚腹中空"是明朝洪武年间进士解缙的一副对联,用来嘲讽一个只会念"牛跑驴跑跑不过马,鸡飞鸭飞飞不过鹰"的愚蠢秀才。毛泽东同志在《改造我们的学习》里又引用它来讽刺那些华而不实、哗众取宠之徒。以上这段话的作者就是沿用了传统的常规思维,用"山间竹笋,嘴尖皮厚腹中空"来比喻那些欺世盗名的假文化人。

2. 逆向思维

逆向思维是一种比较特殊的思维方式。它的思维取向与常人的思维取向相反,比如人弃我取，人进我退，人动我静，人刚我柔等等。逆向思维是发现问题、分析问题和解决问题的重要手段，有助于克服思维定势的局限性，是决策思维的重要方式。军事上的"声东击西""欲擒故纵""空城计"，数学上的"反证法"等等，都与逆向思维有关。逆向思维常常被看作思维独创性的主要表现形式之一。

去年，我们学校筹办一个叫"春笋工学社"的勤工助学社团。几位筹办人在一次会议休息时，去征求领导、老师的意见：工学社怎样办？"春笋"这个名字好不好？大家七嘴八舌议论开了，有人觉得来自成语"雨后春笋"的社名有点俗。中文系李主任却说："'春笋工学社'这个名字好！工学社的同学就应该做山间竹笋——嘴尖皮厚腹中空嘛！所谓嘴尖，就是要具备出众的口才；所谓皮厚，就是'脸皮要厚'，有沟通四面八方的公关勇气和能力；所谓腹中空，就是要拥有容天下难容之事的度量。有了这样的人才，我校的勤工助学活动必定如雨后春笋，蓬勃向上！"大家异口同声地为李主任的妙语喝彩。

（摘自《演讲与口才》2006年第8期）

【简评】 李主任以逆向思维方式对"山间竹笋——嘴尖皮厚腹中空"这个传统意义上的贬义语句作了既符合实际又新颖独特的解释，收到了起伏跌宕、语惊四座的表达效果。

训练逆向思维，重在一个"新"字。"不嚼别人嚼过的馍"，不跟在别人后面亦步亦趋，而是勇于探索，努力跳出"思维定势"，发现那些别人还没有涉及的规律性的东西。

课堂训练

1. 请围绕"牛"每人说一个观点，进行发散思维训练。然后用"养牛好处多"为主题，对发散思维的结果进行筛选、组合，说一段完整的话。

2. 围绕"时间""眼睛""春天""微笑""生日祝词"等等进行发散思维和收敛思维训练。收敛思维的训练主题自定。

3. 用最快的速度说出不少于20个与手的动作有关的单音节动词。

4. 用最快的速度说出不少于8个与脚的动作有关的双音节动词。

5. 说出"0"的常规用途和非常规用途。

6. 按常规思维，人们总认为"砖"是用来造房子的，请你在1分钟内，说出"砖"的其他8—10种用途。

7. 向全班同学讲述司马光砸缸救人的故事，然后分析一下，当时司马光在什么样的思维方式支配下成功地救出了小朋友。

8. 举办小型辩论会。学生分为正方、反方，选取下列辩题进行自由辩论。发言时间长短不限，一方发言结束10秒钟后另一方仍无人接着发言，则后者评判为输。

正　方	反　方
开卷一定有益	开卷不一定有益
班门岂能弄斧	弄斧必须到班门
人生勤奋更重要	人生机遇更重要
不想当元帅的士兵不是好士兵	不想当元帅的士兵也是好士兵

二、交际中的思维品质训练

思维品质也叫做思维素质,是个体思维能力的体现。它包括思维的条理性、思维的敏捷性、思维的灵活性、思维的深刻性、思维的独创性五个方面。思维品质的发展水平是智力正常、超常或低常的标志。其中,思维的深刻性,思维活动的抽象程度和逻辑水平,以及思维活动的广度、深度和难度,是一切思维品质的基础。人的思维品质一方面取决于遗传因素,另一方面取决于后天的教育、开发和社会实践。进行思维品质训练,对于提高口语表达水平有着至关重要的作用。

(一)思维条理性训练

思维有条理是思维品质最基本的要求。在口语表达中,只有思路清晰,才能说出条理清晰、明白流畅的话。

小周:我们系统要举办演讲比赛,局长要派我去。我从来没有参加过演讲,老师,您说怎么办呢?

老师:虽然你从未参加过演讲比赛,但并不证明你不能参赛,更不能说明你必然会输给别人。

小周:(不解地望着老师。)

老师:我有五个理由,证明你很适合参加演讲比赛:第一,你是学语言的,语言感受能力一定比别人强,容易理解、体会演讲内容,而透彻理解演讲内容是演讲成功的先决条件;第二,你喜欢唱歌,曾多次登台演唱并获得过奖项,这表明你有比较丰富的登台经验,不会怯场;第三,唱歌是表演,演讲也有表演的成分,在情感、表情、动作的协调上是相通的,而这一点你在唱歌训练中已经打下了基础;第四,你的普通话水平是二级甲等,虽然不是很好,但也颇具优势。只要你在这一段时间里努力正音,不会在语音上输给对手!

小周:(渐渐露出了自信的微笑。)

老师:(轻松调侃地)这第五嘛,你有我的帮助,还担心什么?成功与否不说,起码不会一败涂地吧!

小周:那您一定要严格要求我。不去则已,要去就得成功!

【简评】 老师的这番话分析了小周在演讲方面具备的潜在优势,条理清晰,分析透彻,大大增强了小周的自信,使他下定决心,勇敢参赛。

训练思维条理性,重在一个"顺"字。语意要通顺,推理要顺畅,这样,对方接收、理解你传递的信息才会通畅。

课堂训练

1. 把下面的词语或短语组合成一个语意明确、通顺的句子。

的 胡同 风筝 都是 的 孩子们 编扎 左邻右舍 的 我们 放 那条 叔叔 的 几乎

2. 讨论。为下面句子或分句排序，组成一段条理清晰的话，并大声念出来。

"试一试吧！"

是因为有一颗可贵的好奇心。

可怕的是，

只有后天的蠢材。

有人说就是得益于他们流行的一句口头语：

近代以来，

学习的过程就是尝试的过程。

你没有探路的心。

才知道什么是对的，

欧美人有更多的发明创造，

试了，

没有天生的傻瓜，

可怕的是，

天才之所以成为天才，

不要害怕迷路，

什么是错的。

3. 下面是相声中的一段对话。请评价甲所说的话，同时评价甲这个人。

甲：白局长，我向你表红心：沉舟侧畔千帆过，病树前头万木春。野火烧不尽，春风吹又生。面对我的缺点错误，我脸不变色心不跳，泰山压顶不弯腰。我一定高举红旗，认真读书，努力学习，搞好计划生育，除四害，讲卫生，节约粮食，不随地吐痰，搞好家庭团结，一日夫妻百日恩。

乙：什么乱七八糟的！

4. 趣味题解答。

有个农民带着一条狗、一只猫和一筐鱼去赶集。到了渡口，那儿只有一条很小的船，农民一次最多只能带一样东西上船，否则有沉船的危险。起初，他想带狗上船，又怕猫吃鱼；若先带鱼过河，又怕狗欺负猫。请你替这位农民朋友想个好办法，把三样东西放心、安全地带过河去。

（二）思维敏捷性训练

思维的敏捷性，是指思维活动的反应速度，也是指智力的敏锐程度。它在口语表达中表现为头脑清醒、敏捷，能迅速抓住事物或现象的本质进行流畅表达。

莫非：（在众目睽睽之下上台阶，脚下一绊，摔倒在地。）

听众：（忍俊不禁）哈哈哈哈……

莫非：（站起来，掸掸灰尘，从容不迫地）同学们看看，上升一个台阶多么不易！生活是这样，作诗也如此。

听众：（报以雷鸣般的掌声。）

【简评】 这是著名诗人莫非在一次诗歌创作学术讲座上思维敏捷、随机应变的经典案例。莫非先生意外摔倒之后,在全场爆发的笑声中不慌不忙、不急不躁,把现场的"上台阶不易"与诗歌创作的"上台阶不易"巧妙地结合起来,一语双关,既替自己解了围,又用一句富于哲理性的话语教育、征服了听众。

　　推销员:(当众推销钢化玻璃杯。满怀自信地)这是我们公司的新产品,价廉物美、坚固耐用,摔到地上都不碎!

　　顾　客:(交头接耳,满脸怀疑。)

　　推销员:朋友们不信是吧? 不信我摔给大家看!(顺手拿起一只杯子摔在地上。只听一声脆响——杯子碎了。)

　　顾　客:(目瞪口呆)

　　推销员:(非常吃惊。但不等顾客们反应过来,连忙说)看,像这样的杯子我是不会卖给大家的!

　　顾　客:(轻松地笑起来。)

　　推销员:(趁机又摔了三四个杯子,都没有碎。所以,这种钢化玻璃杯卖得很好。)

【简评】 推销员敢于当众摔杯子,说明他对公司的产品是心中有底的。不巧的是他恰好拿到一个质量不过关的杯子,杯子摔碎完全打破了原来的推销方案。此时稍有迟疑,顾客就会拂袖而去。机智的推销员来了个顺水推舟,巧变失误为推销中的一个环节,让顾客觉得"摔碎杯子"不过是推销员卖卖关子、吊吊胃口而已。

　　训练思维敏捷性,重在一个"快"字。听对方的话要快而准确,思考应对策略要快而灵活,表达自己的意思要快而流畅。

课堂训练

　　1. 回想成语训练。每人用最快的速度说出一个用特定字开头的成语。比如用"一""二""三""四""五""六""七""八""九""十""百""千""万"等开头的成语。

　　2. 成语速接训练。按座位顺序说成语,开头者先说一个成语,递接者以末尾字音(或谐音)为首字字音接一个成语,如此类推。谁卡壳超过十秒钟,就罚谁出个小节目(讲笑话、背古诗、讲故事、唱歌等)。例如:饥寒交迫——迫不及待——待人接物——物极必反——反其道而行之——知彼知己……

　　3. 谚语速接训练。教师说出谚语的前半句,同学快速接答后半句。

(1) 不当家不知柴米贵,_____。

(2) 有理走遍天下,_____。

(3) 刀不磨要生锈,_____。

(4) 有志者立常志,_____。

(5) 路遥知马力,_____。

(6) 美不美,家乡水;_____。

(7) 你敬人一尺,_____。

(8) 人不可貌相,＿＿＿＿＿＿＿＿。

(9) 若要人不知,＿＿＿＿＿＿＿＿。

(10) 三百六十行,＿＿＿＿＿＿＿＿。

(11) 山中无老虎,＿＿＿＿＿＿＿＿。

(12) 世上无难事,＿＿＿＿＿＿＿＿。

(13) 秀才遇到兵,＿＿＿＿＿＿＿＿。

(14) 要打当面鼓,＿＿＿＿＿＿＿＿。

(15) 一个朋友一条路,＿＿＿＿＿＿＿＿。

4. 猜谜语训练。快速说出下列谜语的谜底。

(1) 有头无颈,有眼无眉,无脚能走,有翅难飞。(一种动物)

(2) 名字叫做牛,不会拉犁头,说它力气小,背着房子走。(一种动物)

(3) 年纪并不大,胡子一大把,不论遇见谁,总爱喊妈妈。(一种动物)

(4) 少小离家老大回。(一个汉字)

(5) 一口咬掉牛尾巴。(一个汉字)

(6) 风平浪静。(中国一地名)

(7) 萤火虫亮晶晶。(中国一地名)

(8) 一物真稀奇,三百多件衣。每天脱一件,年底剩张皮。(一种日常用品)

(9) 一只狗,站门口,打一枪,就开口。(一种日常用品)

(10) 导游。(一个成语)

(11) 反刍。(一个成语)

(12) 红门楼,白门坎,锁不住,关得严。(人的五官之一)

(13) 早上四条腿,中午两条腿,晚上三条腿。(一种动物)

(14) 没到手抢它,抢到手扔它,越是喜欢它,越是要打它。(一种体育运动项目)

(15) 夫人何处去。(一个汉字)

(16) 二小姐。(一个汉字)

5. 快速解词猜词训练。规则:两人为一组。教师在黑板上写一个词语,甲面对黑板,负责说清楚这个词语的意思,但语言中不能出现这个词语;乙背对黑板,根据甲的解释猜出是哪个词语。一组猜五个词,每个词2分。例如:

(1) 说话、电脑、书包、奔跑、两面派

(2) 幻想、报纸、含糊、毛病、品头论足

(3) 书、洗发液、挂历、猫、虎背熊腰

(4) 演讲、广告、葱、起重机、袖手旁观

6. 为萧伯纳设计一句话。

萧伯纳:(在晚会上正专心考虑问题。)

富　翁:萧伯纳先生,我愿出一美元,来打听您在想什么。

萧伯纳:我想的东西不值一美元。

富　翁:那么,您究竟在想什么呢?

萧伯纳：(认真地反问)你真的想知道吗？

富　翁：(迫不及待地)太想知道了！

萧伯纳：……

7. 精彩问答欣赏。下面是 2006 年 5 月 6 日第十二届央视青年歌手电视大奖赛团体决赛第六场的比赛中，主持人和蒙古族参赛选手的一段对话。请讨论这段对话的精妙之处，并进行仿说。

主持人：(在评委打分时，为了活跃气氛，与选手聊起来)我发现你总是手不离琴，歌唱完了琴一直都在手里。为什么？

参赛者：(有点拘谨)我学的专业是马头琴，它就是我的生命，我走到哪里都不能与马头琴分开。

主持人：这次你是以歌手的身份参加比赛，如果能拿到大奖，你以后是继续拉马头琴呢，还是改行当歌手？

参赛者：(肯定地)这两个我都不会放弃，一定要在一起！

主持人：如果今天在现场让你作个选择，二者只能选其一，你选择哪样？

参赛者：(稍加思考)我能问你一个问题吗？在生活当中你是选择要吃饭还是睡觉？

主持人：(面对全场掌声，愣了一下)我饿了的时候就吃，困了的时候就睡，二者不能分离。

参赛者：(紧接话茬)对，我也一样！有歌声的地方就一定有琴声，有琴声的地方也绝对有歌声！

主持人：(感慨地)我发现你还能从事一项职业——当主持人。我向你学习！

全场热烈的掌声再次响起，经久不息。

(三) 思维灵活性训练

思维的灵活性是指思考问题时的变通能力，换句话说，就是克服头脑中某种固定的僵化的思维框架，按照某一新的方向来思索问题的能力。在口语表达中，灵活的思维有助于我们根据语境的变化迅速作出合情合理的言语应对。

大学生郑云参加某合资公司的求职面试，考官向她递来名片。郑云因为紧张，匆匆看了一眼名片，就拉开了话匣子。

郑云：(礼貌而热情地)您好！藤野先生，您不远万里，远离祖国，来到我们中国创业，真的很佩服您的创业精神！

考官：(愕然，有些生气地)远离祖国？你以为我是日本人？我姓腾，叫野阔，是地地道道的中国人！

郑云：(先是一怔，紧接着说)对不起，我刚才太紧张了。不过您的名字让我想起了鲁迅先生的老师——藤野先生。他教给鲁迅先生很多知识和做人的道理，让鲁迅受益终生。我希望您能成为我生命中的"藤野先生"，帮我走上事业的大道！

考官：(转怒为喜)哦，没什么。咱们开始吧！

(改编自韩文虎：《说错话的补救措施》，《演讲与口才》2011 年第 3 期)

【简评】　郑云把腾野阔误认为是日本人，实在是一个不小的失误。但是聪明的她没有强辩，而是诚恳地认错,然后,灵机一动,顺着自己的失误,说对方的名字让她想起了鲁迅的老师,并希望对方成为自己生命里的"藤野先生"把腾先生和"藤野"先生对接,成功摆脱了窘境。对方不但没有生气,还由此佩服她灵活的反应能力和口才,最终录用了她。

训练思维灵活性,重在一个"活"字。思维要活跃,头脑要活络,善于从不同角度考虑同一个问题的处理或表达方法,从中做出最佳选择。

课堂训练

1. 快速归类训练。用最快的速度说出某一类事物所包含的小类名称,说得越多越好。例如:家用电器——电视机、电冰箱、电熨斗、微波炉、电烤炉、电磁炉、电脑、洗衣机、饮水机、电热水器、音响、录音机、VCD、DVD、CD、MP3、MP4、手机、ipad 2……

 (1) 体育运动项目——
 (2) 医院的诊疗科室——
 (3) 绘画形式——
 (4) 学习用品——
 (5) 建筑施工机械——

2. 联想训练。请在 2、20、200 后填上适当的单位,并用等号将它们连接起来。

3. 快速回答下列脑筋急转弯问题。

 (1) 在非洲某地,有一个人体内跳动着两颗心脏,而且都跳得很正常,这有可能吗?
 (2) 在大洋洲的某个村庄里,所有的人都只有一只右眼,这有可能吗?
 (3) 某人有过这样一次经历:他乘坐的船驶到海上后就慢慢沉下去了,但是船上所有的乘客都很镇静,既没有人去穿救生衣,也没有人跳海逃命,却眼睁睁地看着这条船全部沉没,这里究竟发生了什么事儿?
 (4) 一年中有些月份有三十天,有些月份有三十一天,问:有多少个月份有二十八天?
 (5) 皇帝死了,儿子就是皇帝;那么儿子死了,谁是皇帝?
 (6) 曼谷正处于雨季,一天半夜十二点下了一场大雨。问:七十二小时后,当地会不会出太阳?

4. 多样化表达训练。将同一个思维结果用不同的句式表达出来,想到的句式越多越好。例如:

思维结果:成功的人都是能够很好地控制自己的人。
表达方式:能够很好地控制自己的人就能够成功。
   谁见过不能很好地控制自己却能成功的人?
   只有很好地控制自己才能成功。
   不能很好地控制自己的人就不能成功。
   连自己都控制不了的人能成功吗?
   所有成功的人都能很好地控制自己。
   不能很好地控制自己难道还能成功吗?

请你将下列思维结果用不同的句式表达出来：

（1）人都是有感情的。
（2）好男儿志在四方。
（3）人人都喜欢宽容的人。
（4）天上不会掉馅饼。
（5）有理不在声高。

5. 语境设计训练。 在一家百货小卖部里，走进来一位年近花甲的老大娘。老大娘选好了两把牙刷，由于售货员忙着又去接待另一顾客，老大娘道声谢后转身就往外走。这时售货员才想到那两把牙刷的钱还没收。如果你是这位售货员，你会用什么方法让老大娘付了钱再离开呢？同时对你的这种方法进行评价。

6. 阅读下面对话，分组讨论之后每组推选代表发言，对冯玉祥的话进行评价。

抗战时期，冯玉祥居住在重庆市郊的歌乐山。当地多为军政长官的住宅，普通老百姓不敢担任保长，冯玉祥遂自荐当了保长。

有一天，某部一个连的士兵进驻该地，连长来找保长办官差，借用民房时，因不满意而大发脾气。

冯玉祥：（身着当地农民的标准装束。深深一鞠了躬）大人，辛苦了！现在条件艰苦，将就一点就是了。

连　长：（大怒）要你来教训我，你这个保长胆子可不小！

冯玉祥：（微笑着）不敢，我从前也当过兵，从来不愿打扰老百姓。

连　长：你当兵干过什么？

冯玉祥：干过排长、连长、营长、团长也干过。

连　长：（忙起立，客气地）你还干过什么？

冯玉祥：（不慌不忙笑着说）师长、军长也干过，还干过几天总司令。

连　长：（细看眼前这个大块头，如梦初醒，立正敬礼）您是冯副委员长？部下该死，请副委员长处分！

冯玉祥：（再一鞠躬）大人请坐，在军委会，我是副委员长，在这里我是保长，理应伺候大人。

连　长：（无地自容。此后当差，再也不敢刁难地方办事员了。）

（摘自李军、陶秀军：《铁嘴铜牙冯玉祥》，《演讲与口才》2011年第2期）

（四）思维深刻性训练

思维的深刻性是指善于深入思考问题，准确地把握事物本质及规律性联系，不为表面现象和各种干扰所迷惑的思维品质。在口语表达中，深刻的思维有助于我们深入剖析事情的本质，作出准确的、缜密的表达。

所以，常人的朋友关系，往往会不断地重新组合，老朋友渐次疏远，新朋友纷至沓来。这既是一种正常现象，也不妨说是一种"好事"，因为能扩大交往的范围。中国传统伦理观念视朋友如夫妻，一味强调"从一而终"，既不现实，也不尽合理。因为对人的认识要有一个过程，在交往过程中，如发现对方与自己志趣不同，性情不合，道路有异，亦不妨说声"再见"，从此各奔前程。单方面强调"从一而终"者，往往都有一种"霸气"，以一己是非为是非，以一己善恶为善恶，要求朋友处处与自己相同，事事与自己相合，偶有异议，便视为"叛徒"，这其实是"同而不和"。其结果，不是变成"小人之交"，便是变成"孤家寡人"。许多人终生无一知己，道理往往在于此。如果还要以"古来圣贤皆寂寞"来作遁词，不免有点阿Q精神了。"古来圣贤皆寂寞"，多因其思想超前，观点独异。但圣贤固然多寂寞，寂寞者却不一定都是圣贤。非圣贤而又寂寞的人，多半是心理过于狭隘之故，狭隘并无好处。因此，我们还是把自己的心理调整到常态为好。

（转引自易中天：《文学故事报》2006 年第 7 期）

【简评】　这段文字讲的是平常人的交友之态，其中心意思是：常人朋友关系的不断更替既是一种正常现象，也是一种好事。易先生采用了比喻、对比、假设、归纳等方法层层深入地论证自己的观点。叙述观点的脉络是：

"从一而终"既不现实也不合理
朋友更替很正常—单方强调"从一而终"是一种"霸气"—应该以"常态"交友
为"霸气"找借口是心胸狭隘的表现

这样的论证透过纷繁的现象抓住了问题的本质，具有很强的说服力。

训练思维深刻性，重在一个"深"字。看待事物、思考问题不要只驻足于表面现象，不仅要善于问"为什么"，还要善于对"为什么"的答案再问"为什么"。这样，向纵深追寻下去，总能够发现或揭示事物的本质。

课堂训练

阅读理解训练。阅读下面五段话，谈谈你是如何理解它们的，并为每一段话举出一个例子。

（1）使劲往上抛时，可以把球送上高处；狠狠往下砸时，利用反弹力，同样可以把球送到高处。

（2）试着站在别人的角度来看待自己，你就会更加了解自己。

（3）有胸怀来接受不可改变的事，有勇气来改变可以改变的事，有智慧来分辨两者的不同。

（4）付出和回报，是天平上永远平衡的两个砝码。

（5）做事先做人，一个人无论成就多大的事业，人品永远是第一位的，而人品的第一要素就是诚信。

（五）思维独创性训练

思维的独创性是指有创见的思维。它不仅能揭示客观事物的本质及内在联系，而且能产生新颖的、前所未有的思维结果。独创性思维给人们带来新的、具有社会价值的成果。它是智力水平高度发展的表现。在口语表达中，具有独创性思维的人往往善于对习以为常的表达方式进行挑衅乃至破坏，创造出许多新词语和新的表达方式，让人耳目一新。思维独创性是社会发展、科技进步的源泉。训练思维独创性,重在树立一种创新精神。

　　美国人:你认为中国人和美国人的主要区别是什么?
　　冯骥才:你们与人接触,首先是拉开距离,然后选择;我们是先混在一起,然后区别。我们的麻烦往往是搅成一团,人与人之间关系比较琐碎;你们的麻烦往往是孤独。
　　美国人:(若有所思)唔,是这样。
　　冯骥才:(指着桌上的菜)你们就像你们的菜,这是鸡,这是炸薯条,这是柠檬。各部分摆开,由你选着吃,我们就像我们的菜,都切碎了,拌在一起炒,还嫌粘不到一块儿,再勾上些芡粉,这样味儿才出来。
　　美国人听罢大笑。

【简评】　这是著名作家冯骥才先生与美国朋友在餐桌上的一段对话。对美国朋友的问题,冯先生首先正面回答,对方好像似懂非懂。于是,他灵机一动,用西方人和中国人吃菜的习惯来比喻两者之间的区别。这个比喻既准确贴切,又新颖独特,美国朋友立刻理解了他的意思,会心地笑起来。

　　一天,我们学院中文系的辅导员唐老师,就学生酗酒的事在班上讲话:"昨天晚上,几个'高财生'请球迷们喝酒,庆祝皇马夺冠,有十三个同学醉得一塌糊涂。今天上午都成了'特困生'啦……咱们丑话说在前面,这样发展下去,某些人就等着当'可爱'的'留学生'吧!"同学们笑着、议论着,且不反感地接受了唐老师的批评。

【简评】　面对学生的违规行为,唐老师没有板起面孔,用陈词套话去训斥,而是幽默地把家里有钱的学生叫"高财生",把上课打瞌睡的学生叫"特困生",把留级重读的学生叫"留学生"。这种鲜活风趣、颇具创意的批评方式使同学们在笑声中反省自己的错误,接受老师的批评。

　　训练思维独创性,重在一个"异"字。人无我独有,人云我不云,独辟蹊径,说出自己独到的见解,说出自己独特的风格。

课堂训练

1. 请按"千×易得,一×难求"的格式自由发挥,进行填词练习。

2. 把下列物件按性质尽可能多地分类,请你试试看能用多少种方法分类:鸭,菠菜,石头,人,木,菜油,铁。

3. 分别找出下面三组材料中与众不同的一个来,说明它为什么与众不同。

(1) N　A　V　H　F
(2) D　G　C　P　R
(3) △　＋　□　○　×

4. 日常生活中的许多物件有常规的用途,也有非常规的用途。请分别说出眼镜和雨伞的常规用途和非常规用途,说得越多越好。

　　眼镜的常规用途:
　　眼镜的非常规用途:

雨伞的常规用途：

雨伞的非常规用途：

5. **打破自己固定的思维模式,积极思考,迅速回答下列问题。**

（1）电影院内禁止吸烟,而在剧情达到高潮时,却有一男子开始抽烟,整个银幕笼罩着烟雾,却没有任何人发出异议,为什么?

（2）海曼先生身高 2.3 米,一天,一位身高 2.4 米的高个子拜访从没出过村子的海曼。吓呆了的海曼说:"这是我有生以来头一次见到个子比我高的人。"高个子先生肯定地说:"不可能!"为什么?

（3）纸上写着某一份命令。但是,每个看懂此命令的人都没宣读它。纸上写的是什么呢?

（4）出差在外的 A 先生,发现自己带走了家里的信箱钥匙,他用信封把钥匙寄给家人。但家人却依然无法使用信箱。为什么?

（5）阿明是卜卦能手,一次他为自己卜了一卦,结果是"由此处往北走,就能遭遇人生最大的幸运"。但阿明却失望地垂下了头。这是为什么呢? 阿明身体健康,四肢健全,而且并没有阻挡前路的障碍物。

（6）宴会上,主人拿出一瓶酒,告诉大家,酒瓶用软木塞塞住,没有起塞工具又不准损坏瓶子,怎样才能使大家喝到瓶子里的酒呢?

第三节 态势语训练

引导案例

小赵接到了某外企的面试通知,他很重视这次应聘机会,除了好好打扮一番外,还温习了一些业务上的专业知识。面试比较顺利,自我感觉良好,一年的相关工作经验,加上自信的谈吐,使他觉得胜利在握。接下来的笔试是面试入围者一起在会议室里翻译一份销售合同,这也难不倒他。事后,他安心等了一个多星期,但并没有接到录用电话,他心里开始觉得有点不对劲了,决定打电话到那家公司去探探情况。结果,公司人事专员说他落选了,并很委婉地告
诉他,他的综合分数其实挺高的,但他们人事经理监考笔试的时候,发现他一边翘着二郎腿,一边翻译。人事经理觉得,做国际销售的员工有这个坏习惯,将有损公司形象。就这样,各方面堪称优秀的小赵被刷了下来。

【简评】 在人际交往中,人们对一些非语言性的动作、举止所传达的信息往往有约定俗成的理解。比如上例中小赵的抖腿其实是一个下意识的习惯,但在不抖腿的人看来,这种习惯简直就难以忍受,一则使对方心生烦躁,二则使对方觉得你没有修养。

"言谈"和"举止"在人际交往中是密不可分的。这里所说的"举止",又叫态势语,包括身姿、手势、表情、眼神等等,是有声语言的辅助手段。人们见面时,仪态举止是第一印象。如果说人际交往是一本书,"第一印象"就是这本书的封面。封面精彩,别人才有心阅读它。第一印象一般会深深地、长久地印在对方的脑海中,轻易不会改变。

优雅的举止就好像漂亮的服装一样,能起到装点门面的作用。如果把优雅的举止与内在良好的修养结合起来,那就是一个备受人们喜爱和欢迎的人。优雅的举止在公众中具有巨大的感召力。所以,在社交生活中,举止是否优雅、得体就显得十分重要。优雅的举止不是天生的,要靠日常生活中的精心培养和点滴积累。只要有意识地培养和锻炼,任何一个人都可以做到举止优雅,风度翩翩。

一、态势语在交际中的作用

（一）态势语能够塑造良好的个人形象

在这个倡导文明的世界，人们往往根据一个人的态势语对他做出最基本的判断。比如欧洲人常常从一个人的态势语判断他是贵族还是平民，是英国人还是德国人。这是因为，不同文化背景的人，举止上有明显的差别。比如英国非常强调绅士风度，国王乔治四世在评论一个政治家时说："他绝不是个绅士，坐下时上衣的后摆分开了。"现代中国人虽然人人平等，但人们也会根据态势语判断出某人看样子像个知识分子，某人像工人或像农民，像干部或像演员等等，这"像"字指的便是他的态势语所传出的内涵。可见，态势语能够表明一个人的文化背景、教养程度、职业，以及性格和审美情趣。

1960年9月，尼克松和肯尼迪在全美国的电视观众面前，举行他们竞选总统的第一次辩论。当时，这两个人的名望和才能不相上下。

辩论开始了。由于肯尼迪对个人的身体姿态、精神面貌非常重视，事先进行了练习和彩排，他在屏幕上体态挺拔，动作挥洒自如。尼克松则显得精神疲惫，更失策的是他用了深色的粉为脸部化妆，屏幕上的他动作迟缓，声嘶力竭。一位历史学家形容道："他让全世界看来，好像是一个不爱刮胡子和出汗过多的人，带着忧郁感等待着电视广告告诉他怎样不要失礼。"结果，肯尼迪轻松地击败了尼克松。有人认为，击败尼克松的，是对手那富有感染力的身体动作和姿态。

【简评】 "体态挺拔，动作挥洒自如"，体现了演讲者精力充沛、心理素质良好的特性，而这正是一个国家最高领导人应该具备的基本条件之一。它传达给民众的信息是：请你们相信，我有能力、有精力、有魄力管理好这个国家。相反，"精神疲惫"、"动作迟缓，声嘶力竭"则给人一种颓废、迟钝和不尊重民众的感觉，自然得不到民众的信任和支持。

（二）态势语能够补充、强化口语信息

在日常的口语交际中，人们说话时总是下意识地辅之以与表达内容相一致的身姿、体态、动作、表情等等，比如，说表示肯定的话时点点头，说表示否定的话时摇摇头，说到高兴处眉飞色舞，说到伤心处垂头丧气。这样，通过动态的直观形象与有声语言协调统一，同时作用于交际对方的听觉和视觉，拓宽了信息传输渠道，补充和强化了口语信息，使有声语言的表现力和感染力得以提升。

1998年秋天，江苏泰州发生了一起恶性交通事故。死者的亲属误解了交警的某些举措，准备集结上千人上访。代表政府前来处理问题的泰州市信访局局长张云泉一到现场，被上百人团团围住，哭的、骂的、推搡的、吐唾沫的都有，个别人甚至煽动掀翻汽车。张云泉骂不还口，推不还手，克制着自己一步一步走进死者家中。在遗像前，他恭恭敬敬地鞠了三个躬。霎时，喧嚣的场面静了下来。张云泉从怀里掏出600元钱，用一张白纸包好，放到遗像前，转过身动情地大声说："我鞠三个躬，第一个躬，是我本人并代表信访局全体同志向死者表示哀悼；第二个躬，是代表肇事者向死者和各位请罪；第三个躬，是代表政府向你们承诺，

一定会合情、合理、合法地处理好这件事!"张云泉的一番话,使紧张的气氛渐渐缓和下来,一场即将发生的集体上访事件化解了。

(摘自《演讲与口才》2005年第10期,有改动)

【简评】 代表政府的张云泉同志话未出口,就先向死者遗像三鞠躬,并按照当地风俗为死者随了礼。然后,他紧扣三个"躬"从不同的角度说出了三层意思,说到了死者家属的心坎上。这样情真意切地耐心疏导,还有什么矛盾化解不了的呢?

(三)态势语能够沟通交流情感

态势语是人情感、态度和心理状态的无声流露。它大多是一种下意识的自然流露,有时候是有意识的表现。在倾听一个人说话的同时,人们往往通过他的态势语所传递出来的信息作综合判断,揣摩他的人品和话语的真实可信度。这就是人们所说的"察言观色"。很多时候,即使没有有声语言,态势语的传递也能够起到沟通、交流情感的作用。

我结婚有十八年了,这些年来,每天早上,从起床到出门的这段时间内,我难得对我太太微笑,也很少说上几句话。

由于您(卡耐基)告诉了我微笑的魅力,我决定实践一个礼拜看看。第二天早晨,我梳头的时候,看到自己一副绷得紧紧的面孔,我就对自己说:"比尔,你今天必须把这张凝结得如石膏像的脸松开,展露出笑容来……就从现在开始。"

坐下来吃早点时,我轻松地笑着对太太说:"亲爱的,早安!"

您告诉过我,她一定会觉得很意外。哈,您还低估了微笑的价值——当时的她,简直是处于无意识状态,整个人都愣住了。我看得出来,她太高兴了。

无疑,这是我太太一直希望获得的,我就一直这样做下去。直到现在,两个月来,我们的家庭生活真是完全改变了。

我走进办公楼,对电梯小姐笑着招呼一声"早安",对门口的警卫笑一笑,去柜台换钱时,对里面的伙计也带着笑容;站在交易所的大厅时,对那些素昧平生的人也都展露笑脸。不久,我发现每一个见到我的人,都会向我投以一笑。对于那些来向我倒"苦经"的人,我就用极关心的态度,去聆听他们的不平和挫折。在无形中,他们认为苦恼的事很容易地就解决了。

渐渐地,我发现我身边多了许多朋友,我觉得那种感觉好极了。

微笑不仅给我带来了物质财富,还给我带来了数不尽的精神财富——良好的人际关系。

(摘自刘永中、金才兵主编:《服务人员的5项修炼》,广东经济出版社2004年版)

【简评】 这是纽约证券交易所的斯坦哈先生致美国成功学大师戴尔·卡耐基的一封信。虽然斯坦哈先生是一个聪明果断的股票经纪人,可这并不代表他在处理人际关系上也同样出色。直到他得到卡耐基的帮助,意识到"微笑"这种生活中不可缺少的态势语的重要性并努力实践时,他的生活才发生了彻底的改变。微笑帮助他传达出友好、善意、宽容等正面信息,使他的人际关系得以大大改善。可以说,微笑是化解迷惑、猜疑,增进心灵沟通的感情大使。

(四)态势语能够调控交际过程

在人们的交流中,说话者或听话者有意识地通过身姿、手势、表情、目光等手段传递信息,这些手段可以调动或影响口语交际对象的情绪,启发或引导对方的思路,调节口语交际的气氛或进程,使主动权掌握在自己手中。这种调控具有化不利、被动局面为有利、主动局面的神奇作用。

四星级大酒店餐饮部服务员小胡应聘才三个月。一天晚上,前来登记住宿的客人正多的时候,一个港商模样的人指名要小胡为他调送一杯咖啡。小胡一时脱不开身,二十多分钟以后才把咖啡送去,"港商"大发脾气:"送一杯咖啡用得着这么长的时间吗?"小胡微笑着说:"先生,感谢您对我的欣赏和信任。由于暂时脱不开身,耽误了您的时间,非常抱歉!""港商"却不依不饶,气愤地说:"别的人是客人,我是什么?"

小胡没有多作解释,仍旧带着一脸甜美的微笑替这位客人整理房间。小胡临出门时,"港商"问:"有意见簿吗?"小胡心里一沉,预感到顾客要投诉她了。但她仍然面带微笑,双手呈上意见簿,真诚地说:"刚才我服务不佳,请允许我再次表示深深的歉意。您提出的批评,我一定虚心接受,坚决改正!""港商"好像没有听见小胡的话,"刷刷刷"在上面写了一些字,然后径直交给了大堂经理。

一周后,小胡被任命为餐饮部经理。后来,小胡知道,那晚板着面孔刁难她的"港商"就是酒店的老总。

【简评】 这是一个老板"微服私访"考察雇员的故事。在这个充满火药味的交际场景中,小胡用她和善的态度、真诚的微笑平息了"港商"的怒气。酒店老总正是从小胡的微笑中,看出了她良好的修养和极强的自控力。

二、态势语设计的基本原则

虽然态势语在人际交往中具有上述四大功能,但它毕竟只是完成表达任务的手段,而不是说话所追求的最终目标。因此,态势语的设计和运用必须由表达的内容、情绪、对象等因素的特点来决定。态势语的设计必须遵循以下几个原则:

第一,服从内容表达的需要。这是态势语设计的根本宗旨。

第二,服从情绪表现的需要。所有动作必须随着说话情感的起伏自然而然地发出,切不可故作姿态,装模作样。

第三,服从对象、场合的需要。身姿、表情、眼神、手势都须考虑和适应特定的对象和场合,比如参加喜庆活动与参加悼念活动时的举止、仪态应该不同。

第四,服从审美的需要。一个人的谈吐举止必须服从审美的需要。在设计态势语时,要注意体现性别特征和个性特征。男性要有男性的气质和风度:刚劲、强健、粗犷、潇洒;女性要有女性的柔情和风姿:温柔、细腻、娴静、典雅。

三、态势语训练的基本要求

态势语实际上是全身多个部位协调合作的一种外在表现。态势语训练的基本要求如下:

（一）自然

不胆怯，不拘谨，不僵化，不做作，自然，放松。一般说来，人在胆怯、拘谨的时候会不由自主做出一些莫名其妙的动作，比如不停地绞手、搓手，压指骨关节，用手揉搓衣角、裤侧，不停地眨眼、搔头皮等等。这些态势语传达给交际对方的信息是：不成熟，不自信，没有社会经验，不可靠。僵化的动作不仅失去了态势语对口语表达的辅助作用，还给人以呆板的印象。在放松的心态下随情所致的态势语，才有助于我们塑造大方、优雅的个人形象。

（二）得体

动作得体，符合年龄、身份、职业和交际场合的要求。什么样的年龄、身份、职业和交际场合应该有什么样的举止行为，不应该有什么样的举止行为，整个社会有约定俗成的规矩。如果随意打破这个规矩，就会给人们留下不好的印象，进而对人际交往产生负面的影响。比如，风华正茂的大学生如果弯腰驼背、双目无神，就给人一种颓废、懒散的感觉；如果说话时动不动横眉竖目，就给人一种粗野、没教养的感觉；如果在公共场合目无他人地大呼小叫，就给人留下不知自重的印象。

（三）适度

在频率、幅度等方面适度。在各种交际活动中，态势语太少会显得过于死板，太多又显得过于张狂；动作的幅度太小显得小气而拘谨，幅度太大又显得野蛮粗俗。这个度是一种很微妙的东西，需要通过细心的观察、体会和实践才能真正把握。

（四）协调

身姿、手势、眼神要协调，动作和语言要协调。比如，迎接客人进门，要伸出一只手，手掌向上指向门内，同时用热情的语调说："请，请进！"这时候，目光应该注视着客人。此时，你如果目光投向别处，就是手势与眼神不协调，客人会感到你不在乎他。再如，演讲的结尾如果说"这就是我们的誓言"，右手握拳齐肩的动作应该从"誓"字起，到"言"字结束。假如"誓言"两字已经说完，才做右手握拳齐肩的动作，就是动作和语言不协调，显得滑稽可笑。

四、态势语的分解训练

为了便于训练，我们分整体态势语和局部态势语两部分学习。

（一）整体态势语训练

整体态势语指从宏观着眼，反映一个人整体轮廓形象的方面。它包括坐姿、站姿、行姿、距离等等。民间常说"坐有坐相，站有站相"，这说明在整体态势语方面有一套约定俗成的规矩。

1. 坐姿

坐姿的基本要求是"坐如钟"。优雅的坐姿让人觉得安详舒适，给人以端庄稳重之感，是仪表美的重要组成部分。要使自己的坐姿优雅，必须做到以下几点：

坐姿 1　　　　　　　坐姿 2　　　　　　　坐姿 3　　　　　　　坐姿 4

（1）入座时要轻、稳、缓。走到座位前，转身后轻稳地坐下。女生入座时，若穿裙装，应用手将裙子稍稍拢一下，不要坐下后再拉拽衣裙，因为这样做不够优雅。正式场合一般从椅子的左边入座，离座时也要从椅子左边离开，这是一种礼貌。女生入座的动作尤其要娴雅、文静、柔美。如果椅子位置不合适，应当先把椅子移至欲就座处，然后入座，而坐在椅子上移动位置，是有违社交礼仪的。

（2）神态从容自如，平和自然。

（3）双肩平正放松，两臂自然垂下放在双膝上，或两手半握放在膝上，也可以放在椅子或是沙发扶手上，手心都要向下。

（4）坐在椅子上，要立腰，挺胸，上半身自然挺直。

（5）双膝自然并拢，双腿正放或侧放，双脚并拢或交叠成小"V"字形。男士两膝间可分开一拳左右的距离，脚态可取小八字步或稍分开以显自然洒脱之美，但不可尽情打开腿脚，因为这样做会显得粗俗和傲慢。

（6）搭腿式坐姿（又叫叠腿坐姿或"翘二郎腿"）。其方法是将左腿微向右倾，右大腿放在左大腿上，脚尖朝向地面（切忌右脚尖朝天）。运用这种坐姿要一定要看场合：在有长辈、上司或尊贵客人在场时不可用，在相熟的朋友、同学或年龄相仿的同事面前可以用，在十分庄重、严肃的场合不可用。

（7）坐在椅子上，应至少坐满椅子的 2/3，宽座沙发则至少坐 1/2。落座后至少十分钟左右时间不要靠椅背。时间久了，可轻靠椅背。

（8）谈话时应根据对方的方位，将上身双膝侧转向对方，上身仍保持挺直，不要出现自卑、恭维、讨好的姿态。要尊重别人但不能失去自尊。

（9）离座时，要自然稳当，右脚向后收半步，而后站起。

正确坐姿的训练方法：根据优雅坐姿的要求，利用上课、开会、读书、打字、交谈或一切适宜的时间进行练习。开始每次练习 15—20 分钟，逐渐加长时间，最后使正确的坐姿成为自己的习惯姿态。

2. 站姿

站姿的基本要求是"立如松"。优美挺拔的站姿让人觉得给人以舒展俊美、健康向上的良好印象。要使自己的站姿优美，必须做到以下几点：

（1）头正，双目平视，嘴角微闭，下颌微收，表情平和自然。

（2）挺胸收腹，拔颈沉肩，给人以向上的感觉。

（3）双臂自然下垂，两手自然放松。

（4）双腿立直、并拢，脚跟相靠，脚尖张开与肩齐平，身体重心落在两脚正中。

（5）站累时，脚可后撤半步，但上体仍须保持垂直，身体重心在两腿正中。

（6）精神饱满，表情自然。

（7）男生在演讲台上的站姿：双脚分开齐肩宽，身体挺直，右手轻轻握住左手腕，自然垂放在下腹。这样的站姿给人以稳健、干练的感觉。

（8）女生在演讲台上的站姿：双腿并拢，一脚略前，一脚略后，脚尖张开约45度，右脚跟紧靠左脚。挺胸收腹，沉肩拔颈。眼睛平视，下巴微收。右手轻握左手四指，自然叠放在肚脐处。这样的站姿给人以挺拔、端庄、优雅的感觉。

站姿1　　　　　　站姿2

正确站姿的训练方法：背靠墙壁，头部、双肩、臀部、小腿和脚后跟都紧贴墙壁，坚持15—20分钟，每天至少做一次。经常这样训练，挺拔、轻松的站姿就会成为自己的习惯。

3. 行姿

行姿的基本要求是"行如风"。走起路来要轻而稳，像春风一样轻盈，从容稳健，表现出昂然爽朗的精神风貌。一般说来，男生的行姿特点是：协调、稳健、庄重、刚毅。女生的行姿特点是：轻松、敏捷、健美。健美行姿的标准：

（1）身体端正，挺胸收腹，精神抖擞。

（2）双目平视，下颌微收，表情轻松自然。

（3）步履稳健，步态轻盈，节奏明快，富有韵律感。

（4）步幅不大不小，速度不快不慢，路线要直。

（5）双肩下沉放松，双臂摆动幅度适中，摆动的节奏与步伐协调。

总之，走相是千姿百态，没有固定模式的，或矫健或轻盈，或显得精神抖擞，或显得朝气蓬勃，或显得庄重优雅，只要与交际场合协调并表现出自己的个性的步伐，就应该是正确的。

行姿1　　　　　　行姿2　　　　　　行姿3

正确行姿的训练方法：在地面上画一条直线，沿着直线走。行走时上身基本与站姿相同，只是重心稍稍向前；双脚要走在这条直线上，双膝内侧要稍有摩擦感。每天坚持练15—20分钟。外出时遇到地面上有直线（如地砖缝等），也可以随时进行练习。

训练坐姿、站姿、行姿，不仅能够提升个人的形象气质，也可以在形体上起到良好的塑身功效。医学研究证明,保持头正、身直、挺胸、收腹、沉肩、拔颈等基本姿态,不仅使姿势优雅美观,而且使全身的肌肉处于平衡使用的状态,有助于促进血液循环,加快新陈代谢。因此,学习符合人体力学的坐姿、站姿、行姿,能够展示新时代大学生朝气蓬勃的精神风貌。

4. 距离

一个心理学家做过这样一个实验:在大阅览室里只有一个读者时,心理学家拿着椅子坐到他或她的旁边。试验进行了 80 人次。结果证明,在一个只有两个读者的空旷的阅览室里,没有一个被测者能够忍受一个陌生人紧挨着自己坐下。很多人起身到别处坐下,有人则恼怒地表示:"你想干什么?"

这个实验说明,每个人都需要有一个心理上的自我空间,它像一个无形的"气泡",为自己"割据"一定的"领域"。这个"气泡"就是社交距离。一般情况下,人们既不想侵犯别人的自我空间,也不愿意别人来侵犯自己。一旦这个自我空间被人侵犯就会感到不舒服、不安全,甚至恼怒起来。社交距离要依不同的对象、不同的场合、不同的交际内容而定。美国西北大学的人类学家爱德华·霍尔博士认为,社交距离的远近与人际关系的亲疏有关。他把社交距离划分成下面四种类型:

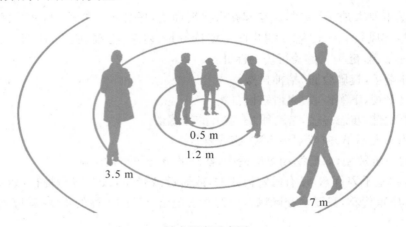

社交距离示意图

① 亲密距离:这种距离一般保持在 0—0.5 米以内,可以有身体的接触,常用于极亲密的亲友之间,如恋人、夫妻、父母子女之间。在人际交往中,一个不属于这个亲密距离圈子内的人随意闯入这一空间,不管他的用心如何,都是不礼貌的,会引起对方的反感。

② 私人距离:这种距离一般在 0.5—1.2 米之间,伸手可以握到对方的手。熟人之间交往都在这个距离内,如老同事、老同学、老朋友、老邻居之间的来往。这种交往已较少有身体接触。用这个距离与人交往,既能体现对人的友好,又使人感到这种友好是有分寸的。

③ 社交距离:这种距离一般在 1.2—3.5 米之间,通常在处理工作关系时采用近端(1.2—2.1 米),如上下级之间、营业员与用户之间、医生和病人之间、老师和同学之间的交谈等等。如果是一种更加正式的交往关系,通常会采用远端(2.1—3.5 米),如工作招聘时的面谈、教授和大学生的论文答辩等等,往往要隔一张桌子或保持一定距离,这样会增加一种庄重的气氛。

④ 公众距离:这种距离一般保持在 3.5—7 米之间,通常在讲课或开会时采用。如教师上课时与学生保持的距离,演讲者或主持人在主席台与听众保持的距离。但是,当演讲者试

图与一个特定的听众谈话时,必须走下讲台,使两个人的距离缩短为个人距离或社交距离,才能够实现有效沟通。

从这四种社交距离的划分可以看出,相互交往时空间距离的远近,是交往双方是否亲近的重要标志。因此,人们在交往时,选择正确的距离是至关重要的。在我们与他人的交往时,必须根据与对方关系的亲密程度来恰当把握社交距离的远近。

(二) 局部态势语训练

局部态势语指一个人在人际交往中某一部位的动作,它包括手势、表情、目光、嘴等等。为便于学习,我们把身体各部位的动作分解开来,实际运用中,它们并不是孤立的,而是处在整体态势和局部态势协调、各局部态势之间协调、举止和语言协调的和谐状态中。

1. 表情

表情指面部表情,即面部各部位对于情感体验的反应动作。在人际交往中,表情真实可信地反映着人们的思想、情感、反应等心理活动的变化。传播学家的研究表明:在人们所接受的来自他人的信息之中,45%来自有声的语言,55%以上来自无声的语言。在后者中,又有70%以上来自表情。由此可见,表情是使用频率最高的局部态势语。

人的面部可以有成千上万种表情。在我国的成语中,就有许多是描写面部表情的:神采飞扬、兴高采烈、笑逐颜开、眉飞色舞、眉开眼笑、垂头丧气、愁眉苦脸、愁眉不展、愁容满面、没精打采、大惊失色、惊恐万状等等。在所有表情中,微笑是最令人感到舒服的表情,也是人际交往中最受人欢迎的表情。

心理学研究发现,人们最容易给微笑以回报,这几乎是一种本能。有心理学家说,人际交往中的表情是挂在路口的一块路牌,面带微笑等于在告诉人们:此路畅通;面目呆板等于在告诉人们:此路不通。不论在国内还是国外,微笑毫无例外地给人以温馨、亲切、美好的心理感受,从而有效地缩短双方的心理距离。可以说,微笑就是一张高效的社交通行证。

微笑的训练方法:随身带一面镜子,时常对着镜子练习微笑,观察自己的笑容是不是自然,是不是真诚,并随时进行调整。

微笑虽然是有效沟通的基本表情,但不是唯一应该选择的表情。在人际交往中,要根据不同的场合、时间以及交际对象的具体情况选择最得体的表情。比如,探望遭到家庭变故而情绪低落的朋友时就不该不停地微笑。在这种情况下,微笑成为一种不合时宜的表情。

2. 眼神

"一身精神,具乎两目",眼睛被人们称为心灵的窗户,这是因为心灵深处的奥秘都会自觉不自觉地从眼神中流露出来。眼神是人类最明确的情感表现和交际信号,在面部表情中占据主导地位。印度诗人泰戈尔说:"一旦学会了眼睛的语言,表情的变化将是无穷无尽的。"这说明,眼睛语言的表现力是极强的,是其他举止无法比拟的。一双炯炯有神的眼睛,给人以生机勃发的感觉;目光呆滞麻木,则使人产生疲惫厌倦的印象。

在注视他人时,眼神的角度关系到与交往对象的亲疏远近。按照角度划分,眼神可以分为三种:第一种是平视,视线呈水平状态,也叫正视。一般适用于在普通场合与身份、地位平等之人进行交往;第二种是仰视,主动居于低处,向上注视他人,它表示尊重、敬畏之意,适用于面对尊长之时;第三种是俯视,向下注视他人,一般用于身居高处之时,可对晚辈表示宽容、怜爱,也可对他人表示轻慢、歧视。

按照注视他人的方式划分,眼神可以分为十种:

（1）直视,即直接地看着交往对象。它表示认真、尊重,适用于各种情况。若直视他人双眼,即称为对视。对视表明自己大方、坦诚,或是关注对方。

（2）凝视,即全神贯注地看着对方。它多用以表示专注、恭敬。

（3）盯视,即目不转睛地、长时间地凝视他人的某一部位。它表示出神或挑衅,不宜多用。

（4）虚视,即目光不聚焦于某处、眼神不集中地看着对方。它多表示胆怯、疑虑、走神、疲乏,或是失意、无聊。

（5）扫视,即视线移来移去,上下左右反复打量对方。它表示好奇、吃惊。也不宜多用,对异性尤其应禁用。

（6）斜视,即斜着眼睛看对方。它多表示怀疑、轻视,一般应当忌用。与初识之人交往时,尤其应当忌用。

（7）眯视,即眯着眼睛看对方。它表示惊奇、看不清楚。这种"看相"不大雅观,所以不宜采用。

（8）环视,即有节奏地注视不同的人员或事物。它表示认真、重视,适用于同时与多人打交道,表示自己"一视同仁"。

（9）他视,即与某人交往时不注视对方,反而望着别处。它表示胆怯、害羞、心虚、反感、心不在焉,是不宜采用的一种眼神。

（10）无视,即闭上双眼不看对方,表示疲惫、反感、生气、无聊或者没有兴趣。它给人的感觉往往是不大友好,甚至会被理解为厌烦、拒绝。

人际交往中不看对方显然是不行的,那么看对方的哪里比较合适呢？一般说来,常见的注视区域有两个:一是公务型注视区域,即以双眼为底线,上顶角到前额这个三角区。在上下级的沟通、办理各种手续、洽谈业务、开会、研讨等公务活动中,如果你看着对方的这个部位,会显得严肃认真,很有诚意。在交谈过程中,你的目光如果总是落在这个三角区部位,你就会把握谈话的主动权和控制权。二是社交型注视区域,即以两眼为上线,嘴为下顶角这个三角区。当你看着对方这个部位时,会营造出一种融洽的社交气氛。这种注视区域主要用于谈心、茶话会、舞会及各种类型的友谊聚会。在交谈中,随着话题、内容的变换,应该及时作出恰当的反应,或喜或惊,或微笑或沉思,或欣慰或惋惜,用眼神流露出"其实我明白你的心",使整个交谈融洽、和谐、生动、有趣。

眼神的训练方法:第一,观察。和人交往时注意观察别人说话时眼神的变化,特别注意那些让自己感觉很好的眼神。第二,练习。随身带一面镜子,对着镜子练习各种眼神,观察自己的眼睛里有没有神采,能不能准确、自然地反映各种不同的情绪。

3. 手势

手是人的身体上最灵活自如的一个部位,所以手势是态势语中最丰富、最有表现力的。人们不但在说话的时候用手的动作来加强语气,而且在危急或特定之时会用手势代替说话。手势还是一种国际性的语言,语言不通的人之间大多利用手势进行交流。手势既可以是静态,也可以是动态的。一般说来,男士的手势刚劲有力,动作频繁,而且幅度较大;女子的手势轻柔,动作幅度小,手势也不是很多,更多的是用表情来辅助语言。

（1）手势的类型

手势尽管千变万化,十分复杂,但我们可以从不同的角度对它们进行分类,以便在人际交往中更好地掌握、运用它们。按照不同的功用，可以把手势分成以下四种类型：

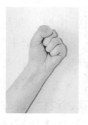

象形手势　　　　指示手势　　　情意手势　　　　象征手势

① 象形手势：即模拟事物的大小、高矮、长短、形状的手势。比如："圆圆的"、"弯弯的"、"这么大"、"这么高"等等。

② 指示手势：即指示具体对象的手势。"我"、"你"、"他"、"这儿"、"那儿"、"东边"等等。

③ 情意手势：即用来传递情感的手势。"握拳"表示愤怒；"挥手"表示打招呼、告别等；"拍案"表示暴怒；"搓手"表示焦急等等。

④ 象征手势：即用来表示抽象意义的手势。"V"表示胜利，"OK"表示可行、可以等等。

按照不同的区域，可以把手势分成以下三种类型：

上区手势　　　　　　　　中区手势　　　　　　　下区手势

① 上区手势：手在肩部以上。表现肯定、向上、振奋的态度和情绪。这种手势多用于演讲、发言等语境。比如"有了这种勤奋精神，哪怕是行动迟缓的蜗牛，也能雄踞塔顶！""我和我的战友们最大的愿望，就是把祖国的荣耀写满太空！""让我们携起手来，共同迎接明天的太阳！"

② 中区手势：手在肩部至腰部。表现和气、平静、坦诚的态度和情绪。这种手势是人际交往中最为常用的手势。在演讲、发言等语境中也时常用到。比如"请珍惜这稍纵即逝的日子，以天真的心灵踏上生命的旅程。祝福你，祝福我，祝福每一个人！"

③ 下区手势：手在腰部以下。表现否定、憎恶、鄙视的态度和情绪。这种手势在演讲中常用。比如"可以毫不夸张地说，他们无疑是社会的垃圾、民族的败类！"

（2）怎样握手

握手是一种最常见的"见面礼"，貌似简单，却蕴涵着复杂的礼仪细节，承载着丰富的交际信息。比如：与成功者握手，表示祝贺；与失败者握手，表示理解；与同盟者握手，表示期待；与对立者握手，表示和解；与悲伤者握手，表示慰问；与来访者握手，表示欢迎；与离别者握手，表示告别等等。标准的握手姿势应该是平等式，即大方地伸出右手用手掌和手指用一点力握住对方的手掌。

在社交场合,握手时应该注意以下几点:一是表情自然,面带微笑,目光注视对方,身体稍微向前弯曲。二是上下级之间,上级伸出手后,下级才能伸手相握。三是长辈与晚辈之间,长辈伸出手后,晚辈才能伸手相握。四是男女之间,女士伸出手后,男士才能伸手相握。五是应该站着握手。如果你坐着,有人走来和你握手,你必须站起来。六是把握好时间,通常是3—5秒钟。匆匆握一下就松手,是在敷衍,长久地握着不放,又未免让人尴尬。七是把握好握手的松紧度。握得太紧,对方会感到尴尬;握得太松,对方会觉得冷漠。

手势的训练方法:对着穿衣镜说话、讲故事、朗诵、演讲,边说边配以相应的手势,观察自己的手势是否自然、大方,幅度和力度是否适宜,随时进行调整。

4. 嘴

人们大多懂得用眼睛说话,对于用嘴表情达意却有点忽视。美国一位心理学家为了比较眼睛和嘴的表情和作用,将许多表现某种情绪的照片横切之后再综合复制,比如,把表现痛苦的眼睛和一张表现欢乐的嘴结合在一起,发现观看照片者受嘴的表情的影响远甚于受眼睛的影响,也就是说,嘴比眼表现出更多的情绪。问题不在于嘴与眼相比,谁的表现力更强,而在于我们的嘴不出声时会"说话"。嘴的动作所表现的含义有以下几种:

(1)嘴唇轻轻闭拢:表示和谐宁静、端庄自然。

(2)嘴唇紧张地半开:表示疑问、奇怪、有点惊讶,如果全开就表示惊骇。

(3)嘴唇松弛地半开:表示出神或发呆。

(4)嘴角向上:表示善意、礼貌、喜悦。

(5)嘴角向下:表示痛苦悲伤、无可奈何。

(6)嘴唇撅着:表示生气、不满意或者娇嗔。

(7)嘴唇绷紧:表示愤怒、对抗或决心已定。

嘴部动作的训练方法:对着镜子练习嘴部微闭的动作,并配合以微笑的表情。

相关链接

公共场合举止的禁忌

有些人认为一个人的举止是"小节"。其实不然,它是构成个人公德观念的内容,又是影响个人整体形象的因素。所以,我们要全面地了解公共场合举止的一些禁忌。

1. 应力求避免从身体内发出的各种异常的声音。咳嗽、打喷嚏、打嗝儿、打哈欠等均应侧身掩面再为之,更不可在公共场合放屁。

2. 公共场合不得用手抓挠身体的任何部位。文雅起见,最好不当众抓耳挠腮、挖耳鼻、揉眼、搓泥垢,也不可随意剔牙、修剪指甲、梳理头发。若身体不适非做不可,则应去洗手间完成。不能当众化妆、补妆。

3. 公开露面前,必须把衣裤整理好。尤其是出洗手间时,你的样子最好与进去时保持一致,或更好才行。边走边扣扣子、边拉拉链、擦手甩水都是失礼的。忘记拉拉链更是大忌。

4. 参加正式活动前,不宜吃带有强烈刺激性气味的食物(如葱、蒜、韭菜、洋葱等),以免因口腔异味而引起交往对象的不悦甚至反感。

5. 在公共场所里,高声谈笑、大呼小叫是一种极不文明的行为,应避免。在人群集中的地方特别要求交谈者加倍地低声细语,声音的大小以不引起别人注意为宜。开会、听课时一要守时(表现出很强的时间观念);二要保持安静(这是一种既自重又尊重他人的修养);三要自觉将手机停机或将铃声调为振动,不得已接电话要自觉离开会场(养成不影响别人的习惯)。

6. 对陌生人不要盯视或评头论足。路遇残疾人不要投以好奇的目光。当别人做私人谈话时,主动远离。别人需要自己帮助时,不要袖手旁观。见别人有不幸之事,不可有嘲笑、起哄之举动。

7. 在人来人往的公共场所最好不要吃东西,更不要出于友好而逼着在场的人非尝一尝你吃的东西不可;爱吃零食者,在公共场所为了维护自己的美好形象,一定要有所克制。

8. 杜绝"闯红灯"这种使自己和他人都处于危险境地的恶劣举动。

9. 对一切公共活动场所的规则都应无条件地遵守与服从,这是最起码的公德观念。不随地吐痰,不随手乱扔烟头及其他废物。非吐非扔不可,那就必须等找到垃圾桶后再行动。

10. 在大庭广众之下,不要趴在或坐在桌上,也不要在别人面前躺在沙发里或将脚架在办公桌上。走路脚步要放轻,不要走得"咚咚"作响。

课堂训练

1. 快速说出下列描写态势的成语所表示的意思。

挤眉弄眼	摇头晃脑
左顾右盼	咬牙切齿
面红耳赤	眉飞色舞
面面相觑	点头哈腰
手足无措	目瞪口呆
摩拳擦掌	指手画脚
昂首阔步	手舞足蹈
顿足捶胸	打躬作揖

2. 快速说出下列描写态势的惯用语所表示的意思。

拍胸脯	戳脊梁骨
刮脸皮	大眼瞪小眼
皱眉头	胳膊肘儿往外拐
竖大拇指	睁一只眼闭一只眼

3. 阅读下列文字,分析这位销售员的举止存在什么问题。假如你是这位销售员,你会怎么做?

有位销售员,想应聘到另一家效益较好的公司。与该公司老总见面时,为了表现他的成熟和待人接物的大方老练,他主动与老总并排挨坐在一起,言谈间还情不自禁地把手搭在老总的肩膀上。

4. 说说下列图片中每一个人物的表情以及此时的心态,并为他们各自配一句符合其心态的话。

5. 根据下面的态势语提示,一边朗读纪宇先生的《风流歌》片段,一边做动作。手势的含义要明确,动作要自然、流畅,动作幅度要适中,表情、目光要与手势、言语协调统一。

![训练提示]

（1）站立练习。
（2）男生基本姿势:两脚分开与肩齐宽;右手握左手腕置于下腹部。
　　　女生基本姿势:两脚呈小丁字步;右手轻握左手除拇指外的四指,置于肚脐处。
（3）除了用手掌抚胸的动作外,做任何一个"出手"动作时,目光必须跟随手的方向。

风流哟,风流,什么是风流?	探询的目光;微微点头。
我心中的情丝像三春的绿柳;	① 右掌抚胸; ② 右手从胸口向右水平划出。
风流哟,风流,谁不爱风流?	微微摇头。
我思索的果实像仲秋的石榴。	① 右掌抚胸; ② 右手离胸,竖掌稍向前。
我是一个人,有血,有肉,	① 左掌抚胸; ② 面部稍向左; ③ 面部稍向右。
我有一颗心,会喜,会愁;	① 右掌轻按左手背; ② 微微点头。
我要人的尊严,要心的颖秀,	① 右手握拳齐肩; ② 右手掌抚胸。
不愿像丑类一般鼠窃狗偷!	右手向右下方用力劈去,表情充满鄙视。
我爱松的高洁,爱兰的清幽,	① 出左手,指左上方;② 目光与手势同步,表情充满向往。
决不学苍蝇一样追腥逐臭;	左掌心向下平划出;表情充满鄙视。
我希望生活过得轰轰烈烈,	双手向前伸出;目光中充满希望。

我期待事业终能有所成就。右手握拳齐肩；目光中透出坚定的信念。

我年轻，旺盛的精力像风在吼，① 右掌抚胸； ② 右手从胸口向右上方划出。
我热情，澎湃的生命似水在流。① 左掌抚胸； ② 左手从胸口向左水平划出。

风流呵，该怎样把你理解？探询的目光；微微点头。
风流呵，我发誓将你追求；① 右掌抚胸； ② 微微点头，目光坚定。

清晨——我询问朝阳，出右手，指右上方；目光注视手的方向。
夜晚——我凝视北斗……出左手，指左上方；目光注视手的方向。

学 习 小 结

1. 在人际交往中，只有具备真诚、自信、宽容、镇定等良好的心理素质，才能很好地驾驭复杂多变的交际场合与环境，成为一个受人欢迎的朋友。

2. 思维的水平决定着有声语言表达的水平，思维的品质决定着有声语言表达的效果。在锻炼口才的同时，不能忽视做一个"善思"的人。唯有这样，"茶壶"里才能有足够的"饺子"。

3. 态势语是一个人的"无声的名片"，随时向别人展露着他的内心世界和文化修养。举止得体，是赢得别人好感的重要因素。

4. 掌握本章内容重在理论联系实际。具体步骤是：学习知识点——课堂训练——反省自己——找出难点——强化训练——形成良好习惯。

思考与实践

1. 认真评估自己在人际交往中的心理状况，找出不足之处，分析其原因。

2. 在日常生活中不断对自己通过看、听、想等方式得到的结果进行"追加提问"，并认真地寻求答案，争取做一个善于思考、内心丰富的人。

3. 在与人交往中，时常注意别人的一举一动，学习他们举止方面的优点，纠正自己的不良习惯，以塑造良好的自我形象。

第三章

求职面试口才专题训练

D s z

1. 了解求职面试前应该做的各种准备工作以及准备方法。
2. 了解求职面试时面试官提问的常见题型，初步掌握面试应对的技巧。
3. 了解求职面试的各种后续工作，力求做到细致周到、善始善终。

■ 核心概念

1. 求职是利用自己所学的知识和技能，来向企事业单位寻求为其创造物质财富和精神财富、获取合理报酬、作为物质生活来源的一种过程。
2. 面试是一种经过组织者精心设计，在特定场景下，以考官对考生的面对面交谈与观察为主要手段，由表及里测评考生的知识、能力、经验等有关素质的一种考试活动，是公司挑选职工的一种重要方法。
3. 只有写好简历、做足准备、举止得体、保持自信、表达准确、流利，才能获得求职面试的成功。

■ 导 言

求职面试是现代社会每个大学生必须经历的自我推销过程。求职过程，本质上是求职者与招聘者相互沟通的过程。双方能否进行有效的沟通，决定着求职的成败。戴尔·卡耐基说："生活有一连串的推销，我们推销货物、推销一项计划，我们也推销自己。推销自己是一种才华，一种艺术。有了这种才华，你就不愁吃、不愁穿了，因为当你学会推销自己，你几乎也可以推销任何值得拥有的东西。"能够与人进行有效的沟通，是现代智能型人才的基本素质，也是高等职业技术学院学生基本的职业素养。

求职面试时，为了能在较短的时间内成功地推销自己，应试者的口才是一个关键因素。有人对深圳市人才市场的求职者进行了一次调查，问卷的重点问题是："根据你自己的求职经历，你认为求职的成败与交际和口才能力有没有关系?"统计数据显示：认为求职成败与交际和口才能力"有关系"的占到了97.8%。多数人甚至认为交际和口才能力比"高学历"和"丰富的工作经验"更重要。统计分析发现，认为自己"口才一般化"的被调查者为53.4%，占到总调查人数的一半左右。当问及"平时与人交往有没有障碍"时，53.4%的被调查者说"有"。这个调查折射了目前全国求职者普遍存在的认识及现状。它同时也意味着，与学历和工作经历相比，交际和口才因素在求职过程中也许发挥着更为重要的作用。

与其他口才训练项目一样，求职面试的口才也需要专门训练。本章从"求职面试的准备"、"求职面试的应对技巧"、"求职面试的后续工作"三个方面系统地介绍求职面试的常用策略。

第一节 求职面试的准备

引导案例

学习广告专业的宋佳慧临毕业时,打算去一家美国独资广告公司应聘。她特别希望进入这家公司,于是她为面试做了很多准备——她详细了解了这家公司经营的业务,将该公司的经营理念、团队口号等打印出来反复阅读;她分析了该公司过去的成功作品,又将自己不太熟悉的专业理论认真学习了一番;她还上网浏览了该公司的所有网页,深入地了解该公司的经营情况、人文环境和企业文化。此外,她还设想了公司招聘时可能提出的许多问题。面试那天,宋佳慧身穿职业装,神采飞扬地出现在招聘现场。有备而来的她给考官留下了很好的印象,扎实的基本功和干脆利落的回答让考官非常满意。

☑ 公司经营业务
☑ 公司企业文化
☑ 面试设想问题
☑ 着装准备

(改编自《演讲与口才》2006年第3期)

【简评】 宋佳慧的求职思路值得借鉴。她的求职成功,在于为面试做了扎实而周密的准备。她所做的这些准备工作,第一表明了她是一个成熟稳健、处事细致周全的人,第二表明了她对进入该公司工作的诚意,第三表明了她做事踏实认真的工作风格。所有这些,自然能够赢得应聘单位的好感。

求职面试是大学生起步走向社会时具有挑战性的过程。投递的简历,能够使招聘单位对你是不是合适的人选有一个初步的判断。在面试中,招聘单位的人事主管甚至更高层的管理人员与你面对面交流,对你进行更直观、更深层次的了解,最后决定取舍。因此,求职面试前的准备工作不容忽视。这就是常言所说,"不打无准备之仗"。

《孙子兵法》中说:"知彼知己,百战不殆。"在求职面试之前,首先应该对"招聘单位最欢迎什么样的大学生"有一个初步的了解。北京高校毕业生就业指导中心曾对150多家国有大中型企事业单位、民营企业及高新技术企业、三资企业的人力资源部门进行了问卷调查。调查结果显示,以下八种特质最受用人单位的青睐:

1. 在最短时间内认同企业文化;
2. 对企业忠诚,有团队归属感;

3. 个人综合素质好；

4. 有敬业精神和职业素质；

5. 有专业技术能力；

6. 沟通能力强，有亲和力；

7. 有团队精神和协作能力；

8. 带着激情工作。

所以，在求职面试的准备中，应该想方设法把自己所具备的上述素质充分展示出来。一般说来，求职面试的准备可从以下三个方面着手。

一、面试前的简历准备

大学毕业生求职，首先是通过向用人单位呈送求职简历来介绍和推销自己。求职简历是用人单位了解毕业生有关情况的重要方式。让自己的简历在成百上千份简历中脱颖而出，被招聘单位选中，对求职第一步的成功起着关键的作用。制作简历，应该做到下面几点：

（一）结合实际，准确定位

据人力资源专家介绍，越是针对性强的简历越容易受到认可。也就是说，在写简历之前，你要决定自己的求职方向，分析自己的优势及弱点，然后选择目标企业及职位。写简历时，首先应该根据用人单位招聘的职位需求，对自己所能够从事的具体工作进行准确定位，不要笼统地表达"希望成为贵公司的一员"这样空洞的意愿。这个定位一定要结合自己的专业、特长和优势，不能脱离实际，好高骛远。一份合格的求职简历应该是目标清晰明确，所有内容有利于你获得应聘职位。有些求职者为了简便，将同一份简历复印多份到处发，由于针对性不强，定位模糊，一般都会遭拒。

（二）实事求是，以诚为本

在简历中，要实事求是，以诚为本，切不可为了获得用人单位的好感而过度"包装"，甚至弄虚作假。否则，在面试中迟早会露出马脚。比如："熟练使用英语、计算机"，这两项能力在面试时都可能有现场考察；"有很强的人际沟通能力"，这一项，不论你对自己的评价如何，面试答问中的表现会"以事实说话"，一旦你的实际能力并不像简历中说得那么好，即使你别的方面真的很不错，面试官也会跟你说"拜拜"，因为他对你的诚信产生了怀疑。又如"突击提拔"职务，大多数企业倾向于招聘在学校里担任过一定职务的大学生，这促使一些人在简历中"突击提拔"自己，比如学生会的干事改为主席，社会活动的参与者改为组织者。对此，企业很可能会打电话到学校证实。于是，到底是不是真"李逵"，立见分晓。简历最重要的是真实可靠。用人单位都将诚实视为第一重要的品质，一旦发现应聘人弄虚作假，即使才华再出众也不可能录用。

（三）语句通顺，无错别字

作为一个大学生，无论你是学文科、商科的，还是学理科、工科的，对祖国语言的正确运用应该是最基本的人文修养。如果你的简历中病句、用词不当和错别字比比皆是，或者文字格式不符合中文书写规范，用人单位会觉得这个人的基本素质太低，且做事敷衍潦草，一般是不予考虑的。所以,在写简历时,要认真推敲,字斟句酌,反复检查修改,坚决杜绝简历中出现"硬伤"。

(四)设计新颖,夺人耳目

企业的人事主管常常会同时面对几百甚至几千份简历。要使你的简历引起他们的关注,尽量避免写得平淡无奇。简历的外表不需要豪华,但应该醒目。制作简历要注意视觉上的美观和便于阅读,可以适当运用编辑技巧,如恰当运用各种字体、粗体字、斜体字、下划线、段落缩进等。要突出要点,避免密密麻麻的大段文字。如果应聘外商独资或中外合资企业,再备一份英文简历,效果会更好。

(五)细致周密,杜绝疏漏

一份简历看似简单,可总有不少人忘记写上自己的联系方式。这些重要信息的缺失,很可能使你坐失良机。作为一份推销自己的简历,以下内容是绝对不可缺少的:个人基本信息、职业目标、教育背景、所修的主要课程、所获奖励、校园及课外活动、兼职工作经验、培训、实习及专业认证、兴趣特长。如果你是一个多面手,你的求职有多个目标,那么在求职前,你不妨精心准备几份不同的简历及相关资料,在每一份上突出与应聘职位有关的重点。这样,你的简历一定有机会在众多简历中脱颖而出。

二、面试前的心理准备

面对严峻的就业形势,面对众多的竞争对手,要想获得面试的成功,没有充分的心理准备,没有良好的竞技状态是不行的。面试前的心理准备,可从以下几方面着手:

(一)知彼知己,胸有成竹

在面试前不能盲目地"自我感觉良好",主观地为自己划定一个求职标准:企业必须是什么样的规模、薪酬标准绝对不能低于多少多少,结果会高不成、低不就,最后以失败告终。

我们应该通过调查研究,了解目标企业的需求,同时也清楚地了解自身的专长以及适应的具体岗位,这样才能在面试中对答如流、游刃有余。对于第一份工作,薪酬的要求不宜过高。只要你得到这个工作机会,尽心尽力地去做,薪酬完全有可能随着你的能力的提高而不断地增长。

(二)沉着自信,积极暗示

面试时的自信从哪里来?来自三个方面:一是在校期间的积累,通过三年的努力学习和有意识的锻炼,自己具备了从事这项工作的能力。我有基础、有能力还怕什么?这就是俗话所说的"艺高人胆大"。二是面试前已做好认真细致的准备工作。你对方方面面的情况了解清楚了,心中有底了,自然就不会惶惶不安了。三是对自己积极的心理暗示。走进考场,你要在心里暗示自己:"这份工作恰好适合我的特长,我一定行!""我的准备工作做得扎实,有什么可胆怯的?"

（三）认准目标，坚持到底

求职面试最忌讳的是"这山望着那山高"。有些毕业生在需要自己决断时总是犹犹豫豫，当断不断，结果坐失良机。

踏进人才交流市场，你会看到，招聘的职位五花八门，多得不计其数，但最适合你做的或者说需要你做的并不多。因此，求职不在于你的简历投递得多，而在于你选得准——选那些最适合你所学专业的职位。这样，成功的几率比到处撒网要大得多。

此外，求职面试是自己的事，一定要有主见。一旦你客观地评估自己和用人单位的具体情况，作出了决定，就要坚持下去，绝不能人云亦云，不断改变主意。

三、面试前的研究准备

求职本来就是一场战斗。如今的求职面试是每一个大学生都需要学习的技能和本领，但也绝非某些人所想象的那么简单。有的人一帆风顺、战无不胜，有的人却屡战屡败、到处碰壁，这除了各自的知识、本领、素质的不同外，最根本的区别还在于"知己知彼"的能力上。所以在面试之前必须认真研究以下三个问题：

（一）研究自己的优势

面试最重要的还是要"准备"好自己：一般面试都分为自我介绍、回答问题和应聘人提问这三个环节。首先要想好自我介绍时怎么说、从哪几个方面说，其次对申请的职位要很了解，了解了职位后，你要问自己：

1. 待聘的工作职位合适你吗？
2. 你对这个职位有兴趣吗？
3. 你竞争这个职位的优势和劣势是什么？

自己首先弄清楚这三个问题，面试时就能比较从容地面对了。

（二）研究主考官的类型

面试时应聘者与主考官直接接触、当面问答的场合，多数人会感到紧张、慌乱，临场发挥不好。见了面试官后，心跳加快，手足无措，智商、口才、形象、仪态都大打折扣。其实这大可不必，你研究好主考官，面试时，就可沉着冷静，以平常心对待，消除紧张情绪，流畅应答。

一般说来，主考官有五种：谦虚型、老练型、惟我独尊型、演讲家型、死板型，提出的问题风格不同，基调不同，但都是全方位、广角度、多元化、含义深的问题。

对应聘者而言，了解主考官的真实意图至关重要。如果在你面试之前通过电话和主考官进行一次交流，会有很多好处：

1. 让主考官对你有良好的第一印象。
2. 主考官的整体考核内容是什么？
3. 主考官主要想了解什么方面的问题？
4. 判断主考官的类型，做到心中有数，采用不同的应对方法。

（三）研究企业的资料

面试前很有必要下工夫对招聘单位的资料进行认真细致的研究，比如公司的人数、创立的年代、总公司所在地、公司规模、公司有哪些产品、产品的市场定位、市场占有率、主要客户、近三年来公司的成长概况、甚至组织机构概况。这样，回答主考官提出的诸如"你对我们这个企业了解多少"之类的问题，就会成竹在胸，侃侃而谈。

怎样搜集到这些信息呢？

如果是比较知名的企业，可查询财经杂志、专业杂志、行业专刊，以及协会、学会之期刊信息。目前网络越来越发达，一般公司都会在自己的网页上制作详尽的公司延革史、产品、服务等各方面的简介，只要有一台可以联机上网的计算机，资料的取得更加快捷方便。

如果是规模较小的公司，可注意他们的产品简介，如果你个人的关系网（师兄、师姐、亲戚、朋友），能够征询到来自相同工作领域的前辈，通过与他们的沟通了解该产业趋势走向等信息，必然对你有更直接的帮助。因为你对于该公司、产业了解得越深入，回答时才越能切中核心，显现专业与深度，甚至主动提出对方可能感兴趣的内行话题，给人留下非常深刻的印象。

> 去年春节后，市场营销专业的毕业生小李看中了一家食品企业。面试时，主考官问："你对我们公司了解吗？"小李当即答道："当然了解，你们生产方便面！"对方再细问，小李便支支吾吾说不出个所以然。
>
> 应聘的失败，使小李认识到，了解应聘单位是必不可少的面试课程。此后，他把自己心仪的公司列出来，一有空就通过网站、报纸、电视等途径，了解各公司的发展史、企业文化、经营理念、人才观等，看自己的个性是否适合该企业。他还随时关注各公司的发展动态，有时还到市场上了解各公司产品销售情况。
>
> 6月，一家通讯公司招聘，小李充满自信去应聘。主考官问他："你了解我们公司吗？"小李侃侃而谈。他还对比了公司和竞争对手广告宣传的特点和各自的优势，主考官频频点头。最终，小李应聘成功。

【简评】 面试时，主考官一般会通过提问，来考察求职者对公司的了解，企业不喜欢对其一无所知的员工。求职者若做有心人，有针对性地了解公司的情况，应聘成功的几率就会提高。

研究企业资料固然重要，但在这个准备过程中，不能忽视自身兴趣、个性与职位的匹配程度，这其实是一个人能否做好工作的关键。一些知名企业的人事经理认为：与"知彼"相比，"知己"更重要。换句话说，充分了解、认识自身的个性才是关键。欧莱雅（中国）人力资源总监戴青在谈到这个问题时说："面试前做好充分的准备当然是好的，这也是考察应聘者的方式之一。比如有的求职者事先做了充分调查，从网络上下载了公司的很多资料，这可以告诉我们，他是个喜欢研究的人。但这并不会成为我们为求职者加分的主要原因，人力资源部的工作人员并不会因此而感动，甚至影响决策。就我们公司来讲，我们更侧重于求职者的个性，因为我们认为技术、技巧等内容是可以通过公司有针对性的培训来提高的，但人的个性具有相当的特殊性，很难通过培训来塑造。"

四、面试前的服饰准备

面试时,面试官对你的第一印象是从你踏进考场开始的。那一刻,你的着装、仪表就像一张无声的名片,向面试官介绍着你自己。初次见面,务必给面试官留下整洁、大方、精干的印象。如果不修边幅,会显得懒懒散散,让面试官联想到你将来工作时的精神状态。以着装得体、举止大方、精神焕发的形象出现在面试官面前十分重要,因为求职者的仪表、服饰是个人素养和文化修养的外在表现。

(一)面试前的着装准备

着装能在十秒钟之内给人留下第一印象。面试官会根据你的穿着来初步判断你的性格和审美价值取向。一般而言,面试官评判面试者服装的标准是:协调中显示着人的气质与风度,稳重中透露出人的可信赖程度,独特中彰显着人的个性。因此,面试着装的基本要求是:整洁、大方、得体、合身,符合应聘职业的要求,符合本人形象的特点,符合季节的特点,给人一种成熟、稳重和可信任感。

1. 女生面试时的着装要求

(1)基本原则:端庄,高雅,色系明快,配饰适当,与准上班族的身份相符。

(2)平时准备一两套套装,以备去不同单位面试之需。根据自身的性格或气质选择服装的颜色。颜色鲜艳的服饰使人显得活泼、有朝气,素色稳重的套装使人显得大方干练。

(3)不妨多尝试裙装,它比裤装更能展现女性的特质。裙子款式以 A 字裙或一步裙为佳,忌百褶裙。裙子不宜过短,一般到膝盖的长度比较合适。

(4)穿裙装配凉鞋时,可穿长统丝袜或不穿袜子,切忌短丝袜、中筒袜。

(5)平时穿长袖衬衫为宜。袖口可以稍稍从外套袖口露一点出来,给人一种职业装的感觉。夏天可穿短袖衬衫。

(6)不要穿得花枝招展,不穿低胸露背装、超短裙、吊带背心和无袖上衣配紧身牛仔裤,避免惹来不必要的麻烦。

(7)鞋跟不宜过高,过于前卫,夏天不要穿露趾凉鞋,更不宜将脚趾甲涂抹成红色或其他颜色。

(8)饰物不要超过一件,要含蓄精致,款式越简单越好。不戴叮当作响的手链,不佩带过长的吊挂式耳环,最好不要戴戒指。

(9)手袋(包)的风格要持重,不携带体育用包或叮当作响的发光的包。选择手袋(包)要考虑到衣服的颜色。身材高大的女生不宜用太小的包;反之,娇小玲珑的女生不宜用太大的包。

2. 男生面试时的着装要求

(1)基本原则:稳重、整洁、干练、大方。

(2)平时准备好一至两套合身的西装,颜色应当以主流颜色为主,如灰色或深蓝色,这样在各种场合都不会显得失态。

(3)衬衫以白色或浅色为主,这样较好配领带和西裤。面试前应将衬衫熨平整,不能给人"皱巴巴"的感觉。

(4)一定要在衬衣外打领带,领带以真丝的为好,平时应准备与西服颜色相衬的领带。

（5）不要穿过紧的裤子和 T 恤，不要穿西装打领带却配牛仔裤，也不要穿运动休闲服却打领带。

（6）穿西裤时，都最好不要配旅游鞋，应该配皮鞋。皮鞋以黑色或棕色的为好，去面试之前要擦亮。

（7）袜子应该选择弹性较好、长度至脚踝以上的。穿西服时，袜子的颜色应和衣服的颜色协调，比如深灰色、蓝色、黑色。

（8）如果没有公文包，随身携带的资料袋不能破旧。此外，别忘记准备一支下水流畅的水笔。

此外，不论男生还是女生，在面试时都不要穿一身崭新的服装和皮鞋。如果这样，考官会误认为你的服饰是匆匆凑齐的。那么，他会由此而怀疑你的其他材料也是凑起来的。况且，从来没有穿过的东西从头到脚包裹在你的身上，你还没有充分适应它们，一定会觉得别扭，从而使你的神情举止不自然，影响面试表现。

（二）面试前的仪表准备

求职面试时，给人的第一印象中除着装以外，仪表也占相当大的比例。假如初次见面就蓬头垢面，不修边幅，会使面试官认为你是一个不善于管理自己、不上进、不努力的人。

1. 女生面试时的仪表要求

（1）头发干净、整洁，发型朴素、自然，适合自己的脸型和身材特点。不要留"爆炸式"发型，这种发型，会使面试官对你产生本能的排斥；高挽的发髻也不可取，它会让面试官以家庭型女性来评判你，这无疑是对你求职的否定。只有清爽干练的短发和整齐的披肩长发，才是面试时比较理想的发型。

（2）面部和手部要保持光洁、清爽，可化淡妆，即轻轻地描一描眉，淡淡地擦一点口红，但绝不要浓妆艳抹。

（3）将指甲修剪整齐、干净，指甲缝里不要有污垢，不要涂带颜色的指甲油。

2. 男生面试时的仪表要求

（1）头发干净、整洁，发型朴素、自然。不要留长发或染发。

（2）胡须刮干净，脸部清洗干净，千万不要出现一张洁净的脸却配一个黄黑脖子的尴尬局面。

（3）指甲长短适当，保持清洁，绝不要有污物。

此外，不论男生还是女生，面试前都要保持口气清洁。可以在面试前半个小时含一个薄荷口香糖（注意：进场时不可嚼口香糖）。

一些知名企业的人事经理认为：在面试中打造良好的个人形象是非常重要的。中国惠普有限公司人力资源营运总监葛永基说："面试首先看你的着装、化妆和卫生。我们有一个经理说，他在面试的时候，看到一位先生的指甲长长的，而且里面都是黑的，他越看越感觉不舒服。这样的人连自己都收拾不干净，今后谈何职业形象？我也曾经面试过一个人。他走进面试间的时候，把椅子一斜，几乎半躺在上面，然后脚一翘，还晃啊晃的。我当时想，这样的人如果到了我们团队，我伺候都来不及，还怎么管理？这样的人即使是名校毕业生或研究生都没有用。"

罗永浩靠什么打动俞敏洪？

罗永浩，大家都很熟悉的新东方名师，高中辍学，曾经摆地摊、开羊肉串店、倒卖药材、做期货、销售电脑配件。2001 年至 2006 年他在北京新东方学校任教，由于教学风格幽默诙谐并且具有高度理想主义气质的感染力，所以极受学生欢迎。然而在他进入新东方之前，这个高中都没读完的家伙，是怎么打动新东方校长俞敏洪的呢？并且在他前两次试讲不成功的情况下，还给了他第三次试讲机会。

我们一起来看看他的求职信也许能够得到一些启示。

一、大胆批判，突显独特见解

罗永浩在求职信的开头，针对新东方学校的招聘要求，坦率而大胆地做了一些说明。

要求 1.有很强的英语水平，英语发音标准。

罗永浩：英语水平还好，发音非常标准，我得承认比王强老师的发音差一点。很多发音恐怖的人也可以是新东方的品牌教师，我不知道为什么要求这一条，尽管我没这方面的问题。

要求 2.大学本科或以上学历，英语专业者优先。

罗永浩：真不喜欢这么势利的条件。

要求 3.有教学经验者，尤其是教过以上科目者优先。

罗永浩：有过教学经验，但与英语学科不相关。

要求 4.口齿伶俐，中文表达能力强，普通话标准。

罗永浩：岂止伶俐，简直凌厉，普通话十分标准，除了对翘舌音不太在意（如果在意，平舌音也会发错，所以两害相权取其轻）。

点评：有的求职者一看到招聘方有较高要求，就放弃了，心想：人家招研究生呢，我肯定不行。看罗永浩的求职信，对那些招聘要求，简直是"视而不见"，因为他懂得，所有的招聘条件汇聚到最后，就只剩一条：你是否能胜任这个工作？罗永浩面对一些达不到的硬性条件，不仅没有说好话来解释，反而对招聘要求指指点点，或含糊其辞，或声东击西，看后令人啼笑皆非，但是并不让人怀疑他的能力，反而感觉招聘条件设置不太科学。

二、诙谐自述，散发独立个性

罗永浩，男，1972 年生于吉林省和龙县龙门公社。在吉林省延吉市读初中时，因为生性狷介，很早就放弃了一些当时我讨厌的主课，比如代数、化学，后来只好靠走关系才进了当地最好的一所高中，这也是我刚正不阿的三十来年里比较罕见的一个污点。因为我和我国教育制度格格不入又不肯妥协，1989 年高中二年级的时候就主动退学了。有时候我想其实我远比那些浑浑噩噩地从小学读到硕士博士的人更渴望高等教育。我们都知道钱钟书进清华的时候数学是 15 分，臧克家去山东国立青岛大学的时候也是差不多的情况。今天的大学校长们有这样的胸襟吗？当然，发现自己文章写得不如钱钟书是多年后的事情了，还好终于发现了。

退学之后基本上我一直都是自我教育，主要是借助书籍。因为家境还勉勉强强，我得以相对从容地读了几年书，"独与天地精神往来"。

点评：很多求职者对于自己的学历有一些偏激认识，认为学历就决定了职场的起跑线。其实，学历的背后有很多难以看到的背景，高学历或者低学历也许能说明一些问题，但是却不能决定一切。在谈到自己的学习史时，罗永浩对自己高中没毕业的事实毫不讳言，且十分自豪，反映出他对中国现行教育不合理地方的控诉，体现了独立而正直的个性特征。后面的"自我教育"的叙述也足以让人相信，他的学识并不比接受过正规教育的"科班生"差。

三、专业阐述，显露真才实学

我以这样的条件敢来新东方应聘，除了脸皮厚这个最显而易见的表面原因之外，主要还是对于教填空课的自信。第二次考试之后我一直做填空的备课，最消耗时间的是把这些填空题翻译成中文，400多个句子的翻译居然用了我整整一个月的时间，基本上是一个小时翻译三个句子，当然快的时候两分钟一个，慢的时候几个小时翻不好一句。

在解题思路上我修正了新东方现用教材所有不严谨的地方，难以置信的是这些不严谨的错误在书中竟有三成之多。我的草稿还有很多优点，如果我们都接受"不存在完美的东西"这样一个假设，那么我想说的是，我的这本填空教材是离完美最近的那一个。希望我的坦率不会倒了您的胃口，当然我知道新东方的开明气度才会这样讲话。

点评：求职者在应聘中切记不要闯进一个思维误区，想以一些华丽而不符合工作特点的技能来打动招聘方，而不注重专业表现。不管你给招聘方留下多么好的印象，决定你是否能进入他们"招聘视野"的只有你的真才实学。罗永浩深知这一点，在充分展示了自己的个性特征和人格魅力后，他把自己的专业水平进行了简短而深刻的介绍，表明自己在填空题方面良好的教学素质，他甚至对于新东方现行教材提出了颠覆性的批评，而且已经研究出新的替代品，作为校长的俞敏洪能不惊出一身冷汗，而暗自庆幸吗？

四、热切表达，体现高度期望

我到新东方应聘不是来做教师的，我是来做优秀教师的，即使新东方的声誉和报酬使得它从来都不缺教师，我也知道优秀的教师永远都是不嫌多的，如果新东方从来都不缺优秀教师，那么我也知道更优秀的教师从来都是新东方迫切需要的。

龚自珍劝天公"不拘一格降人才"，所以我想我需要的也就是这么个机会而已。给我个机会去面试或是试讲吧，我会是新东方最好的老师，最差的情况下也会是"之一"。

点评：在求职信中，求职者展现完自身条件后，一切就说完了吗？不，就如求爱中的小伙子，在姑娘面前展现了非凡才华之后，还要有"精诚所至，金石为开"的热切追求之语。罗永浩没有忘记来一番"肉麻"的表白，再一次表达了自己加盟新东方的强烈愿望，对于如此"痴心"而优秀的罗永浩，俞敏洪除了张开双臂欢迎，还能做什么呢？

好的开头，是成功的一半；一封好的求职信，是进入你所心仪的公司大门的钥匙。

（摘自高竞宇：《罗永浩靠什么打动俞敏洪？》，《演讲与口才》2011年第3期）

课堂训练

下面是一位求职成功的大学毕业生关于求职面试准备工作的经验谈，阅读后归纳出几条作为对你自己的启示。

毕业前，尽管能够通过各种途径看到五花八门的招聘广告，但并不是每家企业的文化和工作环境都适合自己。如果采用广撒网的求职方式，在每家企业平均用力的话，取得面试机会的几率不会很高。所以，我对搜集的招聘资料进行仔细研究后，只向几家单位投递了简历。

我精心制作的简历很快引起了一家不错的公司的注意，并且得到了面试的机会。我觉得，求职其实是再次认识和剖析自己的过程：自己的优点和缺点表现在哪里、适合做哪些事情等等，以便确立明确的目标。同时，要了解企业的文化和人才需求情况，问问自己哪些方面与公司的用人要求是相吻合的，从中找到契合点来进行面试资料的准备。有了详尽的资料，在面试时起码不至于怯场。而且，面试官会提出什么问题无法预测。只要做好准备工作，把自己适合企业的东西尽量地表现出来就可以了。经过这样充分的准备，我的面试非常顺利。当时，我从面试官的眼神和态度里就知道结果了。

第二节 求职面试的应对技巧

小　徐：(推门进来，重重地关上门。坐在面试官对面，默不作声。)

面试官：你是徐栋吧？请问，你从哪所学校毕业？什么时候毕业的？

小　徐：(不解地)您没有看我的简历吗？您问的这些问题简历上都写着呢。

面试官：看了。不过我还是想听你说说。那么，请用一分钟叙述一下你的简单情况。

小　徐：(快速地)我在大学里学的是文秘专业，实习时在一家广告公司工作负责文案。这几年，我报考了英语专业的自学考试，目前已通过五门功课的考试。我很想到贵公司工作，因为贵公司的工作环境很适合年轻人的发展。我希望贵公司给我一个机会，而我将回报给贵公司一个惊喜！

面试官：(皱起眉头)好吧，回去等通知吧。

小　徐：(急匆匆走出去，又急匆匆返回来拿放在椅子脚旁的皮包。)

【简评】　小徐的这次面试以失败告终，其原因是：第一，缺乏对面试官的尊重，比如关门动作很用力，不回答问题反而质问面试官；第二，缺乏主动性，如不主动向面试官问好并报出自己的姓名；第三，语速太快。这使面试官认为他缺乏诚意，背诵事先准备的内容；第四，慌慌张张，比如离开考场时遗忘自己的皮包。这样的人显然不适合做公司文案工作。

　　面试官根据简历初步了解应聘者基本情况之后，通过面试这个环节，更加直观、全面、深入地评判应聘者的综合素质，最后决定取舍。对于应聘者来说，这个环节是展示自身能力的一个重要机会。能否顺利过关，除自身所具备的知识、技能水平之外，掌握面试应对技巧也是十分重要的。在这里，我们从面试应对的基本要领、面试中常见的题型及面试应对中常见的错误三方面入手，学习面试的应对技巧。

一、面试应对的基本要领

　　在面试中，面试官往往千方百计"设卡"，以提高考试的难度，鉴别真正需要的人才。应

付这种局面,要掌握应答的基本要领。应答时应该注意下面几点:

(一)知之为知之,不知为不知

遇到自己不熟悉、或者根本不懂的问题,首先要保持镇静,不要手足无措、抓耳挠腮、面红耳赤。其次不要不懂装懂,牵强附会,与其应答得牛头不对马嘴还不如承认自己不知道。第三,对没有把握的问题可以做简略回答或致歉不答,但绝不能置之不理。

(二)确认提问的内容,切忌答非所问

要听清问题再回答,对于不太明确的问题,一定要采取恰当的方式搞清楚,并请求面试官给予具体的提示。对于面试官来说,与其听你"答非所问"的叙述,不如等你把问题搞明白再进行对话。

(三)冷静沉着,处变不惊

在面试官中,不乏刁钻古怪之人。他们可能故意提出充满刁难意味或令人难堪的问题。你要明白,这些"不怀好意"的提问,大多只是一种"战术"而已,其真实用意在于"重创"应聘者,看你有没有"起死回生"的能力和魄力。遇到这种问题,你若是反唇相讥,恶语相向,那就大错特错了。

面试官:你并非毕业于名牌大学?
魏心明:马云、李书福、牛根生,太多有成就的人都不是毕业于名牌大学,有的甚至连大学都没读过。是否毕业于名牌大学,不应该成为衡量人才的标志,更不应该成为公司用人的标准。
面试官:你的学历对我们来说太高了。
魏心明:我可以把博士和硕士学位证书收起来,只把学士学位证书带进公司。
面试官:你刚毕业没有经验。
魏心明:诸葛亮出山前从没带过兵打过仗。一张白纸能画出更好的画儿,没有经验也意味着没有思维定势,不受条条框框的束缚,更易创新。
面试官:你看起来很瘦弱,恐怕难以承受强大的工作压力。
魏心明:我来单位不是当保安的。孙悟空瘦小,却能在山下压五百年,换成猪八戒就不成了。
面试官:(忍不住笑了,同时向他伸出手)欢迎你加入我们公司!
(摘自佳一:《如何战胜面试官常用的杀手锏》,《演讲与口才》2011年第1期)

【简评】 面对面试官一次又一次的刁难,魏心明自信在心,成竹在胸,步步为营,执着争取,终于获得了面试官的青睐。

(四)正确判断面试官的意图,对症下药

首先,要注意识破面试官"声东击西"的策略。当面试官觉察到你不太愿意回答问题而又想有所了解时,可能会采取声东击西的策略。其次,要判断面试官的提问是评测哪方面的素质和能力,以便有针对性地回答。

面试官问:你在大学所学的是什么专业或受过哪种特殊培训? 你对哪些课程感兴趣? 哪些课程学得最好?

【简评】 此类问题,在考察你的知识水平与专业特长,了解你掌握专业知识的深度和广度,以判断你的专长是否符合所录用职位的要求。面试中对专业知识的考察更具灵活性与深度,所提问题也更接近岗位对专业知识的需求。回答时要实事求是,突出重点。

回答建议:第一,应体现出你的专业水平,语言要简洁,逻辑性要强。第二,谈一些与应聘有关的专业和课程,不要漫无边际地吹牛。第三,可以就专业问题加以发挥,把道理讲深讲透,但不可沉迷于自己的优势而滔滔不绝。

面试官问:在星期天、节假日或每天晚上,你怎样消磨休闲时间?你参加聚会,是喜欢独处、还是喜欢出风头?请谈一谈你最要好的朋友?你选择朋友时,一般考虑哪些因素?

【简评】 此类问题,在考察你人际交往能力和与人相处的技巧。一般来说,大多数人愿意和开朗、热情大方、善解人意的人交朋友,而不愿意与那些过于清高、气量狭小、无生活情趣的人在一起。

回答建议:对于这类问题,答题原则应该以诚为本,但最好不要说可能使考官给你打负分的内容,比如"我喜欢独处,喜欢一个人静静地坐在那里发呆"等等。

一些知名企业的人事经理认为,面试时对常规问题的把握和回答很重要。美国礼来亚洲公司上海代表处人力资源总监刘萍说:"尽管我们公司面试的范围很广,但基本内容还是一些比较常规的问题,比如我们会跟应聘人员聊聊他的工作情况、个人经历、兴趣爱好等等。比较注重的方面包括过去的工作经验和经历、成功或者失败的原因分析等。通过这样的谈话,可以让我们对应聘者的个人能力、工作胜任程度有个初步了解。此外,根据每个应聘者的不同情况,我们会进行不同的提问。"

二、面试中常见的题型

面试时,面试官提的问题千变万化,但万变不离其宗。他们提出的所有问题都是有明确目的的,就是考察求职者对这份工作的态度和能力。归纳起来,常见的问题有以下三种类型:

(一)潜质能力的考察

很多公司的招聘强调个人是否有良好的"潜力"。这里的潜力,是指应聘者学习、分析、思维、创造创新、市场敏感度等综合能力。潜质能力是评判应聘者是不是优秀人才的首要标准。

1. 分析判断能力:你有没有面临过一些左右为难的场面或问题?当你面对这类矛盾冲突的时候,会怎么做?

2. 市场触觉和敏感度:你如何看待我们这个行业的发展前景?对于公司的发展和品牌的塑造,你有何高见?

3. 创新创造能力:你曾经组织过哪些富有创意的活动或项目?这个项目的创新点在哪里?

4. 清晰的职业目标和人生目标:你为何要应聘这个职位?你在5—10年内的职业目标是什么?你的人生理想是什么?

5. 时间管理能力：具体说出一个你感觉最为忙碌的时期，假如需要你在规定的时间内完成很多任务，你怎样做到有条不紊？

6. 学习能力：你认为目前最欠缺的知识技能是什么？你希望就业后公司能提供哪些培训？是工作培训还是业余培训？

7. 高效的工作能力：如果完成某件事情预计需要三天的时间，而上级要求你用一天的时间完成，你打算怎样如期完成任务？

8. 自我管理能力：你在工作中拥有哪些资源？你怎样合理地利用这些资源？

（二）人际交往和沟通能力的考察

1. 沟通合作能力：请给出一个你在日常工作中遇到的与他人合作解决困难的项目案例，并具体描述你们在项目中遇到过的困难，解决困难的整个过程。

2. 领导能力：你有没有领导团队完成某项任务的经验？其中运用了哪些方法？是绩效考核、目标驱动还是目标激励？

3. 人际关系处理能力：如果公司的新进员工是你以前的好友，而目前你俩在两个相互竞争的部门工作，你如何处理工作和私人之间的关系？

4. 客户沟通服务能力：假设你是某公司的客户经理，遇到客户投诉，你如何协调公司和客户之间的关系，如何妥善处理客户投诉？请举例说明。

（三）积极性和驱动力的考察

1. 企业认知情况：你了解我们公司吗？对公司的业务、工作方式有何见解？

2. 价值观衡量：你认为一份好工作应该是怎样的？你希望遇到怎样的老板和同事？你喜欢怎样的工作环境和工作方式？

3. 工作态度：你怎样看待日常加班？如何看待超负荷运转的工作方式？

4. 诚信正直：请给出一个你认为是正确的事情的例子。

以上问题并没有"标准答案"。不同文化的企业，不同价值观的考官，不同职能特性的岗位，都会有不同的答案。事先对这些问题做一番准备，面试时就不会出现措手不及、张口结舌的窘况。

三、面试中常见问题的应对思路

正如上文所讲，在面试中主考官会向应聘者提出各种类型的问题，来考察应聘者的潜质能力、人际交往和沟通能力、积极性和驱动力。所以，我们一方面要对这些问题的类型做充分的了解，不盲目上场；另一方面要对面试中最常遇到的问题做到心中有数，以保证应答时思路清晰、重点突出、表达得当。下面列出面试中最常见的一些典型问题（非专业性的）及其应答思路，希望能从中分析、领悟出面试的规律及回答问题的思维方式。

（一）请你简单介绍一下自己

这几乎是每场面试的必问问题，一定要心中有数。主要从以下两点把握：

1. 你的介绍要与提交的简历相吻合，并且表述方式上尽量口语化，避免大话、空话和学生腔。

2. 要谈能够概括你自己的主要方面,不谈无关、无用的内容,并且条理要清晰,层次要分明。

(二)谈谈你的家庭情况

此问题对于了解应聘者的性格、观念、心态等有一定的作用。应对时要注意:

1. 简单介绍家里的几口人,注意强调温馨和睦的家庭氛围。
2. 突出每位家庭成员的良好状况和父母对自己教育的重视。
3. 强调家庭成员对自己工作的支持以及强调自己对家庭的责任感。

(三)你最崇拜的人是谁

此问题能在一定程度上反映出应聘者的价值观以及是否有目标。在应对时,应注意:

1. 不宜说自己谁都不崇拜或只崇拜自己。
2. 不宜说崇拜一个虚幻的、或是不知名的或明显具有负面形象的人。
3. 所崇拜的人最好与个人良好修养或所应聘的工作有某种联系。
4. 最好说出所崇拜的人的哪些品质、思想感染、鼓舞着自己。

(四)介绍一下你的业余爱好

此问题能在一定程度上反映应聘者是不是一个热爱生活、好学上进、兴趣广泛的人,可以从以下几个方面来把握:

1. 最好不要说自己没有业余爱好,或说自己有那些庸俗的、令人感觉不好的爱好。比如贪吃、睡懒觉等。
2. 最好不要说自己仅限于读书、听音乐、上网,否则可能令面试官怀疑你性格孤僻。
3. 最好能有一些户外的业余爱好来提升你的形象。

(五)你的座右铭是什么

1. 不要说那些易引起不好联想的座右铭。
2. 不宜说那些太抽象的或太长的座右铭。
3. 座右铭最好能反映出自己某种优秀品质。

此问题能够反映应聘者的价值观和为人处事是否有准则。

(六)谈谈你的缺点

1. 不能说自己没有缺点或把明显的优点说成缺点,不宜说出严重影响所应聘工作的或令人不放心、不舒服的缺点。
2. 可以说出一些对于所应聘工作"无关紧要"的缺点,甚至是一些表面上看是缺点,从工作的角度看却是优点的缺点。
3. 说出缺点后必须紧接着简要谈谈自己改正缺点、完善自我的决心。

此问题能够反映应聘者是不是一个能清醒认识自己的人。

(七)介绍你的一次失败经历

1. 不宜说自己没有失败的经历,不宜说出严重影响所应聘工作的失败经历。

2. 所谈经历的结果应是失败的。

3. 应该说明失败之前自己曾信心百倍、尽心尽力，并说明导致失败的主观原因和客观原因。

4. 一定要谈失败后自己如何很快振作起来，总结教训，以更加饱满的热情面对以后的工作。

此问题能在一定程度上检验应聘者的心理素质。

（八）你为什么要选择我们公司

1. 从所学专业和具体岗位的契合度来谈。

2. 从自己对具体岗位的了解程度和兴趣、信心来谈。

此问题用于了解应聘者求职的动机、愿望以及对此项工作的态度。

（九）对从事这项工作，你估计会有哪些困难

1. 要说出困难，但不能难到你不适合做此项工作。

2. 重点要说出自己对困难所持有的态度。

此问题用于了解应聘者是不是一个坦诚的、有自信的人。

（十）如果我们录用你，你打算如何开展工作

1. 如果对应聘的职位缺乏足够的了解，最好不要直接说出自己开展工作的具体办法，避免显得不懂装懂。

2. 可以从一个新人成长的一般步骤来谈。比如"首先听取主管领导的指示和要求，然后熟悉和了解我的岗位的具体情况，再制定一份近期的工作计划并报主管领导批准，最后根据计划踏踏实实地开展工作。"

此问题用于了解应聘者是不是一个有想法、有计划的人。

（十一）与上级意见不统一时，你会怎么办

1. 一般可以这样回答："一般情况下，我会服从上级的意见，但是有机会的话我会向上级进行必要的解释和提醒。"

2. 如果对方进一步提问："假如恰恰是你正确呢?"就可以这样回答："对于非原则性问题，我会服从上级的意见，对于涉及公司利益的重大问题，我希望能向更高层领导反映。"

此问题用于了解应聘者处理棘手问题的能力。

（十二）你来这里应聘，我们为什么要录用你

1. 最好站在招聘单位的角度来回答。

2. 招聘单位一般会录用这样的应聘者：基本符合条件、对这份工作感兴趣、有足够的信心。

3. 不宜过于自傲，比如："因为我就是你们所需要的人才。""因为我能够帮助你们公司大大提高利润。"

此问题用于测试应聘者面对具有挑战性问题时的应对能力。

（十三）你能为我们做什么

1. 基本原则是"投其所好"。
2. 回答前最好能"先发制人"，了解招聘单位期待这个职位所能发挥的作用。
3. 可以根据自己的了解，结合自己在专业领域的优势来回答这个问题。

（十四）你是应届毕业生，缺乏经验，怎么能胜任这项工作呢

1. 对这个问题的回答最好要体现出你的诚恳、机智、果敢及敬业。
2. 强调新人"学习"、"熟悉"这些过程的必然性，善于联系自己已有的相关宝贵经历或经验来证明自己的能力。如"作为应届毕业生，在工作经验方面的确会有所欠缺，因此在读书期间我一直利用各种机会在这个行业里做兼职。我也发现，实际工作远比书本知识丰富、复杂。但我有较强的责任心、适应能力和学习能力，而且比较勤奋，所以在兼职中均能圆满完成各项工作，从中获取的经验也令我受益匪浅。请贵公司放心，学校所学及兼职的工作经验使我一定能胜任这个职位"。

如果招聘单位对应届毕业生提出这个问题，说明他们并不真正在乎"经验"，关键看应聘者怎样回答。

（十五）你喜欢什么样的上级

1. 最好不要说对上级具体的希望，多谈对自己的要求。
2. 强调自己对岗位的兴趣，而上级不由自己选择，但自己可以通过自我调整适应不同领导风格的上级。

此问题判断应聘者对上级的喜好进而了解自我要求的意识，这既是一个陷阱，又是一次机会。

（十六）你为什么要离开前一家公司

1. 避免把"离职原因"说得太详细、太具体。
2. 不能掺杂主观的负面感受，如"工作太累""人际关系太复杂""管理太混乱""公司不重视人才""公司的领导不公平"等等，但也不能躲闪、回避，如"想换换环境""个人原因"等。
3. 不能涉及自己负面的人格特征，如不诚实、懒惰、缺乏责任感、不随和等。
4. 尽量使解释的理由为你个人的形象添彩。如"我离职是因为这家公司倒闭。我在公司工作了三年多，有较深的感情。从去年始，由于市场形势突变，公司的局面急转直下。到眼下这一步我觉得很遗憾，但还要面对现实，重新寻找能发挥我能力的舞台"。

此问题主要了解你的适应性和处理人际关系的能力。最重要的是：你要使主考官相信，自己在以前单位的"离职原因"在当下这家招聘单位里不存在。

以上只是对这些典型问题提供了应答思路（或应答建议）。同一个面试问题并非只有一个答案，而同一个答案并不是在任何面试场合都有效，关键在于我们应该分析这些思路，弄清其中为什么"应该"和为什么"不应该"，掌握了规律之后，对面试的具体情况进行把握，有意识地揣摩面试官提出问题的心理背景，然后精心选择最恰当、最得体的应答方法。

掌握面试的应答技巧确实可以使我们更好地展示自己，但是面试应答技巧不是面试成

功的唯一因素。面试最重要的是应聘者结合招聘岗位的要求展示自身能力，是综合素质的体现而不是通过包装、表演来伪装自己。面试应答是自身综合能力的自然展现，所以对于我们高等职业技术学院的在校生来说，最关键的还是迅速提高自身的综合能力。

四、面试应对中常见的错误

（一）夸夸其谈

具体表现是：答非所问，高谈阔论，滔滔不绝，不得要领。

每个人的面试时间都不会太长。因此，应聘者要想方设法在规定的时间内尽可能多地展示自己的优势。但是，应聘者在推销自己的同时，要记住中国的一句老话——言多必失。能够简明扼要地表达自己想法的人，才会受企业的欢迎。

（二）掺水说谎

具体表现是：伪造业绩，伪造职业史，将不属于自己的功劳据为己有。

这样做的应聘者忽略了一个很重要的事实，即诚信是做人最起码的要求。我们要知道，任何雇主都不会聘用没有诚信、随时撒谎的人。即使在面试现场能够蒙混过关，但谎言一旦被揭穿，那么你的好日子也就到头了。因此，面试时千万要实话实说，不能无中生有。

（三）假扮完美

具体表现是：当面试官问及"你性格上有什么弱点？受过什么挫折？"时，毫不犹豫地回答：没有。

其实，这种回答常常是对自己不负责任。"人无完人，金无足赤"，只有充分地认识自己的弱点，正确地认识自己所受的挫折，才能造就真正成熟的人格。

（四）数落别人

具体表现是：被问及现在所在的公司或以前所在的公司时，数落原单位的不是，比如薪水过低、原雇主不能知人善任、同事间勾心斗角等，把自己离开的原因全部推到原单位的过错上。

在具备专业素养的面试官面前，这种行为是非常忌讳的。在面试官眼里，一个不找自身原因的人，工作一定不会认真负责。更重要的是，即使是对方的过错，你一味地数落别人，也只会让面试官觉得你容易记仇、不念旧情和不懂得与人相处，反而招致考官的反感。

（五）与面试官"套近乎"

具体表现是：应答中极力赞扬招聘单位或面试官，或得意地说自己认识招聘单位里的某某领导。

一般说来，面试官是忌讳与应聘者套近乎的，因为面试中双方关系过于随便会影响面试官的评判。聪明的应聘者可以列举一至两件有根有据的事例来赞扬招聘单位，表现出对这家公司的兴趣，而最重要的是通过面试充分展示自己的专业知识和技能。

（六）急于打探薪酬福利

具体表现是：面试一开始就急不可耐地向面试官打听该职位的薪酬、福利等情况。

这种做法的结果是欲速则不达。面试官是非常忌讳这种做法的。其实，假如面试官对你这个应聘者感兴趣，自然会提到薪酬等问题。

（七）不善于打破沉默

具体表现是：面试开始时，消极等待面试官先开口；面试中，又出于种种顾虑，不愿主动说话，结果使面试出现冷场。

实际上，无论是面试前或面试中，应聘者主动向面试官致意，主动抛出话题（当然应该是得体的话题），会给面试官留下善于与人交谈的良好印象。在面试中，一个好的提问，胜过简历中的无数笔墨，会让面试官刮目相看。

（八）欠缺目标

具体表现是：求职目标太多，认为什么岗位都适合自己。

这会给面试官留下没有明确事业目标的印象。虽然一些求职者的其他条件不错，但无事业目标就会缺少主动性和创造性，给企业带来损失。相比之下，招聘单位情愿聘用一个各方面表现虽稍逊色但有明确目标的求职者。

（九）被"引君入瓮"

具体表现是：考官问及"你作为财务经理，如果我（总经理）要求你一年之内逃税50万元，你会怎么做？"你便当场抓耳搔腮地思考逃税计谋，或绞尽脑汁列举出一大堆方案供面试官选择。

这显然是上了面试官的圈套。面试官有时会考核应聘者职业道德方面的素养。在所有的企业中，遵纪守法是员工行为的最基本要求。

（十）不拘小节

具体表现是：弯腰弓背，坐没坐相，跷二郎腿并不停晃动；不停地玩弄领带，抚弄头发，挖鼻，掰关节，玩弄考官递过来的名片；总是不经意地抬腕看表。

这些可能是应聘者为了掩饰过分紧张的情绪的无意识表现，但会给面试官不好的印象。面试官或者会感觉到对方不尊重自己；或者会觉得对方缺乏自信；或认为对方在提示尽快结束谈话。如果他就此打住的话，面试当然以失败告终了。

还要注意，在进入面试场所之前，应该关闭手机，以免面试时手机铃声打断面试官的思路，更不能在面试过程中旁若无人地接听电话。

（十一）迟到失约

具体表现是：不能按时到达约定的面试地点。

面试者一定要提前5—10分钟到达指定面试地点，宁可坐着等待面试也决不能迟到，否则会导致面试官对你应聘诚意的怀疑。守时守约是起码的礼貌，迟到、失约更是企业面试中的大忌。这不但会表现出求职者没有时间观念和责任感，更会让面试官觉得你对这份工作没有热忱,从而对你的第一印象大打折扣。所以,万一有要事不能按时到达,一定要尽早打电话联系,并另外预约面试时间。

(十二) 不知如何收场

具体表现是:面试结束时,或因成功的兴奋,或因失败的恐惧而语无伦次、手足无措。

正确的做法是:面试结束时,表达你对应聘职位的理解;充满热情地告诉面试官你对该工作有兴趣,并询问下一步怎么做;面带微笑和面试官握手,感谢面试官的接待。

相关链接

削苹果大法

求职者:(被安排第一个面试。三位面试官轮流提问之后)

主考官:你的简历上说你的特长是削苹果,你经常给谁削苹果呢?

求职者:在家里,给爸爸妈妈和亲朋好友削;在学校里,给同宿舍的同学削。

主考官:(笑了笑,递过来特意准备的果盘)我们想欣赏一下你的技术,你可以在这里展示一下吗?

求职者:(痛快地)没问题!(一分钟后,削完三个苹果,放下刀子,右手提苹果把,左手虚托苹果,先送给人事主管,再送给另两位考官,一弯腰,做了一个"请"的姿势)请各位尽情享受我的服务。

主考官:别人写特长都是爱好运动、喜欢阅读什么的,其实这些都是笼统而堂皇的概念,仔细想想,这些背后更多的是虚无和敷衍。你展现的这个特长,不仅让我看到你良好的动手能力和交际沟通能力,更重要的是在这个技能后面,在为亲友、为同学削苹果的行动中,包含着一颗关爱他人、愿意为他人服务的心。这在刚毕业的大学生身上是难能可贵的,这种品质也是组建良好团队的基础。有句话说得对,"简单也是复杂",小伙子,你很有发展潜力。

求职者:(开心微笑)……

主考官:你除了削苹果这个特长,还有些什么特点?

求职者:有很多啊,比如说,说谎时容易脸红。

主考官:(点了点头)"说谎时容易脸红",这比那些自称"从不说谎"的人,要真诚得多,可爱得多。这样说,我马上会在脑海中浮现应聘者脸红脖子粗有点可笑的模样。这样自曝"缺点",其实也是一种自信。我们是会计事务所,这样本分的人不是更适合我们的职业要求吗?祝贺你,希望你早日加入我们的团队!"

(改编自李文胜:《求职秘笈:削苹果大法》,《演讲与口才》2010 年第 1 期)

课堂训练

1. 假如你是应聘者,请你对下列每个问题的四种回答进行选择,同时说明理由。

(1) 如果我们公司这次没有录取你,但过一段时间后,被录取的人中有没能度过试用期的,腾出位置来,再通知你,你还会再来吗?

① 什么?我还要再来?我又不是找不到工作。

② 我不想等待，再说那时我可能早就被其他公司录取了。

③ 呵呵，老师，那就说明我是一个"替补队员"了。能给一个强队当"替补队员"，也是很光荣的事，我肯定会高高兴兴来的。谢谢老师给我的一个机会。

④ 现在没有录取我，说明公司没有看好我，我来了也没有什么意思。

（2）如果公司给你的工资标准没有达到你简历上的工资要求，你还来我们公司吗？

① 这是我的工资底线，如果达不到，我只能考虑其他公司了。

② 那我大概不会来了，因为我的要求并不高。

③ 如果那样的话，那就是我跳槽后的工资还低于原来的工资，我要考虑一下。

④ 工资是我需要考虑的问题，但是，我更看重的是公司的企业文化、发展前景，以及我在公司的发展平台。我相信，只要我的能力达到公司的职位要求，公司不会给我比别人低的工资。

（3）如果同一办公室里的某个同事，能力没有你强，但工资却比你高，你的心理会平衡吗？

① 工资是员工最敏感的问题，我相信，公司会处理好的。如果那个同事的能力不如我，工资却高于我，那么他肯定在其他方面强于我。我不喜欢横着比，喜欢竖着比，只要自己比过去有进步了，就有成就感。

② 我不会平衡，那我在这里干还有什么意思？

③ 如果他的能力比我强，我不会有想法；但如果没有我强，我会心理不平衡的。

④ 这说明公司对待员工不公平，对这样的公司只有走人了。

2. 阅读下面的对话，想象一下结局并说明理由。

面试官：你好，这里是某某公司。今天你不是约好来我们公司面试吗？

应聘者：啊，我忘了打电话告诉你们，我今天有事。是不是可以改在下星期二下午两点——呃不，三点？

第三节 求职面试的后续工作

引导案例

刚跨出大学的门槛，便有一家外资公司通知我去面试。那家公司总经理是个美国人，名叫劳根，和蔼可亲。在一番亲切交谈后，他给了我一张他的名片，我恭敬地收下了。面谈结束以后，便是漫长的等待。天真的我，日日守在电话机旁。但是，一个星期过去了，两个星期过去了，杳无音信。而我在等待中还放弃了其他机会。

无奈中，我又翻阅招聘广告，都不太合我胃口。我这才知道，自己是很在乎那份工作的。于是，我找到总经理劳根先生的那张名片，按地址写了一封信，感谢他给我面试的机会，并期望得到进一步通知。当白色的信封投入绿色的邮筒时，我的心里一阵轻松。第三天，我接到了劳根先生的电话。他用英语说："祝贺你被录用了！（You are employed, congratulation!）"我禁不住雀跃欢呼。

上班后再次见到劳根先生，我问他：为什么会录用我？他笑着说，因为你的那封信让我觉得你是一个有礼貌的人。我们美国面试后有个惯例，要写一封感谢信给那家给予面试机会的公司，而在五十多个应聘者中，你是唯一的一个。

（摘自孙承武：《世界就业直通车》，http：//www. wsfy. cn. ）

【简评】 每个就业机会都会遇到竞争对手，各人的能力素质有时候是很难比较的。这时候，如果一直消极等待下去，也许幸运之星就会降临在别人头上。因此，如果面试时实力相当，那么面试后应当通过写感谢信引起公司对你的注意。只要公司在厚厚一摞求职信中找出你的履历，你就成功了。

有相当数量的应聘者在面试结束后，长长地松一口气，然后听天由命。其实，面试结束时，面试官们还未最后做录用决策，没有发出试用通知书或辞谢通知书，面试招聘的工作尚未结束。如果忽略面试结束后的善后工作，往往会由于缺乏主动出击而坐失良机。正确的做法是：以真诚、积极的态度将求职面试工作做得善始善终，哪怕有百分之一的可能性，也要用百分之百的努力去争取。

一、写信表示感谢

根据有关机构调查,面试以后,十个求职者中有九个人是不写感谢信的。究其原因,一是诚意不足,二是没有想到,三是懒于动笔。

众所周知,在面试中,应聘者与面试官正面接触的时间是很有限的,要想使自己给面试官留下深刻的印象是非常困难的,而面试后写封信,对面试官表示感谢,能够在很大程度上弥补这个遗憾。当很多竞争对手忽略了这个环节,你却郑重地递上一封感谢信,你的诚意、执着和修养就会显得与众不同。如果恰巧遇到招聘单位难以取舍之际,这封信可能会产生决定性作用,创造出一个潜在的求职机会。

感谢信的内容可以包括这样几个方面:

1. 简介你的姓名及基本情况,然后提及面试时间,便于面试官回忆起来。

2. 感谢面试官为你提供了面试的机会,为你花费了精力和时间,以及为你提供了各种信息。

3. 进一步表达对招聘单位的兴趣和对得到这份工作的真诚愿望。

4. 重申你的优势或适合这份工作的充足理由(比如你的专长、性格以及曾经有过哪些经验等),增加一些对求职成功有用的事实内容。

5. 表示渴望有机会为公司的发展壮大作出贡献,再次恳请招聘单位给你一个证明自己的机会。

6. 诚恳地表达希望尽快得到面试结果的迫切心情。

感谢信要写得简短,最好不超过一页。信纸的质地要好,字迹要清楚,布局要美观,语言要简洁明了;要融入较多的个人感情,以理服人,以情动人,尽量做到有较强的说服力和感染力。

面试后的感谢信

尊敬的经理先生:

　　您好!

　　我是昨天上午坐在您面前接受面试的李××。今天冒昧地给您写信,就是想感谢您昨天为我面试花费了大量的时间和精力。

　　昨天和您的交谈非常愉快。通过与您的谈话,我了解到关于贵公司的许多情况,包括公司的历史,公司的管理形式、管理理念以及经营宗旨等等。

　　正如我昨天谈到的,我的专业知识、经验和成绩对做贵公司的模具设计与制造这项工作是很有用的。我所具有的吃苦耐劳的精神和钻研能力,一定能够使我在这个岗位上迅速地成长起来。在交谈中,我还在公司、您本人和我三者之间发现了思想方法和处事方法上的许多共同点。我对贵公司的前途信心十足,对自己也信心十足,真诚地希望有机会和你们共同工作,为公司的发展共同努力。恳请您在百忙中通知我面试的结果。

　　再一次感谢您,希望有机会与您再谈。

　　此致

敬礼

李××

2010.12.19

【简评】　这封感谢信条理清晰,重点突出,语言朴实,感情真挚,充分表现出应聘者积极进取的心态和良好的个人修养,能够给面试官留下深刻的印象。

二、适时询问结果

对于应聘者来说,面试结束后急切等待结果的心情不亚于等待高考通知书的到来。在一般情况下,招聘单位需要三五天时间进行讨论和投票,然后送人事部门汇总,确定录用人选。在这段时间内,应聘者应该耐心等待,不要过早打听面试结果。

假如面试结束两周后或超过面试官许诺的时间,未收到招聘单位是否录用的通知,可以发电子邮件或打电话询问面试结果。相比而言,电话询问更加直接、即时,同时可以从对方的口气中听出你此次应聘是否有希望。

电话询问面试结果时应该注意以下几点:

1. 称呼及询问语要有礼貌。虽然仅仅是询问结果,并没有与对方进行正面交流,但你的语气、语调同样会通过电话听筒真实地传达给对方。所以,称呼要准确,询问语要有礼貌。

2. 简练明确,通话时间要短。因为打电话可能干扰别人的工作,所以通话时间最好不要超过三分钟。假如询问过于细致甚至刨根问底,会使招聘方感到尴尬。询问时应该简练明确,不拖泥带水。

3. 避免不良的情绪反应。面试过后,人人都想尽快知道结果,但询问的结果肯定是“几家欢乐几家愁”。成功了,不要过于得意忘形;失败了,也不要气急败坏,要冷静理智地面对。

小　　刘:(拨通对方的电话)您好!请问您是××公司的杨经理吗?

杨经理:是我。请问您是哪位?

小　　刘:我是上次到你们公司参加面试的刘明,不知您还有印象吗?两周了,还没有接到面试结果的通知,我有点着急。请问,你们的招聘工作结束了吗?我有希望吗?

杨经理:哦,我们的招聘工作刚刚结束,正打算明天发通知呢。既然你来电话了,那我就提前告诉你吧:非常遗憾,你没有被录取。

小　　刘:(惊讶地)啊?没有被录取?您能否告诉我是什么原因吗?

杨经理:你的简历和面试时的表现都挺不错,遗憾的是还有比你更出色的,综合打分时你落在了他们后面。不过,你千万不要气馁,适合你的公司不止我们一家,重整旗鼓,再努力吧。我预祝你成功!

小　　刘:哦,我还是要感谢您告诉我这个消息。谢谢您的鼓励!我会尽力的!再见!

【简评】　小刘用简练、明确、礼貌的话语和对方沟通,尽管他的应聘没有成功,但能够给对方留下良好的印象。他的这种表现,相信终究会成功的。

三、反省面试得失

我们应该把每一次面试都当作一次积累经验的过程。面试结束之后,对整个面试经过作详细的记录。面试官的每一个问题,甚至提问时的语气,以及自己的回答、回答时的状态等等,都要记录在专用的面试记录手册里,以作评价和反省。

在反省得失时,面试的成功与否并不是最重要的,重要的是从这次面试中总结经验教训,清醒地"知彼知己",以便下次面试更加出色。

反省面试得失的方法是:记录面试过程,找出那些在做面试准备工作时忽视的问题,以及面试时遇到的难题;认真分析出现这些情况的主客观原因;提出具体问题的应对策略和改进措施;制订下一次面试的方案,全方位准备再次冲刺。

课堂训练

1. 阅读下列案例,然后回答问题。

小　邹:(大学毕业求职之初屡试屡败。一天,走进就业指导中心寻求帮助)老师,您帮我分析一下,为什么我求职面试总是失败呢?

梁老师:你总共参加了几次面试?

小　邹:三次。

梁老师:那么,你第二次参加面试的表现与第一次有什么不同? 第三次与第二次有什么不同?

小　邹:没有什么不同。难道每次的我还应该有什么不同吗?

梁老师:当然应该有所不同。古人说"吃一堑,长一智"。你失败一次,就应该想想为什么失败,哪些环节有失误,以使下一次做得更好。你想想那几次面试中有哪些不足?

小邹:唔,第一次面试,我太紧张了,说话没有条理,结结巴巴的;第二次面试,我没有说清为什么要应聘那家公司;第三次面试,面试官问我有什么业余爱好,我说就是喜欢和朋友们喝酒吹牛。

梁老师:可见你心里还是明白的,关键是以往的失误下次绝不能再出现。你准备下一个面试时,除了专业知识的准备,还要做到:事前以正常说话的语气做两分钟自我介绍;对简历中的每一方面做到心中有数;对所应聘的公司要大致了解,并且必须想明白"我为什么要来,我来了能做什么";面试时注意说话的语速和音调,以保证让面试官听得清清楚楚。

小　邹:行,我一定做到!

两周后,小邹给就业指导中心的梁老师打电话,他被一家很不错的公司录取了。

(1)小邹前三次求职面试失败的根本原因是什么?

(2)在第三次面试中,小邹的回答促使面试官做出了何种判断?

(3)梁老师为什么要让小邹在面试前弄明白"我为什么要来,我来了能做什么"这样的问题?

2. 面试模拟剧场。招聘岗位:公司文秘人员、公司促销员、机械类技术人员、模具设计技术员、导游、电信线路维护员等等。全班同学推选一个同学扮演面试官,由面试官公布招聘岗位并任选三个同学扮演应聘者,准备三分钟后面试正式开始。

规则:

(1)每个应聘者上台后,先向全班同学介绍自己为这次面试所做的准备工作,然后落座,接受面试官的面试。

(2)面试官根据招聘岗位所需人才的特点对应聘者进行提问。

（3）应聘者根据自己的实际情况做合乎面试应答要领的回答，力求取得面试官的好感和信任，争取面试成功。

（4）全班同学仔细观摩。面试模拟剧场结束后，大家对三个应聘者的临场表现和面试官的提问水平及修养给予评价。

1. 求职面试的简历要准备得细致周密，在心理方面要客观自信，充分地了解自己、了解应聘企业，同时在服饰方面注意得体、自然。

2. 求职面试回答面试官提问时要以诚信为本，冷静沉着，处变不惊，力求把自己最优秀的品质和才华展现出来。

3. 面试结束后要感谢应聘企业的面试官，争取"留有余香"，同时要认真反思和总结面试过程中的得失，积极准备下一轮的冲刺。

思考与实践

1. 认真评估自己参与职场竞争的优势和劣势，制订出目标明确、切实可行的"补短"措施。

2. 从本章第二节中摘录出你认为难度较大的问题，根据自己的实际情况或毕业时将会达到的水平设计应答的内容。

3. 广泛阅读有关求职面试成功和失败的案例，总结他人得失，积累间接经验。

第 四 章

交际场合实用礼仪训练

Dsz

1. 了解和掌握我国现阶段社会生活中会面、服饰、通讯、用餐等方面的基本礼仪，在一切社交场合中做到自尊、敬人、彬彬有礼，带给别人美好的感觉，留给别人美好的印象。

2. 了解世界主要国家的社交礼俗，与外国朋友交往时做到不卑不亢、有礼有节，塑造当代中国青年知书识礼、品位高尚的良好形象。

1. 礼仪是指在人际交往中，自始至终以一定的、约定俗成的程序、方式来表现的律己、敬人的完整行为。

2. 礼仪渗透在我们生活、工作的各个方面，它们都是细节，但却无不展示着一个人的教养，展现着一个人的素质。讲究礼仪、注重细节可以为我们平添魅力，可以助我们获得成功，因为在很多时候"细节决定成败"。

"礼"是由一定社会的道德观念和风俗习惯形成的、大家共同遵守的礼节；"仪"是指人的容貌、举止。可以说，礼仪是一个人乃至一个民族、一个国家文化修养和道德修养的外在表现形式。中华民族自古以来就崇尚礼仪，是闻名世界的"礼仪之邦"。

孔夫子曾说："不学礼，无以立。"就是说，一个人要有所成就，必须从学礼开始。作为高职院校的学生，要学礼、知礼、守礼、讲礼，养成自尊、自爱、自律的良好品德，提高自己的内在修养和文化品位。这是把自己打造成一名合格的现代职业人的重要途径之一。

本章从服饰礼仪、会面礼仪、通讯礼仪、礼品礼仪、用餐礼仪五个方面介绍现代礼仪规范的基本常识。

第一节 服饰礼仪

引导案例

小高临毕业前在一家机械配件公司供销科实习。有一次，领导给了他独自谈生意的机会。小高为了使自己显得成熟、稳重，在装束上狠下了一番功夫。正式洽谈那天，当小高与对方握手时，对方盯着他崭新的藏青色西装袖子上的商标，露出不易觉察的浅笑。双方坐定之后，对方向小高藏青色西装裤与黑皮鞋之间雪白的袜子瞥了几瞥，又撇嘴笑了笑。洽谈中，对方总显得心不在焉。事后，领导询问对方的决定时，对方说："实在抱歉，你们派一名毫无社交经验的毛头小伙儿和我们谈生意，让我们怎么信任他！"

这位是"菜鸟"！

【简评】 小高首次出战就败在他的不当服饰上。在商务洽谈中穿西装是符合要求的，但有两个细节非常不恰当：第一，西装袖口上的商标是服装的封条，一定要把它拆掉，而小高以为它是品牌的标志，有意留在那里。第二，小高身着藏青色西装裤和黑皮鞋，但却穿了一双雪白的袜子，黑白之间产生了巨大的反差，十分刺眼。对方从这两点判断出他涉世不深，经验不足，从而产生了不信任感。

在人际交往中，服饰是一个人仪表中重要的组成部分。服饰是一种无言的信息，能反映出一个人的社会地位、文化修养、审美情趣。得体的服饰能够恰如其分地表现出穿着者的气质、性格等等，在人际交往中起积极的作用。英国作家莎士比亚曾说：一个人的穿着打扮就是他教养、品位、地位的最真实的写照。服饰包括着装和配饰两个方面。

一、着装礼仪

服装的款式是指它的种类、式样与造型。它不仅与着装者的性别、年龄、体型、职业、偏好有关，而且受制于文化、习俗、道德、宗教与流行趋势。在社交场合，选择服装有时对款式方面的要求更高。这是因为，在着装礼仪中，有关款式方面的礼仪规范最详尽、最具体、最严格。根据礼仪规范，选择服装的款式最重要的是合乎身份，维护形象，并对交往对象不失敬意。一般来说，人际交往中的着装应该遵循以下几条原则：

（一）TPO 原则

TPO 原则是目前国际上公认的着装标准。遵循了这个原则，着装就是合乎礼仪的。T、P、O 分别是英语中时间（Time）场合（Place）目的（Object）三个单词的首字母缩写。

T——时间。着装的类别、式样、造型应因季节变化、昼夜不同而有所变化。比如，冬天要穿保暖、御寒的冬装，夏天要穿通气、吸汗、凉爽的夏装。白天穿的衣服需要面对他人，应当合身、严谨；晚上穿的衣服不为外人所见，应当宽大、随意，等等。

P——场合。在不同的场合，着装的款式应该有所不同，切不可以不变而应万变。比如，与顾客会谈、参加正式会议，衣着应该庄重考究；听音乐会或看芭蕾舞，应该按惯例着正装；出席正式宴会时，中国女士应该穿中国的传统旗袍或西方的长裙晚礼服；而在朋友聚会、郊游等场合，着装则可轻便舒适一点。

O——目的。人们在着装方面往往体现着自己一定的意愿，即留给别人特定的印象。比如，一个人身着款式庄重的服装前去应聘新职、洽谈生意，说明他郑重其事，渴望成功；在这类场合，如果选择款式过于随意或者暴露、性感的服装，是不尊重对方。

（二）扬长避短的原则

合体的着装能使人显现出成熟干练的精神风貌，反之，则给人留下滑稽可笑的印象。在选择服装时，要明白自己体型的优势和不足，注意扬长避短，才能显现独特的个性魅力和最佳风貌。比如，较胖的人不要穿横条或大方格的衣服，肩胛窄小的人可以选择有衬肩的上衣，脖子较短的人可选无领或低领款式的上衣，中老年妇女不能像少女一样穿超短裙。

（三）遵守常规的原则

着装的常规就是社会上约定俗成的着装规矩。在商务洽谈、工作会晤、访谈主持等正式场合，更是讲究着装的规矩。比如：穿制服、套装、工作装时，要遵守"六不暴露"的规矩，即不暴露胸部、肩部、腰部、背部、脚趾、脚跟；职场着装时要遵守"六不过分"的规矩，即：不过分杂乱，不过分鲜艳，不过分暴露，不过分透视，不过分短小，不过分紧身。

（四）整齐清洁的原则

在任何情况下，服饰都应该是整洁的。多么新款的时装若不够整洁，也会大大影响穿着者的仪表。衣服不能沾有污渍，不能有开线的地方，更不能有破洞，扣子等配件应该齐全。衣领和袖口处尤其要注意整洁。无论是上班的还是上街的便服，都应该以整齐清洁为原则。

二、配饰礼仪

配饰是指与服装搭配的一些装饰性配件。得体的服装能够显现出一个现代职业人的精神风貌，而搭配一件或几件恰到好处的配饰则能对整体造型起到画龙点睛的作用。每个人都有自己的喜好，都想搭配出与众不同的风格，但一定要注重和谐、美感和个性三个要素。常见配饰有首饰、领带、丝巾、鞋袜等等。作为高职院校学生来说，懂得鞋袜的搭配也许是必要的。

（一）鞋

穿西服必须穿皮鞋,夏天也是如此,只是可以穿镂空的。深色的西服搭配黑色、棕色皮鞋,夏天穿浅色西服可以穿白色的。牛仔服可以搭配皮鞋,但运动装不能搭配皮鞋,休闲装只适合搭配轻便的皮鞋。有光泽的皮鞋四季都可以穿,翻毛皮鞋只有冬季穿才合适。女性穿呢绒或毛织裙装时,穿靴子是一种不错的选择。

关于穿鞋,应该注意以下两点:

（1）不能穿拖鞋参加社交活动,或出现在公共场所,因为这是对他人极不礼貌的。即使上街闲逛,也不应该穿拖鞋。

（2）除进入特定场所需要脱鞋外,不要当着别人的面把脚从鞋里伸出来。社交场合不应该出现弯腰系鞋带这样的举动。

（二）袜

男士穿袜子的规矩比较简单,穿深色皮鞋时,袜子的颜色应选择深色的,如蓝、黑、灰、棕等,并且袜口不要露出来。穿运动鞋时,袜子的颜色应该与鞋的颜色协调搭配。

女袜分为长袜、短袜。短袜一般适用于长裤。穿裙装时必须穿长袜,这样可以突出女性的腿部美。穿暗色的长袜,会使腿显得细瘦,有修正体型的效果;近于肉色的长袜能突出肌肤美。在裙摆较短的情况下,最好不要穿花色较多的袜子。

穿长袜要注意:袜口无论如何都不该露在裙摆外。过膝长裙配过膝中长袜就行;中等长度的裙子,最好穿到大腿根的长袜或连裤袜。女性的包里应该备一双长袜,以备不时之需。

课堂训练

1. 填空题。根据学过的服饰礼仪知识,把正确答案的题号填在括号中。

（1）在公共场所,女士着装时应注意（　　　）不能外露,更不能外穿。

    A. 袜子　　　　　　　　B. 短裙　　　　　　　　C. 内衣

（2）男士着装,整体不应超过（　　　）种颜色。

    A. 两　　　　　　　　　B. 三　　　　　　　　　C. 四

（3）在饭店旅馆住宿时,不应穿（　　　）出现在公共场所。

    A. 西装　　　　　　　　B. 休闲装　　　　　　　C. 睡衣和拖鞋

（4）穿西服时,最理想的衬衫颜色是（　　　）。

    A. 白色　　　　　　　　B. 灰色　　　　　　　　C. 蓝色

（5）穿西服时,衬衫的袖口应该（　　　）。

    A. 短于西服袖口　　　　B. 与西服袖口同长　　　C. 长出西服袖口1—2厘米

（6）穿西服套裙时,应该穿（　　　）。

    A. 短袜　　　　　　　　B. 彩色丝袜　　　　　　C. 肉色长筒丝袜

2. 请用箭头将下列着装场合与你认为恰当的着装特点连接起来。

办公场合	舒适自然
社交场合	庄重保守
休闲场合	时尚个性

3. 阅读下面两则小故事，然后回答问题。

　　小孙去一家外企进行最后一轮应聘总经理助理职位的面试。为确保万无一失，这次她做了精心的打扮。一身前卫的衣服、时尚的手镯、亮闪闪的项链、新潮的耳坠，身上每一处都是闪光点。她的对手只是一个相貌平平的女孩，学历也并不比她高。小孙觉得胜券在握，结果却出乎意料：她没有被录取。面试官对她说："你确实很漂亮，你的服装配饰无不令我赏心悦目，可你并不适合干助理这份工作。十分抱歉！"

（1）小孙如此隆重地参加了这次面试，为什么会被淘汰出局呢？

（2）假如是你，会怎样做？

第二节 会面礼仪

引导案例

某医疗器械厂与美国客商初步达成引进"大输液管"生产线的协议。在签署合作协议的前一天，厂长请美国客商参观生产车间。双方见面寒暄之后，厂长忽觉喉咙里不舒服，扭头朝墙角吐了一口痰，然后用鞋底擦蹭。这一幕，让美国客商看得目瞪口呆。第二天，他让翻译给厂长送去一封信："恕我直言，一个厂长的卫生习惯可以反映一个工厂的管理素质。况且，我们今后要生产的是用来治病的输液皮管，按照贵国的说法'人命关天'。请原谅我的不辞而别……"一项本来可以谈成的项目，就这样"吹"了。

【简评】 一个对卫生要求极高的医疗器械生产厂家的负责人居然有"随地吐痰"这样恶劣的习惯，那么这个厂家的管理水平和产品质量理所当然应该被打上大大的问号。因此，合作项目"胎死腹中"也就不足为奇了。

会面，通常是指在较为正式的场合与别人相见。在人际交往中，不论对方是熟悉的还是陌生的，都需要在适当的时候向对方行礼，以表达尊重与友好。这种礼仪，叫做会面礼仪。会面时的礼节很多。对高职院校的学生而言，应该掌握称呼、介绍、名片等基本礼仪。

一、称呼礼仪

踏入社会，称呼礼仪是与人交往的第一门功课。不管怎么说，"冒冒失失"、"没大没小"、"口无遮拦"的人，肯定不会受到欢迎；伶俐点，虚心点，嘴巴再甜点，总不会被人拒绝。在公共场合选用恰当的称呼十分重要，这可以表现出你对对方的尊重。称呼对方，一要看对方的身份，二要看双方的关系。一般说来，称呼分为家庭称呼、通用称呼、职业性称呼和姓名式称呼四种类型。还有一种特殊的称呼叫零称呼。

（一）家庭称呼

按照我国的传统习惯，家庭称呼可分为称人、自称、对他人称和对他人自称这四种称法，它表示家庭和亲戚之间关系的特定名称。称人，就是称呼与自己交谈的对象，如父亲、母亲、哥哥、姐姐等，这些称呼在家族和至亲之间比较简单。自称，就是在谈话对象面前称自己。这在家族至亲中的长辈与平辈之间都按照定称，如对父母称自己则为"儿子"、"女儿"，对祖父称自己则为"孙子""孙女"。对他人称，就是对谈话对象称呼他的亲人。在比较正式的社交场合，不论是长辈平辈，最好在称谓前加一个"令"字或"尊"字，如令尊、令堂、尊夫人。对他人自称，就是对谈话对象称呼自己的至亲。在比较正式的社交场合，不论长辈或平辈，一般在称谓前都冠以一个家字，如"家父""家兄"。而在比较随便的场合或亲友面前，称呼也可以随便一些，比如称呼"我父亲""我哥哥"，显得平易自然。

（二）通用称呼

通用称呼主要在公共场合使用，有"同志""老师""师傅""先生""小姐""女士"等等。"同志"的使用范围曾经很广，但现在的使用范围已经缩小，尤其在商务场合几乎不用。如果到政府部门办事，还是应当使用"同志"的称呼。"老师"，在此不是指职业称呼，而是指对人的一种尊称。在演艺界或一些具有专业技术的行业尤其流行。"师傅"这一称呼现在主要在工厂使用，在公共场合较少使用。

"先生"，是公共场合中比较通行的对男性的称呼。"小姐"，则是在公共场合对年轻女性的称呼。在某些地区，服务业的女性忌讳这种称呼，所以用"服务员小姐""售货员小姐"这样的称呼较好。"女士"这一称呼运用于对各种年龄已婚、未婚的女性，显得文雅、正规。

按照国际惯例，对于从事商界、服务性行业的人，一般约定俗成地按年龄、性别的不同分别称呼"小姐""女士"或"先生"。

（三）职业性称呼

在工作中，以交往对象的职务（职称）相称，以示身份有别、敬意有加。这是一种常见的称呼方法。职业性称呼可分三种情况：

1. 仅称职务。例如："经理""主任""校长"和"教授""律师""工程师"等等。

2. 姓氏＋职务。例如："李科长"、"周厂长"和"王教授"、"孙工程师"等等。近些年对于这类称呼使用简称也比较普遍，比如"李科""王总""魏院""刘处"等。

3. 姓名＋职务。这种称呼仅适用极其正式的场合。例如："张春来教授""李明奇医生""李晓明厂长""陈春英经理"等等。

（四）姓名式称呼

在工作岗位上称呼姓名，一般限于同事、熟人之间。具体有以下三种：

1. 直呼姓名。这种称呼方法常用于严肃场合，上级称下级，年长者称年轻者，老师称学生，或关系较近者。

2. 只称其名，不呼其姓，通常限于同性之间或者上司称呼下级、长辈称呼晚辈之时。在亲友、同学、邻里之间，也可使用这种称呼。如"孙嘉琦"，可称之为"嘉琦"；"李胜鸣"可称之为"胜鸣"。但是，一般不能用姓名中的最后一字单称别人，比如上述对两个人不能随便称其为"琦"和"鸣"，因为这种称呼方法强调人际关系亲密无间，只有在夫妻或恋人之间才能使用。

3. 只呼其姓，不称其名，但要在前面加上"老""大""小"，比如"老刘""大李""小张"等等。姓前被冠以"老"者,或岁数较大,或虽然年纪不算老,但显得比较成熟。姓前冠以"小"字,一种可能是年轻,另一种可能是称呼者与被称呼者年轻时就认识,叫惯了,到老了也改不了。当被称呼者是本行业中德高望重的老者时,也可以称其为"刘老""张老"等等。

(五）零称呼

这种形式包括"喂""哎""嗨""我说"或"那位戴眼镜的""穿蓝衣服的"这类指人的短语。家人之间,特别是夫妻之间,可能用零称呼。如果是对外人,在公共场合,用零称呼则带有不敬之意,容易引起矛盾和纠纷。

二、介绍礼仪

介绍就是向别人说明情况,把自己介绍给别人或把某人介绍给第三方。在人际交往中,介绍是交际之桥,是使别人认识自己或使陌生的双方相识的必不可少的礼节。介绍有自我介绍和他人介绍两种。

(一）自我介绍

人与人之间的相识,往往是从自我介绍开始的。在人际交往中,遇到下列这些情况需要做自我介绍:

1. 在朋友家做客,正好有自己不认识的客人,朋友又顾不上替你介绍时。
2. 社交场合中你希望结识某个人,又找不到适当的人介绍时。
3. 电话约见某人,而又从未与这个人见过面。
4. 参加求职面试或竞聘时。

在一般的社交场合,只需说清自己的姓名及与主人或双方都认识的人的关系即可。在面试、竞聘的场合,除姓名、年龄等,还要介绍过去的经历、业绩、特长,并适当评价自己的能力。

各位领导、朋友们:

下午好!我叫刘伟明,29岁,在本公司任公关部副经理。今天我站在这里,是想竞聘咱们佳艺广告策划公司副总经理一职。首先请允许我介绍一下自己的基本情况:我于2005年毕业于东华大学拉萨尔艺术学院平面设计专业,大学本科学历。从毕业实习直到现在,总共在三家广告公司任过职,在咱们公司任职时间最长,已经有五年了。从专业上说,我比较专长于平面设计,作品曾多次获得市级和国家级的奖项。我也十分注意拓展自己的专业领域,力求做到精博结合。从管理能力上说,我在大学时就担任学院学生会文艺部长,在与人沟通、合作等方面有很好的基础。自从前年担任本公司公关部副经理以来,在实践中积累了比较丰富的管理经验。所以,从专业水平和管理经验两方面来看,我认为自己有能力胜任公司副总经理一职。

下面,请允许我谈一谈工作设想……

【简评】 在竞聘场合,对方需要比较详细地了解你的简历、你的能力和优势,从而决定对你的取舍。这时候,你需要详细介绍自己的情况,并从中体现出自己的能力与自信。

在谈判、面试等比较严肃的场合,自我介绍可以中规中矩一些;而在日常的交谈、联谊等活动中,自我介绍则可以轻松、幽默一些。

(二) 他人介绍

他人介绍是通过第三者为陌生的双方引见的一种方式,第三者就是介绍者。生活中,谁都有可能充当介绍者,介绍别人相互认识,使其在较短时间内消除陌生感,缩短心理距离,迅速营造自然、融洽的交际氛围。在人际交往中,遇到下列这些情况需要为他人进行介绍:

1. 与家人外出,路遇家人不相识的同事或朋友。
2. 在家中或办公地点,接待彼此不相识的客人。
3. 打算推介某人加入某一方面的交际圈。
4. 受到为他人作介绍的邀请。
5. 陪同上级、长者、来宾时,遇见他们不相识的人,而对方又跟自己打了招呼。
6. 陪同亲友前去拜访亲友不相识的人。

他人介绍通常是双向的,也就是介绍者把被介绍者双方的情况分别作一番介绍。对于介绍者来说,应该做到以下几点:

1. 熟悉双方最新的基本情况,不能出现信息错误(比如姓名、工作单位、职务等),使一方感到尴尬或不快。
2. 态度自然大方、热情友好、不要做作;介绍不要吹捧,更不要涉及个人隐私。
3. 注意按不同的场合选择不同的介绍用语。在正式场合,应该使用比较庄重的介绍用语。

请允许我介绍一下。张小姐,这位是佳艺广告策划公司公关部副经理刘伟明先生;刘经理,这位是玉润化妆品有限公司销售部主任张岚小姐。

在非正式场合,介绍用语可以比较随便。

小郭,这是我高中时的铁哥们儿刘强,这是刘强的朋友赵天亮,他们和咱俩一样都是街舞爱好者。这个假期咱们可以约好时间一起练习。

【简评】 这两则他人介绍在语言风格上大不相同:第一则显然是在工作场合,语言风格庄重严肃、简洁准确,表现出彬彬有礼的风度;第二则是在日常交往中的介绍,语言风格亲切随意,表现出年轻人本真自然的特性。

三、名片礼仪

名片是自我介绍的高雅工具,也是一个人身份的象征。随着社会的发展和人际交往的日益增多,人们越来越注重名片的使用。联系业务,结交朋友,互留名片几乎成为初次相识时不可缺少的程序,在公务场合中尤其受到重视。递送名片要遵从社交礼仪。

(一) 名片的递送

递送名片时要注意以下几个方面:
1. 讲究场合。一般而言,商业交往、公务交往和礼节性拜访中都可以递送名片。

2. 掌握时机。初次见面,相互介绍之后可递上名片;比较熟识的朋友,可在告辞时递交。不可在尚未弄清对方身份时急于递送名片,更不要像发传单一样随便散发,这是不知自重的表现。

3. 态度诚恳。表情要亲切谦恭,面带微笑,同时口诵谦辞,比如"这是我的名片,请多多关照"、"请多指教,多联系"等等。

4. 注意手法。为表达对对方的尊敬,双手递上名片,特别是下级递给上级,晚辈递给长辈,更应如此。同时,应将名片调整到便于对方观看的一面。

5. 注意顺序。一般顺序是:(1)男士先递给女士;(2)主人先递给客人;(3)晚辈先递给长辈;(4)下级先递给上级。如果现场有好几个人,可以按照职务高低的顺序递送,也可以按照顺时针方向由近及远递送,但绝不能跳跃式地进行,以避厚此薄彼之嫌。

(二) 名片的接受

接受别人名片应该注意下面几个细节:

1. 接受名片时,应该放下手里的任何事情起立,双手接过名片,同时回应对方的谦辞。

2. 接受名片后不宜立刻收起来,应该认真观看,以表示对递交名片者的尊重。对其中某个字念不准,要请教对方,然后表示谢意。

3. 看完名片后切不可随意摆弄,应当郑重地将其放在西服左胸的内衣袋或名片夹里,以示尊重。有的人接受别人的名片后随意放在桌子上,会面结束后把名片留在原处,这是对对方极大的失敬。

4. 接受对方名片之后应该回敬一张本人的名片。如果身上未带名片,要向对方表示歉意,并手写姓名、地址、联络方式送给对方。

此外,名片还有三个作用:

1. 替代信件。你要介绍、推荐某人,而自己不能到场时,可以把你的名片放在被推荐人的名片上面,两张叠在一起,懂行的人一看就明白,这是用名片替代信件。

2. 代替留言。你去拜访的人恰巧不在,留一张你的名片就是最好的留言。

3. 代替礼单。可以把名片放在礼品里面或信封里,或者放在礼品包装里,连着礼品给对方。对方一看名片就知道这个礼物是谁送的。

相关链接

做好"送往"暖人心

一次,我去一个多年未见的朋友家聚会,受到了他的热情款待。他早早就在门口等着我,拉着我的手、搂着肩,之后一同进门,让座、敬茶、寒暄、吃饭……热情得让我有些受宠若惊。临别时,我伸出手,紧紧与之握别,动情地说:"再见!"朋友跟着说:"再见!"我一转身,刚走出家门,就听到后面"砰"的一下很大的关门声,着实吓了我一跳,原本愉快舒适的心情顿时浮现了一丝阴影。

另一次的感觉却与之截然相反。那次我是去一个老领导家拜访,临走时,白发苍苍的老领导亲自挽着手,把我送出门外,还坚持陪着下楼,却被我拒绝了。但老领导执意要站在楼梯口,目送着我走远。走到小区门口时,我习惯性地向他家望去,却看见他站在阳台上,望着我,还向我挥手。顿时有一股暖流在我的心田涌动。

后来听一位教授讲课,他告诉我们,心理学上有"首因效应"和"末因效应"的说法。"最初的"和"最后的"信息,都能给人留下深刻印象,"最初的"印象尚可弥补,而"最后的"信息往往无法改变,做好"送往"身后事,往往能收到意想不到的效果。他还说,"迎来送往"都是日常礼仪的重要部分。可是我们往往注重面前的"迎",却忽视了身后的"送",从而留下了遗憾。其实,细节决定成败,做好"送往"之礼,往往能给人留下好印象。

至此,我明白了一个道理,做人不能只管面前而不管身后。真正的礼仪,应该善始善终,而不是虎头蛇尾,敷衍了事。这既是礼节的需要,也是做人的道理。

(摘自堂吉伟德:《做好"送往"暖人心》,《演讲与口才》(学生版)2010年第1期)

课堂训练

1. 下面是三名高职院校一年级新生与人交往中的困惑,请你分别为他们的困惑提出至少三条建议。

(1) 走在路上见到有点认识但不太熟悉的人不知道怎样打招呼,擦肩而过时就觉得心里挺别扭。

(2) 走在路上见到熟悉的人,我主动跟对方打招呼,可是对方却像没有看到一样,这让我感到十分尴尬。我甚至怀疑自己是不是自作多情,本来就不应该对别人那么热情。

(3) 进入大学,我每次主动向老师打招呼,身边总有同学投来异样的目光,好像我是幼儿园的小朋友似的,难道我做错了吗? 在大学里该不该和老师打招呼? 该怎样和老师打招呼呢?

2. 请你对下面的两则自我介绍进行评价。

(1) 青年干部培训班开学的第一天,为了让学员尽快熟悉,老师叫大家作自我介绍。轮到一个男学员时,他站起身来一本正经地大声说:"我叫赵长河,来自浮林镇党政办公室,男,年龄25岁,本科,未婚,身高一米七五,体健貌端,兴趣广泛……"还没有说完,已引起哄堂大笑,连老师也忍俊不禁。

(2) 某公司在招聘面试时,一个应聘人是这样介绍自己的:"我叫李忠仁,李林甫的李,魏忠贤的忠,黄世仁的仁。我一定对公司忠心耿耿,领导让我往东我绝不往西,绝不做损害公司利益的事,团结同事,对客户讲仁义,讲道德,不拿回扣,做一名诚信、踏实的好员工……"

3. 你认为下面这样的他人介绍妥当吗? 为什么?

王峰,过来见见李露!

王峰,过来和李露握握手!

4. A 和 B 表达的其实是同一种意思，但让人听起来，感受却有天壤之别。请你对 A 和 B 的表达效果进行分析。

（1）A：就这么决定！你说什么也不能动摇我的想法！

　　 B：你所说的固然也有道理，但我真的已经决定了。

（2）A：你觉得这样不好，那你说出更好的来！说呀！

　　 B：这样也许不是最好，但我实在想不出更好的办法来，也许你有？

第三节 通讯礼仪

周阿姨：（拨通了两年前购买的某品牌电热水器时保修卡上的维修部电话号码）喂，请问，您是维修部的张先生吗？

对　方：您打错了，这里是私人住宅。

周阿姨：不好意思……

对　方：请问您找哪里？

周阿姨：哦，我两年前买了××牌电热水器，现在想找厂家的维修部保养一下，清除里面的水碱。可是这电话号码怎么就不对了呢？

对　方：噢，我上个月刚刚买了他们的产品，我来帮您找找他们维修部的最新号码。

周阿姨：哎呀，那就太感谢您啦！

（按对方提供的电话号码，周阿姨顺利地找到了那个维修部，并得知他们因迁址变更了电话号码。）

【简评】　拨错电话号码，是谁也免不了的。在这个案例中，"对方"是一个有教养、有爱心的人。她彬彬有礼地多问了一句话，就给别人带来了方便。我们可以想象，当周阿姨找到维修部时，是多么感激这位善良的陌生人！

　　现代社会是一个信息社会。对于现代职业人而言，信息就是资源，就是财富。现代通讯技术发展日新月异，为人们获取信息、传递信息、利用信息提供了越来越多的选择。目前，人们在生活和工作中使用最多的通讯手段是电话、手机、传真、电子邮件等等。因此，使用这些通讯手段进行人际沟通时，要自觉遵守约定俗成的礼仪规范，这应该成为高职院校学生的职业素养。本节介绍电话、手机和网络沟通过程中的基本礼仪。

一、电话礼仪

　　电话礼仪是指不论是打电话还是接电话，都必须以礼待人，克己敬人。在公务交往中，使用电话的礼仪直接影响着一个企业、一个部门的声誉；在日常生活中，使用电话的礼仪显示出一个人的修养。假如不注意在使用电话的过程中讲究礼貌，先敬于人，会使自己的人际关系受到不同程度的损害。

（一）打电话的礼仪

作为打出电话的一方，应该注意以下几点：

1. 打电话要选好时机。公务电话最好在早晨上班的时候打，此时人们的头脑最清醒，办事效率最高；最好避开临下班前十分钟，尤其是需要查询后才能回复的电话。打私人电话要避开对方用餐或休息时间。

2. 打电话时要先通报自己的单位或姓名，然后以"您好！请问……"开头进行通话。如果通话时间较长，则要礼貌地询问对方是否方便之后再开始交谈。比如："您好！我是××公司，我想占用您五分钟时间，提两个问题，可以吗？"

3. 报出要找的人时，应该报全姓名，而不要简称小杜、阿明，这样可能让对方多费口舌；假如要找的人不在，最好留下自己的姓名和电话号码，请对方转达。无论是否找到你要找的人，都要向接电话的人表示谢意。

打电话所用的规范的"开场白"有以下两种：

（1）在正式的公务交往中，礼貌用语＋单位＋职衔＋姓名。比如：

您好！我是江南化工进出口分公司经理魏民，我要找市出入境检验检疫局稽查处处长李强先生，或者是副处长刘耀东先生。

（2）在一般的人际交往中，礼貌用语＋姓名。比如：

您好！我是许洮。请找一下丁旭宏好吗？

4. 除非万不得已，打公务电话的时间不应超过三分钟。在国外，"通话三分钟原则"为商界广泛遵守。所以，为了节省时间，在拨电话前要打好腹稿。如果拨通电话时对方正忙，则另约时间交谈。

5. 电话中的表达应该言简意赅，不要说无关紧要的内容，聊起来没完没了。即使想打电话聊聊天，也要两厢情愿，先征得对方同意，并选择适当的时间。用公用电话目无他人地"煲电话粥"，是素质差、修养低的表现。

6. 办公室的电话用于办公，不要在上班时间内用办公室电话处理私事。

7. 打电话时声音应当清晰、柔和、悦耳，把你的礼貌、诚恳和热情传达给对方；音量、语速要适中，吐字要准确，句子要简短。声音过大或过小，都不利于和谐沟通。

8. 一旦拨错电话，要对被打扰的对方道歉，说声"对不起"。

9. 在通话时，若电话中断，按礼节应由打电话者再拨一次。拨通以后，须稍作解释，以免对方生疑。

10. 通话结束时，别忘了向对方道一声"再见"。按照惯例，一般是地位高者先挂，长辈先挂，上级先挂。挂断电话时，要轻轻地放下听筒。

（二）接电话的礼仪

作为接听电话的一方，应该注意以下几点：

1. 把握好接听电话的时机。一般是电话铃响两声到三声的时候接。铃声响到五六声以上才接，要说"抱歉让您久等了"；长时间不接电话是怠慢对方的态度。

2. 接公务电话时,首先应该报出单位名称或部门。如果对方找的人不在,不要简单说一句"人不在"就挂上电话,也不能过分追问对方情况,而应该说:"对不起,他不在,需要我转告什么吗?"

3. 接到拨错号码的电话,切勿发脾气、耍态度,在上班时间遇到拨错号码的电话,要语气温和地告诉对方:"您打错了,这是××单位。"有涵养的做法是询问对方要找哪里,是否需要帮助。

4. 接电话时,态度应当谦恭。在办公室里接电话,尤其是有客人在场时,最好是走近电话,面含微笑地与对方通话。不要坐着不动,一把把电话机拽过来,抱在怀里或夹在脖子上通话;不要拉着电话线,走来走去地通话;也不要坐在桌角、趴在沙发上或是把双腿高抬到桌面上,大模大样地与对方通话。这样做,你急躁、傲慢的态度不仅会通过电话听筒传达给对方,同时也是对在场客人的轻慢。

5. 用友好的心态、微笑的表情接听电话。虽说通电话是一种"未曾谋面"的交谈,但一般来说,有什么样的表情就有什么样的语气,有什么样的语气就有什么样的态度,所以对方完全能够听出来接电话者的心境、态度甚至表情。

6. 接电话时,一般不允许以"喂,喂"、"谁"、"你是谁"、"你找谁呀"作为"开场白",更不允许一张嘴就毫不客气地刨根问底"你是他什么人"、"找他有什么事儿",这是极其无礼的行为。

7. 正在接电话时,如果另有电话打进来,急需要中止通话时,应该说明原因,并告诉对方:"一有空闲,我马上给您打电话。"以免让对方觉得你厚此薄彼。

8. 正在开会或交谈,不方便接听电话,可以轻声告诉对方,"对不起,这会儿我正有事,不能多说,等会儿我打给你"。事后则一定要言之有信,主动给对方回电话。

> 甲:(正在和乙谈工作,丙的电话来了)刘科长,太感谢您了,您给我打电话来,谢谢,谢谢!
>
> 丙:我有件事儿想麻烦您一下。是这么回事……
>
> 甲:实在不好意思,现在正有客人在我这儿谈工作呢,您看这样好不好,刘科长,您说个时间,这里谈完之后我马上给您打过去,好吗?
>
> 丙:好吧,那就下午两点半,我等您电话。
>
> 甲:行。真的很抱歉啊!

【简评】 甲首先暗示他边上有人,不能说深层次问题;其次让丙选择一个时间打给他,说明很重视丙。这种技巧是人际交往,特别是在公务交往中应该具有的教养。教养体现于细节,细节展示素质,细节决定成败。如果不注意这些细节,很可能会得罪对方。

9. 当对方不着边际地说个不停,接电话者不得不让他停下来时,应当委婉、含蓄地表达这个意思,不要让对方难堪。比如,不宜说"你有完没完?""你说完了没有? 我还有别的事情呢"等等,而应当说"好吧,我就不占用您的宝贵时间了","真不希望就此道别,但是……以后有机会再与您联络"。

10. 对方要找的人如果就在附近,应该迅速去寻找,不要蒙骗对方说"人不在",也不要大喊大叫"小李,你的女朋友找你",将别人的隐私公开化。正确的说法是:"请稍候,我帮您去叫。""小李,请接电话!"

11. 结束通话时，应该有礼貌地道别。

12. 接电话时所用的规范"开场白"有两种情况：

（1）在正式的公务交往中：礼貌语＋单位、部门的名称＋姓名，或者问候语＋单位、部门的名称。比如：

您好！菁华制冷设备有限公司人事部王洁菲。请讲。

您好！菁华制冷设备有限公司人事部。请讲。

（2）在一般的人际交往中：礼貌用语＋姓名。比如：

您好！周颖亮。请讲。

二、手机礼仪

随着通讯科技的迅猛发展，移动通信已经渗透到我们社会生活的方方面面。虽然手机的普及为人们交流信息提供了无限的便利，但不当使用手机的现象也越来越普遍。我们常常会遇到这样的情景：会议上、课堂上、会见重要客人时，刺耳的手机铃声噪音大作，使大家受到干扰而感到不舒服；车站、饭店、火车、公交车、图书馆等公共场所，总有人扯开嗓门旁若无人地大声通话，使别人十分恼火又不便指出。

中央电视台《东方时空》栏目曾就文明使用手机问题做过一个民意调查，请看下列数据：

当在一个需要保持安静的公共场合（如影剧院、图书馆、医院病房、会场、课堂），突然身边某人的手机大声响起或接听电话时，您的感觉是？	选项比例	票数
反感，觉得这种做法失礼	82.48%	12712
理解，谁都会有急事	15.72%	517
无所谓，不会打扰到我	1.79%	59

在一个需要保持安静的公共场合（如影剧院、图书馆、医院病房、会场、课堂），您通常会不会把手机设置为振动状态或关机？	选项比例	票数
每次都会	46.92%	1544
大多数情况会	43.76%	1440
偶尔会	7.35%	324
不会	1.98%	65

从调查数据中可以看到，80%以上的人对在安静环境中受到手机干扰持反感态度，认为这是极其不礼貌的表现。因此，全社会提倡手机礼仪，是提高全民素质的需要。我们高职院校的学生也应当自觉遵守手机礼仪，这是加强职业素养、塑造良好个人形象的需要。

手机礼仪可以分为手机通话礼仪、手机短信礼仪和手机使用的其他礼仪。

（一）手机通话礼仪

1. 在会场、课堂、图书馆、医院病房等需要保持肃静的公共场所，或者参加宴会、舞会、音乐会时,要自觉关机或者把手机调整为静音状态。有急事必须回电话时,应该轻轻走出该场所,在外面接听。切勿当众接听,影响周围的人。

2. 在开会、会客、上课、谈判、签约以及出席重要的活动时,应该提前把手机关机或调整为静音或振动状态。这样做,是对会议主持人和其他听众的尊重。

3. 用手机与对方联系时,要注意从听筒传过来的回声,以鉴别对方所处的环境。要考虑到对方或在会议上,或驾车行驶在路途中,是否通话应该由对方来定为好。所以,"现在通话方便吗?"通常是拨打手机的第一句问话。

4. 听到手机铃声时应当及时与对方联络。因开会、洽谈、听课等原因不能与对方联系,等上述活动结束后应该立即回电进行联络,以充分体现对别人的尊重。

5. 在人流比较集中的楼梯、电梯、路口、人行道等公共场所,不可以旁若无人地使用手机大声通话,这样做一则增加噪声,二则妨碍别人通行。

(二) 手机短信礼仪

1. 手机短信的内容应该重文明,讲礼貌。不要编辑或转发不文明的短信,尤其是那些迷信的或者不健康的、恶作剧的短信。

> 妈妈,没有您就没有我,就没有我数十寒暑的悲伤,也没有我春夏秋冬的欢笑,谢谢您给了我生命中美好的一切与成长。母亲节快乐!转发给六个人以上,上天保佑母亲幸福安康一生一世,如不转发,就有不祥之气笼罩……,发吧,反正发了没坏处……

【简评】 我们经常会收到类似的短信。这种短信的可恶之处在于:以善事作为幌子,引诱善良单纯的人上钩;以恶毒的诅咒作为杀手锏,逼迫犹豫不决的人就范,最终达到自己盈利的目的。对付这种垃圾短信的最好办法是置之不理。

2. 上班、听课时间不要没完没了地发短信。上班、上课时每个人都需要精神集中,没完没了地发短信,会打扰对方的工作和学习。

> 英语课堂上,刘迈正在聚精会神地听课,手机振动起来了,一看,是一条短信:"干嘛呢?"原来是坐在后排的同学王亮发来的。刘迈怕不回信不礼貌,回答说:"听课呢!"王亮立即回过来:"有什么好听的?不如给你发个笑话放松放松!"一节课当中,王亮发过来二十多条短信。刘迈呢,手机不断地振动,不看怕误事,看了又是一通闲聊,不回好像还不合适。在朋友的"信骚扰"之下,刘迈只好断断续续地听老师讲课,这节课什么也没有学到。

【简评】 目前,像王亮这样喜欢狂发短信的人并不少见。这种行为往往使别人为难:每信必回吧,实在没有时间;不回吧,又怕对方误解。对付这种行为的最好办法就是关机。

3. 在会议中、和别人洽谈的时候即使用手机接收短信,也要设定成振动状态,不要一边与别人面谈一边查看或编辑手机短信,这也是不尊重对方的举动。

4. 如果事先与对方约好参加某个会议或活动,恐怕对方忘记,最好事先再提醒一下,这时适宜用短信。短信提醒时语气应当委婉,不可生硬。

5. 短信祝福不要有过多往来回合。接到短信祝福,不回复是不礼貌的。一般是回复之后,或接到对方对这条短信的回复后就此打住。

6. 发短信一定要署名。否则,收信人可能搞不清楚对方是谁。如果是要紧的事情,不署名很可能误事。

7. 发短信要选择恰当的时间。有些人觉得晚上十点以后不方便给对方打电话，便发短信。短信虽然简便，但如果太晚，同样会影响对方休息。

（三）手机使用的其他礼仪

1. 放到恰当的位置。手机不过是通讯工具，不能视之为值得炫耀的装饰品。女士穿套装、套裙时，手机应该放在提包里，切勿将其挂在衣内的腰带上。在公共场合长时间玩手机，或把手机挂在脖子上，或别在衣服外面，都是不恰当的做法。

2. 使用手机时要重视私密。手机号码不宜随便告诉不了解其底细的人，也不应当打探他人的手机号码，更不应当将别人的手机号码转告他人。

3. 注意安全。在驾车时不要用手机通话或发短信；为避免干扰飞机的导航系统，乘飞机时不要使用手机；为避免酿成火灾或影响仪器设备的正常使用，在加油站或医院停留期间不要使用手机。此外，在一切标有文字或图示禁用手机的地方，都应该自觉遵守规定。

4. 就餐中不要对着餐桌用手机通话，避免无意中唾沫星子溅入饭菜，倒同桌客人的胃口。

5. 合理选择使用个性化彩铃。个性化彩铃也会折射一个人的道德情操和修养，如果使用不当，就会影响个人形象，影响人际沟通。

据媒体报道，在海口市，曾经发生这样一件令人啼笑皆非的事。一位巡警在经过一辆豪华旅游车时，突然听到一阵急迫的呼救声："抓贼呀，抓贼呀，抓偷手机的贼！"便急忙将这辆旅游车拦住，可巡警上车一看，根本没有偷手机的贼。乘客们全都在呼呼大睡。巡警正打算返回，忽然，"抓贼呀……"的喊声再次响起。巡警循声找去，原来这"呼救"是从一名熟睡乘客的手机里传出的。

【简评】 这种彩铃以欺骗公众为乐，是极其不道德的。可想而知，如果到处有这样的铃声，公众秩序一定大乱。这种铃声是一种公害。

6. 不要用手机偷拍。目前，手机的照相功能越来越强大。使用这种功能时要讲社会公德，要考虑到不侵犯他人的肖像权、隐私权。即使对方允许你拍的照片存在你的手机里，但不能未经对方同意将其照片转发给他人，甚至传到网络上广为传播。

三、网络沟通礼仪

网络沟通礼仪也称网络规则，是用于规范互联网行为的社会约定俗成的基本规则。目前，网络渗透在我们社会生活的各个方面，成为处理公务、人际沟通时所使用的一种高效便捷的工具。高职院校的学生在使用网络时，应当遵守网络礼仪，体现个人的良好素养。网络沟通礼仪包括电子邮件礼仪和发帖、聊天礼仪。

（一）电子邮件礼仪

电子邮件是利用互联网络向交往对象发出的一种电子信件。使用电子邮件进行对外联络，不仅安全保密、节省时间，还不受篇幅的限制，而且能够大大降低通讯费用。在撰写寄发

电子邮件时,通常要注意以下礼仪:

1. 主题明确。要在邮件的主题栏内简要地点明主题,最好不超过十五个字,让对方一目了然。邮件正文也要主题鲜明,便于对方阅读理解,迅速明白你的意思。

2. 语意清楚。行文要注意段落分明,语意连贯,避免跳跃性的思考,以免对方产生误解或摸不着头绪。

3. 文字简练。当今社会生活节奏快,大多数人没有耐心或时间看洋洋洒洒的大块头信件。所以,邮件内容应该力求简明扼要。

4. 不忘记署名。在邮件末尾署名,是一种郑重的态度,也是对对方的尊重。

5. 认真检查。在点击"发送"前,最好将邮件仔细检查一遍,及时纠正错别字、语法错误和语意不明之处。尤其公务往来的邮件,更要注意。

6. 慎用表情字符。表情字符在亲人、朋友之间的通信中起到强化情感的作用,以弥补文字交流方式直观性方面的不足。但在公务邮件中使用表情字符,则会给人不够庄重的感觉。

7. 及时回复。收到他人的电子邮件后,应该立即回复对方,因为发信人通常会焦虑地等待回信,或担心对方是否收到邮件。及时回复邮件是对对方的尊重。

8. 不发送或转发垃圾电子邮件(通常称为垃圾邮件)。

(二) 发帖、聊天礼仪

发帖指在任何被允许发表自己言论的论坛、博客等网络提供的交流平台上,针对某一主题发表自己的观点、意见和看法;聊天指与特定的网友在上述交流平台上进行互动式的沟通。利用互联网搭建的交流平台与人交往,重要的是必须考虑如何给自己带来愉快与如何避免给他人带来不愉快,同时要提高自我保护意识。一般来说,发帖、聊天要遵守下面的礼仪规范:

1. 记住你是在跟"人"打交道。互联网给来自不同地域的人们提供了一个共享、沟通的平台,这是高科技的优点,但往往也使人们觉得面对着的只是电脑屏幕,而忘了自己是在跟其他人打交道,很多人在上网时放松了自我道德约束,降低了自己的道德标准,允许自己的行为更粗俗和无礼。为了构建一个融洽、和谐的网络交流平台,人人都应该做到:当着别人的面不会说的话在网上也不要说,发帖以前仔细斟酌用词和语气,不要故意挑衅和使用脏话,为自己塑造良好的网络形象。

2. 尊重别人的时间。打算在一个论坛上发表主题时,首先要看看该论坛是否开展过类似的讨论,有可能现成的答案随手可及。不要以自我为中心,随意提问,让别人为你寻找答案而消耗时间。

3. 自觉遵守论坛规则。同样是网站,不同的论坛有不同的规则。在这个论坛可以做的事情,也许到那个论坛就不能做。因此,先浏览一下论坛中的内容,熟悉该论坛的气氛然后再发帖子。注意不要全部用大写字母键入信息,这表示在大喊大叫,会触怒很多网络高手。

4. 树立共享知识的理念。网上交流时,当你提了一个有意思的问题而得到很多回答之后,应该写一份总结与大家分享,同时表明谢意。这是对那些未曾谋面的热心人必不可少的交代。

5. 提倡有风度的辩论。在网络上,人们有不同的观点、看法是正常现象,辩论甚至争论也是正常现象。辩论时要保持翩翩君子的儒雅风度,以理服人,以情感人。不要一遇不同观点就大动肝火，用过激的言辞对对方进行人身攻击。

6. 重视保护隐私权。不随意公开个人情报，比如个人的邮件地址、真实姓名、住宅地址、电话号码、手机号码等。对于他人的个人情报，应该更加注意，以免给他人带来伤害。别人与你用电子邮件或私聊（QQ）的记录应该是隐私的一部分。假如你认识的某个人用笔名上网，未经过他同意就将其真名在论坛上公开，也是一种不道德的行为。

7. 以宽容之心对待网友。当看到别人写错字，用错词，问低级问题时，不要讽刺挖苦或严厉训斥，应该用平和、平等的语气指出来。如果你想进一步帮助他，最好用电子邮件或其他联系方式私下沟通，这样就能有效地维护他人的尊严。

8. 坚决杜绝有害行为。切忌以淫秽内容伤害他人，或表面文质彬彬地恶意攻击，或导致他人的计算机和网络系统受损。蓄意的破坏者常常悄悄地进入他人的系统，或者发出死循环指令让他人的计算机当场死机。这些行为都是不道德的，甚至是非法的。

相关链接

网品背后是人品

在现实生活里，人们喜欢把酒品、棋品、文品等同于人品。在虚幻的网络世界里，网品又何尝不是人品在网络中的延续和体现呢？

如今，网络交往成为人际交往中重要的一部分，虚拟已挤占了越来越多的现实生活，所以虚拟空间里的修身将成为"人品修为"的重要组成部分。但网络毕竟是一个虚拟世界，由于只是个 ID 抛头露面，个性在这里可以得到最大限度的张扬，难免有人便肆无忌惮、胡作非为，也正因此，网上更能看出一个人的真实人品。

网品就是人品，虽然我们没见过网络对面的那个人，但那个人的本质会通过文字、态度、作风真实地显露出来，那是伪装不了的。你的教养、道德，你的尖酸刻薄，你的宽容、善良等等，都会通过你在网上的一举一动、一言一行展露在公众面前。虚拟世界里的不负责任、性格倒错、粗鲁莽撞、背信弃义、狂妄自私等等恶习，能够培养出现实世界中的完整、高尚的人格吗？

有人频繁地找你聊天，一上来就先问你：你是同志吗？你对同性恋有何看法？两三句话还没说完，就要求开视频，甚至急不可待地发来不良图片。有人一接触就要求做红颜蓝颜知己。过于急切了就不够持重，会让人反感。就算是做了好友，也不要过分纠缠，君子之交淡如水。网品是人品的缩影，一个人的网品如何，从他在网上的人际关系、他空间里的内容、他对访客的态度、他的交友圈等，都能看出来。

一个新来的同事谈到他喜欢在论坛上写文章，于是我便进了那个论坛。进去一看，我大吃一惊，他与网友对骂，语言尖酸刻薄，得理不饶人，不堪入目，像一个泼妇，更像一个小人。我不得不重新审视此人，后来的事实还真是如此，工作中他慢慢地暴露了真面目。我不得不远离了他。

中国有句古语："字如其人，文如其人。"的确，从一个人所写的文字中，可以看出一个人的性格、思想、生活态度和价值观念。实践证明，人品支配网品，网品折射人品。现在，了解一个人的途径很多：博客、QQ 交流、空间、微博等，只要进入他的博客，读读他写的小感想、小心情,就可以大致了解其性格脾气。在BBS里,千万别以为穿个"马甲"就可以厚颜无耻。

网上论坛的特点之一就是匿名制,这样可以最大限度地保障网友的自由权利。但是我们必须珍惜这个匿名制,千万不要把匿名当成信口开河、恶意诽谤的保护伞。否则如果有一天我们不得不被迫实名上网,那绝对是一种悲哀。

珍惜网品,其实也就是珍惜你的人品。为了缔造一个更加宽容、诚信、和谐的现实世界,我们必须在虚拟的网络世界共同修文、修身、修德、修行。网上交友,以诚相待;网上购物,以信为本;评论事物,实事求是、客观公正、与人为善;转载别人作品,应尊重别人的劳动并致谢意;对于别人的评论,要虚心反思并及时回复。

做人要有人品,上网要有网品。正所谓"眼前一笑皆知己,座上全无碍目人"。

(摘自苗向东:《网品背后是人品》,《大众心理学》2011年第11期)

课堂训练

1. 根据自己的理解,选择你认为正确的答案。

(1) 打办公电话语言要简明扼要,时间一般不超过( )。

　　A.1分钟　　　　B.2分钟　　　　C.3分钟　　　　D.4分钟以上

(2) 按照电话礼仪的惯例,一般要由( )先挂电话,以示尊重。

　　A.有求于人者　　B.男士　　　　C.下属　　　　D.上级

(3) 接听电话时恰好另一个电话同时响起,应当( )。

　　A.置之不理

　　B.挂断接听的电话去接另一部电话

　　C.可两部电话同时接听

　　D.接起第二部电话记下对方电话稍后打过去

(4) 给别人拨打电话时,如果电话突然断线,你认为应该( )。

　　A.开始忙别的事情　　　　　　　　B.马上拨回去,致歉并说明断线的原因

　　C.过了很久才想起来并拨回去　　　D.等待对方拨过来

(5) 讲究手机携带文明的正确方法是:( )。

　　A.别在腰间　　　　　　　　　　　B.放在包内

　　C.放在裤兜内　　　　　　　　　　D.拿在手中

(6) 利用手机与人沟通时,下列做法中不可取的一项是:( )。

　　A.不使用不文明的语言　　　　　　B.在公共场合不对着手机大声说话

　　C.不使用格调低俗的彩铃　　　　　D.在短信末尾不必署自己的姓名

2. 请用下列题目检测一下自己使用手机的礼仪。

(1) 手机响了,你习惯尽快接听吗?

(2) 正与人谈话时要接手机,你会向对方说"对不起,我先接个电话"吗?

(3) 接打手机时,你习惯使用文明语言"你好"、"请问"、"对不起"、"谢谢"、"再见"吗?

（4）你接打手机时习惯用很大音量吗？

（5）对于拨错号码的人，你会训斥或嘲讽吗？

（6）进入教室、图书馆、会议室等公共场所时，你习惯自觉关闭手机或将手机置于振动状态吗？

（7）乘飞机时你会自觉关机吗？

（8）收到无聊的、不健康的短信，你会立即删除吗？

第四节 礼品礼仪

哼，糊弄谁呢！

　　2012 年的第一天，小汪收到高中朋友小丁从远方发来的贺卡，看着贺卡上热情洋溢的祝福语，小汪别提有多高兴，心想："别看他考进了重点大学，心里可惦记着咱哥们呢！"看完新年祝词，小汪发现这是一张有奖邮政明信片，于是把它翻过来想看看抽奖号码和兑奖方法，突然"2011"几个大字闯入他的眼帘。小汪顿时很生气，刚才的开心劲儿瞬间无影无踪。他把贺卡重重地摔在地上，嘟囔了一句："哼，糊弄谁呢！"

【简评】　贺卡，也可以算得上是一件小小的新年礼物，没有人因为它小、便宜而轻视它。但小丁大老远寄来了一张过期的贺卡，无论他多么情深谊重，也难免会使对方对其诚意产生怀疑。小丁错就错在没有注意送礼的时效性。在很多时候，没有时效性的礼品所产生的效果比不送礼还要差。

　　礼品是人们沟通感情、增进友谊的媒介，互赠礼品是表示友善和亲情最典型的形式之一。大到国际交流、省际沟通、单位间的政务活动、商业运作，小到千家万户的婚礼、寿诞、乔迁、同学朋友的礼尚往来，无不需要礼品，可以说赠送礼品的行为存在于人们社会生活的各个方面。不管人们承认与否，礼品对双方都有意义，它在我们的生活中扮演着重要角色，起着非常微妙的作用。人们对礼品的渴求也就是对赞同、慈爱、理解和爱情的渴求。通过礼品，可以激励他人，教育他人；可以取得控制，获得补偿；可以显示知识和修养，表达友善和爱心；也可以扩大个人的影响。

　　总之，送礼已成了我们每一个人为人处世、融入社会所不可缺少的社会交往形式。

　　然而，事实上，赠送礼品并不是一件容易的事情，而是一门值得探究的学问。礼品送得恰当、得体、适时，能达到传递友好情谊的目的；反之，则可能变成人际沟通中的障碍。

一、赠送礼品的原则

　　赠送是友好的表示，礼品是友好的象征。作为象征物，其意义并不在礼品本身，而在于通过礼品传达友好的情感。礼不在贵重，而贵在适时、适宜、真诚。人际交往中的馈赠，是以其象征性来传达深厚的情谊,即使是一张小小的贺卡、一束盛开的鲜花,只要在受礼者喜庆的时候表达了一份祝福,都会给对方留下深深的印象和感动。掌握了一定的送礼原则,在人际交往中可以减少很多麻烦和尴尬。一般来说,赠送礼品要遵循以下四个原则。

(一) 轻重得当

中国有句老话:"千里送鹅毛,礼轻情义重。"礼物是言情、寄意、表礼的,它仅仅是人们情感的寄托物,其贵贱厚薄与其情感寓意不应绝对成正比。就礼品的功用来说,个人和个人打交道时,礼品是纪念品;企业和企业打交道时,礼品是宣传品。既是纪念品和宣传品,只要能够达到"纪念"和"宣传"的效果足矣。完全以礼品的轻重贵贱来评估友情的深浅,显然超出了友情的范畴,是庸俗的礼仪观。我们中华民族的传统文化提倡"君子之交淡如水"和"礼轻情义重"。

赠送礼品的轻重可以根据以下四种具体情况而定:

1. 正确评估自己与对方感情的深浅、关系的亲疏。感情很深、关系很亲密的人,往往不在乎礼物的贵贱,有时候一个小小的充满关爱的举动都能够称得上是情义无价的礼物;而越是感情谈不上深、关系不怎么近的人,往往习惯于用礼物的贵贱来评价送礼者对他的重视程度。

2. 考虑到自己的经济承受能力。即使是正常的礼尚往来也要根据自己的经济情况来安排,切忌为了要面子,打肿脸充胖子。假如赠给对方的礼物的物质价值超出自己的经济承受能力,就属于不正常的馈赠,一般说来这种情况应该避免。目前在国内,礼物的物质价值常以个人收入的1/3为最上限,下限则看具体情况而定。

3. 考虑到对方能够愉快接受。花钱多少要考虑,但仅考虑这个问题,就本末倒置了。也许花很多钱买的礼物,对方却根本不感兴趣。所以选择礼物尽量选符合对方兴趣的,而不是一味地选择昂贵的。

4. 公务活动中的送礼,不应该是很贵重的,而是应该是精致的、有创意的、有纪念意义的,最好带有本单位的特色。

(二) 选准时机

中国人非常讲究"雪中送炭",就是注重送礼的时机。毫无缘由的送礼会显得唐突,也不容易给人留下深刻的印象,所以要选择一个适当的时机,因为只有在最需要时得到的才是最珍贵、最难忘的。

赠送礼品的时机是:

1. 贵在及时。一般来说,婚礼、节日、诞辰、丧礼或朋友远行、归来等都是馈赠礼品的好时机,送礼者既不显得客套,收礼者也不会感觉突兀,两全其美。时间超前滞后都达不到馈赠的目的。

2. 贵在事由和情感及其他需要的程度。尤其是对于处境困难者的馈赠,赠送礼品所表达的情感就更显真挚和高尚。

3. 亲友之间的社交活动,如参加婚礼、寿礼,一进门就送礼,同时很自然地说一些祝福的话。

4. 送礼的时间间隔也很有讲究,送礼过于频繁就不合适。

(三) 注重效用

当"礼"以"物"的形式出现时,它本身也就具有了情感价值和实用价值。就礼品本身的实用价值而言,人们经济状况、文化程度、兴趣爱好不同,对礼品实用性要求也就不同。任何礼品都表示送礼者的特有心意:或酬谢、或求人、或联络感情等。所以选择礼品时,也应该注重效用,针对不同受礼者的不同情况区别对待。最好的礼品应该是根据对方兴趣爱好选择的、富有意义、耐人寻味、品质不凡却不显山露水的礼品。

通常选择礼品的方法是:

1. 对家贫者,以实惠为佳。
2. 对富裕者,以精巧为佳。
3. 对恋人、爱人、情人,以纪念性为佳。
4. 对朋友,以趣味性为佳。
5. 对老人,以实用为佳。
6. 对孩子,以启智新颖为佳。
7. 对外宾,以文化特色为佳。

(四) 投好避忌

送什么礼品,由送礼者选择;喜欢不喜欢接受这种礼品,则由于受礼者的民族、生活习惯、生活经历、宗教信仰以及性格、爱好的不同而有所不同。因此,在选择礼品时,一定要充分考虑到这些因素,尽量投其所好、避其所忌,使礼品能够最大限度地达到送礼者预期或达到的表情达意的目的。

【示例】
小陈:(买了一篮又大又红的苹果去医院看望好朋友的奶奶)阿姨,您好点儿了吗?
奶奶:(满脸含笑)好多啦,好多啦!
小陈:听说您住院了,我买了点儿苹果给您送来,希望您安心养病,早点儿康复。
奶奶:(听到"苹果"二字,脸色陡变,冷冷地说)苹果? 还是请你拿回去吧。
小陈:(对奶奶表情和态度的急剧变化感到十分纳闷,又不好直接问,只好悻悻告退)

【简评】 小陈的一番好意之所以受到冷遇,是因为他不明白对方的禁忌。好朋友的奶奶是上海人,上海方言说"苹果"的发音与"病故"发音相似,送去苹果岂不是等于咒人家病故?

下面是送礼时在禁忌方面应该注意的问题:

1. 我国普遍认同"好事成双"的说法,因此凡是大贺大喜之事,所送之礼,均好双忌单。
2. 广东人忌讳"4"这个数,因为在广东方言中,"4"与"死"发音很相似,送礼物成"4"是不吉利的,所以送东西不送四个。
3. 在西方,白色有纯洁无瑕之意,但中国人比较忌讳。因为在中国,白色常是悲哀之色、贫穷之色;黑色也被视为不吉利,是凶灾之色、哀丧之色;而红色,则是喜庆、祥和、欢庆的象征,受到人们的普遍喜爱。
4. 我国还常常讲究给老人送礼不能送"钟",因为"钟"与"终"谐音。
5. 港澳台地区忌送手帕,因为当地办完丧事后有分送手巾的习惯,意思是生者流够了泪,从此阴阳两界,生死相隔,不得来往。所以除办丧事外,一概不送手帕、毛巾之类的东西。
6. 不送伞,因为"伞"与"散"同音,似乎人们都喜聚,不喜散,散总是不吉利的。

7. 不要送书给生意人,特别是广东、福建、香港及海外侨胞中的经商者,因为"书"与"输"谐音。

8. 不送扇子,因为扇子只在夏季有用于一时,友谊不能像扇子一样,用时拿在手,不用丢一边。

9. 不给身体健康的人送药品。

10. 不送容易引起受礼者家庭不和的物品,如烟、酒、麻将等。

11. 不送假冒伪劣产品和过期、变质的产品。

12. 不送不合时宜的东西。比如夏天不送羽绒服、棉衣,冬天不送 T 恤衫、裙装等。

13. 相爱的夫妻或恋人不能给对方送"梨",因为"梨"与"离"谐音。

14. 没有婚姻、恋爱关系的异性之间忌送领带、腰带、项链、戒指等礼物,因为这些礼物深层的含义有"拴住对方"的意思。

15. 异性朋友忌送贴身用品。

16. 应当尽量避免一些有影射性含义的礼物。

17. 送女性服装属于不智之举。不要说色彩和款式千人千好,难以揣摩,关键的障碍是尺码——瘦了固然麻烦,肥了也惹她不快:难道我就有这么胖吗?

18. 不要给日本的新婚夫妇送玻璃器皿,因为那意味着婚姻容易像玻璃一样破碎。

19. 不能给信仰伊斯兰教的人送酒,不能给他们的妻子送礼,也不能给他们送去有猪的形象作装饰图案的礼品。

二、赠送礼品的方法

赠送礼品有社会上约定俗成的规矩。有时候尽管你精心准备了礼品,但由于送礼的方法不当,往往会前功尽弃。

一般来说,赠送礼品时要注意以下几点。

(一)准备礼品

1. 礼品要注重包装。礼品不同于自家用品,好的内容固然重要,再加上好的形式就会锦上添花,令人赏心悦目。所以礼品要尽可能包装得漂亮一些。

2. 包装前一定要撕掉礼品上的价格标签。一般认为礼物上贴着价签,是不礼貌的。对想表达心意的你来说,也是不聪明的。送一份明码标价的礼物,好像在提醒对方,我的这份礼可是花了多少多少钱的。你在期待回赠吗?还是想做一笔等价交换、物有所值的生意?

(二)赠送礼品

1. 礼品一般应该当场、当面、亲手赠送。生日礼物和结婚礼物,只能在当天或之前送到,过后再送就没有意义了。祝贺节日、赠送年礼,可派人送上门或邮寄。这时应该随礼品附上送礼人的名片,也可以手写祝贺词,装在大小相当的小信封中,信封上注明受礼人姓名(不写地址),贴在礼品包装的上方。一般来说,不是亲手送达的礼品所表达的情谊多少会打一些折扣。

2. 态度要落落大方。不管在会面之初送,还是在会面结束时送,都要举止从容,恭敬有礼。送礼时要站起来,双手递上礼品,而不是随意地往桌上一放,等对方自己去拿,或者像做贼似的悄悄将礼品放在桌下或屋里某个角落,这样不仅达不到馈赠的目的,甚至会适得其反。

3. 在递上礼品的同时说几句话祝福的话。有祝愿式的:"祝你生日快乐";有说明式的:"知道你属马,所以特地选了有马的图案的……""这是我从家乡带回来的";还可以解释礼品的寓意:"大象象征着尊贵和祥瑞,祝你乔迁新居后天天瑞气临门!"

4. 赠送时最好不要说过分做作的话,比如:"一点小意思,实在拿不出手"、"不值几个钱,凑合用吧"等等。这类话,中国人还能理解,知道你是谦虚,外国人就会当真,以为你的礼物真的不怎么样。当然,赠送时也不能以一种近乎骄傲的口吻说:"这东西很贵重啊!"这样,就落入了重礼而轻义的地步,甚至会使对方有一种接受贿赂的感觉。

(三) 礼数周全

1. 通常情况下,当众只给一群人中的某一个人赠礼是不合适的,这会使受礼人感到十分尴尬,会使没有受礼的人有被冷落、被轻视之感。

2. 如果要同时送给多人礼物,应该先从上司、长辈送起,先上司后下级、先长辈后晚辈、先女性后男性。

3. 给关系密切的人送礼不宜在公开场合进行,避免给公众留下你们关系密切完全是靠物质的东西支撑的感觉。

三、接受和回赠礼品的技巧

在我们的人际交往和社会生活中,礼品扮演着重要的、微妙的角色。送什么、如何送能够给人留下重要的、持久的印象;同样怎样接受赠礼、回赠什么礼品也体现了人们的修养和品位。

(一) 接受赠礼

送礼是一件令人感到愉快的事,因为礼品是送礼者敬意和情感的载体。所以我们应该心怀感激地接受对方赠送的礼品,哪怕它的价值再微薄,也会觉得十分珍贵。但是当我们以一种可有可无的心情去接受赠礼时,这东西可能就变得一文不值了。因此,接受对方赠礼一般需要注意以下几个问题:

1. 要落落大方。对方送礼只要没有违犯党纪国法,没有违犯外事纪律,没有行贿的嫌疑,没有犯禁,没有影响到双方的人际关系,都可以落落大方地接受。接受时要面带真诚的微笑、双手接过礼品,把它郑重地放在桌子上。也可以在接过礼品之前适度地谦让、推辞一下,但没有必要一方面红耳赤地推辞,另一方拼命往对方手里塞,推来躲去好几回合,才收下礼品。

2. 要表示感谢。不管礼物是轻还是重,接过来时都必须说几句发自内心的感谢的话或客气的话。比如:"真的太感谢您啦!""'恭敬不如从命',那我就收下了!""不好意思,让您破费了!"如果是公务赠礼,一般都应该握手致谢。

3. 关于拆看礼品。我国的习惯是不当着客人的面拆看礼品。这样做的原因有两个:一是顾及送礼者的面子,万一人家送的真是一份薄礼呢? 二是显示主人的身份,不能显得没见过世面、巴不得收到人家的礼物似的。现在,国际通行的做法是,如果时间充裕、客人不多,就当面拆看礼品。这样做的好处是,表明自己看重对方以及对方的礼物,但不可漫不经心或急迫地乱扯、乱撕。拆开以后,同时对里面的礼物表现出欣赏和赞美。比如可以说:"这件衣服正配我的那条裙子","这正是我想要的",这样会使送礼者非常高兴,也是受礼者起码的修养。

4. 要低调对待。大多数情况下,赠送礼品属于一种私人交往,因此没有必要到处招摇炫耀,这是做人的一个常识。

5. 要妥善保存。对别人赠送的礼品,不论贵贱都应该妥善保存。不能因为它们不合自己的意而随意堆放在不清洁的场所,或在很短时间内转赠别人或将其抛弃。这是对送礼者的极大轻视甚至人格的侮辱。

(二)拒绝赠礼

当送礼者恭敬地递上礼物时,受礼者一般都应该欣然接受。但是,对方送的礼是自己不能收或者不方便收的,就应该拒绝。有人这样建议,在收礼之前想一想:礼物的价值是否过分?收了礼是否就得为他承担某种责任?是否会违反某项法律法规或单位的有关规定?拒绝收礼的态度要坚决,但一定要注意方法、讲究礼仪,给对方留有余地,不使对方感到难堪。

1. 婉言相告。比如,当对方向自己赠送手机时,可告知:"我已经有一台了,谢谢。"当一位男士送舞票给一位小姐,而对方打算回绝时,可以说:"真不巧,今晚我男朋友已经约好请我跳舞了。"

2. 直陈理由。比如,拒绝别人所赠的大额现金时,可以讲:"我们有规定,接受现金馈赠一律按受贿处理。"如果是比较贵重的礼品,可以说:"按照有关规定,您送我的这件东西必须登记上缴,您还是别破费了,事情能办我会尽力的。""如果你不想让我丢掉饭碗的话,就把这件礼物收回吧。"

3. 场合得当。如果在大庭广众之下拒绝他人所送的礼品,往往会使送礼者有口难张,尴尬异常,那就应该在事后送还礼物。时间上一般应在当天把礼物送还,不要拖得太久。

4. 还礼谢情。如果对方虽然礼送得不甚恰当,但并无恶意,在退还或拒绝礼品时,还须对对方表示感谢。比如:"您的情我领了,但东西实在不能收。抱歉了!"有时没有当面打开礼品,事后才发现礼品的价值不菲,事后退还也行,但是时间不能拖得太久,最好在二十四小时之内亲自奉还,托人代的话有时会把问题搞得更复杂。

(三)回赠礼品

俗话说:"来而不往非礼也。"回赠,也就是还礼。接受了别人的赠礼,就应当回赠礼品,实实在在地表示谢意。但是,还礼还得恰到好处,就能够体现你的修养、品位以及对送礼者的尊重。

回赠礼品时应该注意:

1. 还礼的时机要恰当、巧妙、不露痕迹。如果一收了礼马上就急着还礼,抱着不欠人情的态度去做这件事,那就被看作是丧失了人情味;如果拖延太久,等事情完全冷淡了再还礼效果也不好。选择还礼时机,讲究"后会有期"。

(1)与对方赠送自己礼物时相同的机会。比如你结婚时别人送了礼,对方结婚时就是还礼的好机会。

（2）在对方或家人的某个喜庆活动。比如对方乔迁新居、孩子满月、父母寿辰等喜事时也是还礼的好机会。

（3）在此后登门拜访时。趁登门拜访时还礼，会把"还礼"做得非常自然、不露痕迹。

2. 还礼的方式要体现对送礼者的尊重。

（1）回赠对方所送的同类物品。比如：你送我书籍，我可以给你影碟，书籍和影碟同属于文化用品；你送我手套，我可以送你围巾，手套和围巾同属生活用品。

（2）选择和对方相赠礼品价格差不多的物品作为还礼。回赠礼品的价格大大低于对方赠礼的价格，不仅你于心不安，也不尊重对方；然而大大高于对方赠礼的价格，也会搞得对方很尴尬，说不定接下来又要给你还礼了。这样再三再四地还礼，会成为双方的一种负担。但如果知道对方很计较这类事，那就宁可选价值偏高的礼品还了。

（3）不拘于物质的"礼物"。可以用口头上或书面上向对方致谢，请对方看场电影或比赛、帮对方一个忙等表示尊重与谢意的方式来代替，一般对方也是非常愿意接受的。

课堂训练

1. 为下面题目选择你认为正确的答案。

（1）馈赠他人礼品时，应注意（　　）。
   A. 礼品最好当面赠送
   B. 不能表明送礼的原因和态度
   C. 不要重视包装
   D. 贬低自己的礼品，以示谦逊

（2）下列赠送礼品的方式中（　　）是可取的。
   A. 给经济尚未独立的年轻人，送一些时尚的小礼品
   B. 将带有价格标签的礼品直接送人
   C. 打电话让对方自己来将礼品取走
   D. 送完礼物主动告诉对方礼品的价格

（3）下列收受礼品的行为中（　　）是可取的。
   A. 发现礼品不合心意，直接告诉对方应该换送别的礼品
   B. 收到礼品后，立刻将礼品丢到一边，不去查看
   C. 发现送礼者有别的意图，严词拒绝收礼
   D. 发现送礼者有别的意图，态度坚决，言辞委婉地拒收礼品

2. 你认为下面这一交际过程出了什么问题？应该怎样改进？

晓阳在一家公司工作一年以后，莉莉也应聘到了这里。共事一个多月，晓阳对莉莉印象极好。圣诞节马上要到了，晓阳想送点礼物以拉近自己和莉莉的关系。送什么呢？经过一番苦思冥想，晓阳做出了决定。12月24日那天，晓阳惴惴不安地把精心挑选的一套内衣送到莉莉面前，期待着心仪的女孩露出娇羞的笑靥。谁知，莉莉娇眉紧锁，瞥了一眼那盒子，冷冷地扔下一句："这是给你妈买的吧？"然后头也不回，扬长而去，留下晓阳呆呆地站在那里半天回不过神来。

3. 阅读下列新闻,对姚明向小球迷赠送礼品的举动进行评价。

2006 年 8 月,斯坦科维奇杯篮球赛在南京举行,姚明的到来吸引了无数球迷的眼光,而他们当中就有 5 岁的小球迷马小懿。小懿的梦想就是和姚明叔叔合张影,但由于酒店保安的阻挡,小姑娘只能隔着数米距离望着心中的偶像。

南京晨报于 8 月 12 日报道了 5 岁小懿因为保安的阻拦没有得到姚明拥抱的故事,没有想到,这篇本不是很起眼的报道竟然得到了姚明的关注! 在看过晨报的报道后,姚明委托联通公司和南京晨报寻找小懿,并且表示要送一份礼物给小球迷! 随即,晨报和姚明便忙开了。晨报负责寻找小懿,而姚明则负责挑选礼物。通过一天的努力,小懿终于收到了由姚明精心挑选的一个有着自己签名的史努比包,里面装了一个毛绒企鹅玩具。

第五节 用餐礼仪

引导案例

小孙的大大咧咧在公司里是出了名的。有一次,公司全体员工吃年夜饭,小孙面对满桌子的美味佳肴,旁若无人地大吃起来。只见他等不及别的菜盘转到他这里,站起来伸长胳膊、挥舞筷子在对面的菜盘里夹起菜来,边嚼着菜边说:"这个菜不错!"随着"菜""错"两个字,几星菜渣飞向餐桌上的盘子里⋯⋯同桌的人见状,不约而同皱起了眉头,全都没有了胃口。

这个菜不错!

【简评】 小孙在聚餐时吃得也许很痛快,但是他这样不拘小节的"吃相",一则影响了他人的进餐,二则毁坏了自身的形象。也许,他在"吃相"方面的表现会影响他的前程。

俗话说:"站有站相,坐有坐相,吃有吃相。"作为礼仪之邦的中国,历来就把"吃相"看作社交礼仪的一个重要方面。本节通过中餐礼仪和西餐礼仪两方面,介绍一些用餐礼仪。

一、中餐礼仪

中餐礼仪是中华饮食文化的重要组成部分。中餐礼仪对于主人和客人有不同的要求。

(一)赴约入座的礼仪

1. 穿着整齐大方,体现自尊和对主人及其他客人的尊重。

2. 按主人邀请的时间准时到场。迟到是对主人的失敬,是无礼的行为。若有特殊原因不能按时抵达,要提前打电话向主人说明并致歉。

3. 到场时,首先跟主人打招呼,同时对其他客人微笑点头致意或握手问好;对长者要主动起立,让座问安;对女宾要举止庄重,彬彬有礼。

4. 听从主人或招待人员的安排入座,不要自作主张随意落座,以免造成尴尬局面。如果几个人同时到场,应该让身份高者、年长者以及女士先入座。座次以右为尊。

5. 入座后坐姿端正,脚踏在本人座位下,不要任意伸直两腿或不停地摇晃腿,手臂不得靠桌沿或放在邻座椅背上。

6. 和同席客人简单寒暄、攀谈，不要旁若无人；也不要眼睛直勾勾地盯着盘中菜肴，露出一副馋相。

（二）用餐行为的礼仪

1. 一般要等主人或本桌最年长者示意开始后再进餐，不能抢在主人或长辈的前面。

2. 夹菜时，应该从面前的盘子中靠近自己这边夹起，不要从盘子中间或靠别人的一边夹菜。夹菜动作要轻，一次夹菜也不宜太多，把菜放到自己的小盘里后再食用。夹菜时不小心掉在桌上的菜，切不可将其再放回菜盘内。

3. 吃相要文雅。要小口入食，绝不能大块大块往嘴里塞，一副狼吞虎咽的馋相。食物进嘴后，应该闭嘴咀嚼，细嚼慢咽，这不仅有利于消化，也是餐桌上的礼仪要求。嘴角沾有饭粒，要用餐纸或餐巾轻轻抹去，不要用舌头去舔。

4. 口含食物时，最好不要与别人交谈，尤其不能放肆地大笑或大声喧嚷，以免口中食物喷出来倒大家胃口，或者呛入气管造成危险。

5. 吃饭嚼到异物、嗓子里有痰时，要离开餐桌去卫生间处理。用餐过程中不可咳嗽、打喷嚏、打嗝儿，这样不仅不卫生，还会影响别人的食欲。如果实在需要咳嗽、打喷嚏，必须用手或手帕捂住嘴，并把头转向后方。

6. 时常注意用餐巾清理自己的嘴巴。汤汁菜屑留在嘴巴上，很不雅观。

7. 不可过量饮酒。酒醉伤身，醉后失态，不仅给主人造成麻烦，也给别人留下不良的印象。

8. 不可过分劝酒。喝酒的时候，一味地给别人劝酒、灌酒，吆五喝六，是失礼和不文明的表现。

9. 不要在用餐时吸烟。用餐吸烟是不文明的行为，因为人们不愿意别人侵犯自己的"呼吸新鲜空气权"。实在想吸烟，礼貌的做法是主动离席，去室外开阔处吸。

10. 不要不顾对方的需要和意愿，过分热情地为别人夹菜、添饭，这样会使对方非常为难。

11. 不要对饭菜做出否定或贬低性的评价。对不喜欢的菜，可以不评论或选择中立的说法，比如"看上去不错"、"用料很特别"等等，避免直接说不好吃。这是对办餐主人的起码尊重。

12. 不要在就餐时伸懒腰、松腰带、摇头晃脑等，这些举动都极不雅观。

13. 要等主人和主宾餐毕先起身离席，其他客人才能依次离席。如果有事要先离开，要和同桌的人打个招呼，说声"不好意思，失陪了"、"请各位慢用，我有事先行一步"等客气的话。

（三）使用餐具的礼仪

1. 筷子

（1）在等待就餐时，不能拿筷子随意敲打碗盘或桌边。

（2）筷子不能一横一竖交叉摆放。筷子要摆放在碗旁边的筷架上，不能搁在碗上。

（3）在用餐中途因故暂时离开时，要把筷子轻轻搁在桌子上或餐碟边，不能竖插在饭碗里。

（4）夹菜时，不能用筷子在公用菜盘里搅来搅去，上下乱翻。

（5）不论筷子上是否残留着食物，都不要去舔。用舔过的筷子去夹菜，是不讲卫生的举动。

（6）和人交谈时，要暂时放下筷子，不能一边像挥舞指挥棒似地挥舞着筷子一边说话。

（7）不要用筷子剔牙、挠痒或是用来夹取食物之外的东西。

（8）要照顾离得远、夹不到某个菜的客人，用公筷夹菜给他。千万不要用自己的筷子给别人夹菜，会使别人陷于接与不接的两难境地。

2. 勺子

（1）用勺子取食物时，不要过满，免得溢出来弄脏餐桌或自己的衣服。

（2）暂时不用勺子时，应将勺子放在自己的碟子上，不要把它放在餐桌上或是插在食物中。

（3）不要把已经舀起的食物倒回原处。

（4）如果取用的食物太烫，不可用勺子舀来舀去，可以先放到自己的碗里等凉了再吃。

（5）不要把勺子塞到嘴里，或者反复吮吸、舔食。

3. 餐巾

（1）必须等大家坐定后，才可使用餐巾。

（2）餐巾摊开后，放在双膝上。切勿系入腰带，或挂在衬衫领口。

（3）切忌用餐巾擦拭餐具，主人会认为你嫌餐具不干净。

（4）餐巾的作用主要是防止弄脏衣服，兼作擦嘴角及手上的油渍用，不可用餐巾擤鼻涕或擦脸。

（5）餐中暂时离席，应将餐巾放在座位上。

（6）吃完饭后，宜将餐巾折好，放在餐桌上再离席。

（7）若主人将餐巾放在桌子上，则表示宴会结束。

4. 牙签

（1）用餐时，不可当众毫无遮掩地剔牙。非得剔牙时，可用左手或手帕遮掩，右手用牙签轻轻剔牙。剔出来的东西，不要随口乱吐。

（2）剔牙后，不要叼着牙签，更不要用牙签来扎取食物。

二、西餐礼仪

西餐是对西方国家餐饮的一种统称，其基本特点是用刀叉进食。随着东西方文化的交流和融合，西餐走进了我们的生活。西餐的进餐方法、习惯、规矩与中餐有很多不同，如果我们对此一无所知，在一定的交际场合难免会贻笑大方。

当年清朝洋务大臣李鸿章出使德国，应俾斯麦之邀前往赴宴。吃完几道菜，上了水果，服务生为每个人端上了一小碗清水。由于不懂西餐礼仪，李鸿章捉摸不透这清水是干什么用的，以为是让他喝的，就端起来喝下去了。俾斯麦见状十分吃惊，但为不使贵宾李鸿章丢丑，他也将自己面前的一小碗水一饮而尽。见此情形，众多官员忍笑奉陪。原来，那一小碗清水是吃水果后洗手用的。

【简评】　不要说一百多年前的李鸿章，即使现在，许多人也不一定知道那碗清水的作用。不知者不为过。作为生活在 21 世纪的青年人,掌握西餐礼仪,对于拓展交际范围是大有好处的。顺便提一下,上例中俾斯麦和其他德国官员的举动是非常得体的。他们不惜暂时委屈自己来避免让客人陷于尴尬的境地,这种涵养值得称赞。

(一)点菜的礼仪

中国人吃西餐遇到的第一个难题就是不会点菜。点菜时应该注意以下几个问题:

1. 按照西餐的餐序点菜。正式的全套西餐的餐序是:

(1)开胃菜。这道菜一般都有特色风味,常见的品种有鱼子酱、鹅肝酱、熏鲑鱼、鸡尾杯、奶油鸡酥盒等,味道以咸和酸为主,而且数量少,质量较高。

(2)汤。西餐的汤大致可分为红汤(如罗宋汤)、白汤(如蘑菇汤、奶油汤等)、清汤(很清淡的汤)。

(3)副菜。通常叫"白肉",主要是鱼类、海鲜类菜肴。

(4)主菜。通常叫"红肉",主要是牛肉、羊肉、猪肉等,最有代表性的是牛肉或牛排。

(5)配菜。主要是蔬菜类菜肴,也就是蔬菜沙拉。

(6)甜点。西餐的甜点是主菜后食用的,可以算作是第六道菜。它包括所有主菜后的食物,如布丁、煎饼、冰淇淋、奶酪、水果等等。

(7)咖啡、茶。西餐的最后一道是上饮料、咖啡或茶。饮咖啡一般要加糖和淡奶油。茶一般要加香桃片和糖。

2. 西餐也有便餐,一般由开胃菜、汤、主菜和甜点组成。

3. 一般来说,红肉应搭配红酒,白肉则搭配白酒。上菜之前,不妨来杯香槟等较淡的酒。很多人在点菜时,最先点咖啡和茶,其实是颠倒了顺序。等大家喝完咖啡和茶,餐宴就该结束了。

4. 点菜时,要让女士或者客人先点。

5. 点菜并不是由开胃菜开始点,而是先选一样最喜欢吃的主菜,再配上适合主菜的汤。

6. 点菜要量力而行。点得太多而吃不完是缺乏道德的。

7. 点菜时不要装内行。没有点菜经验的人,可随身边有经验的人点菜,也可以点套餐。

(二)座次的礼仪

在西方国家,餐桌旁的座次是个敏感问题。特别是法国人、英国人和一些有贵族血统的人,对任何场合的礼仪都是认真的。与中餐的圆桌不同,西餐使用的是长桌,根据交际目的的不同,座次的排列也有所不同。需要我们了解的西餐座次礼仪如下:

1. 在正式宴请时,男女主人各居桌端,宾客以右为尊。男主人右侧为女主宾,女主人右侧为男主宾。左侧为次,男女宾客插开。座次排列的讲究是:

(1)男宾可视地位和年龄来排座次,有官衔者依地位高低,若无官衔长者为先,同一官衔亦年长者为先,现任当地最高长官一定排在其他人前面。

(2)一般国家都内外有别,外地客人、外国人都先于当地或本国客人。

(3)家中成员除地位特别高和年龄特别长者需要特殊对待外,都排在客人后面。

(4)妇女不按年龄,因为女士们对年龄很在意,没有人愿意充当年长者。

(5)有夫之妇依丈夫的地位排座,未婚者总是排在后。

（6）有特殊地位的职业妇女，依她们的社会地位排座次，比如女总督、女首相、女省长等。

（7）如果出现特殊情况，要调整座位时，西方人不会把女士调到低于她身份的位置上；男人却有可能被委屈一下，但一般会表现出他的大度。

2. 两个家庭聚餐时，如果有数目相同的孩子，两家则对桌而坐，首位是丈夫，次位是妻子，然后依次是孩子。这样，男对男，女对女，孩子们相对，谈起话来很方便，孩子们也会很高兴。

3. 进门、入座，女士优先。在进入餐厅时，男士应先开门，请女士进入。如果有服务员领位，也应请女士走在前面。入座前，男士先为女士拉开椅子，让女士先坐。餐点端来时，女士优先。

4. 左侧入座。最得体的入座方式是从左侧入座。

（三）进餐的礼仪

西餐讲究的是优雅就餐。可以说，吃西餐在很大程度上是吃情调。大理石的壁炉、熠熠闪光的水晶灯、银色的烛台、缤纷的美酒，加上人们优雅迷人、彬彬有礼的举止，构成了一幅动人的油画。西餐的进餐礼仪很讲究，归纳起来有以下一些：

1. 在衣着方面，正式场合不宜穿的衣着同样不适合西餐厅。女士们不可以在餐桌旁化妆，补妆时应到洗手间。

2. 入座后姿势要端正，脚踏在本人座位下，不可随意伸展占据别人的空间。手肘不得靠桌沿，或将手放在邻座椅背上。如穿西装吃饭，应将西装上衣的衣扣解开。习惯上，餐盘右前方的酒杯饮料杯是自己的。

3. 每位客人面前都上菜之后，须经女主人示意后才能开始用餐。

4. 用餐时，一般右手拿刀或勺，左手拿叉，杯子也用右手来握。身体不要过于接近餐盘，用餐具把食物送到嘴里，而不要把盘、碗端起来直接食用。

5. 西餐讲究进嘴的东西一定要一口吃完。所以，面包要撕成小块送进嘴里，肉和块大一些的蔬菜也必须切成小块食用。美式吃法是先将食物全部切成小块，再换右手拿叉子慢慢吃。欧式的吃法切一块吃一口。

6. 就餐时不可狼吞虎咽，每次送入口中的食物不宜过多，吃食物时要闭嘴咀嚼。不要舔嘴唇、咂嘴发出声响。在餐桌上吸烟是不礼貌的行为。

7. 谈话时应将刀叉放在盘子上。手里握刀叉时，切勿指手画脚地谈话，也不要将刀叉尖头朝上竖起。

8. 喝咖啡时，如果要添加牛奶或糖，添加后用小勺搅拌均匀，将小勺放在咖啡的垫碟上。喝时应右手拿杯把，左手端垫碟。喝茶或喝咖啡，不要把汤匙放在杯子里。不要用水涮嘴里的食物。

9. 吃西餐时，不能拒绝对方的敬酒。即使自己不会喝酒，也要端起酒杯将杯口在唇上碰一碰，以示敬意。在西餐宴席上往往是敬酒不劝酒，即使是劝酒也只是点到为止。

10. 吃鱼时，可以用左手拿着叉，右手拿着刀子，把刺拨开。已经入口的肉骨或鱼刺，不要直接吐入盘中，而要用叉接住后轻轻放入盘中，不能扔在桌上或地下。水果核也应先吐在手心里，再放入盘中。

11. 餐桌上的面包、黄油、果酱、干果、糖果等，待女主人提议后再取食。取食品时，男客人应该礼让女客人。够不着的调味料等物,可以请别人帮忙递过来,传递时要用右手。

12. 用餐时,肉饼、煎蛋、沙拉,都是只用叉子吃,而肉盘内的肉汁,可用面包蘸着吃。小萝卜、青果、水果、干点心、干果、糖果、炸土豆片、玉米、田鸡腿等可以用手拿着吃。

13. 吃水果时,会送上一个洗手盅,水里放玫瑰花瓣和柠檬片,这是专门用来洗手的。吃水果时,不要拿着水果整个咬,应先用水果刀切成四或六瓣,再用刀去掉皮、核,用叉子叉着吃。

14. 当侍者依次为客人上菜时,走到你的左边,才轮到你取菜。如果侍者站在你右边,就不要取,那是轮到你右边的客人取菜。取菜时,最好每样都取一点,这样会令女主人愉快。如果实在不喜欢吃某种菜,可以说:"谢谢您,不要了。"

15. 用餐时打嗝是最大的禁忌。万一没有控制好发生了打嗝、打喷嚏、咳嗽等情况,应立即向周围的人道歉。

16. 西餐桌上不准备牙签。当众剔牙是一种不文明的举止,破坏别人食欲,也破坏自己形象。所以,你在西餐桌上别找牙签。

17. 用餐时要讲究风度,温文尔雅,从容安静。咀嚼食物时不要讲话。不要只同几个熟人交谈,对比较陌生的客人可以大大方方地作自我介绍。

18. 在进餐中或宴会结束前离席是不礼貌的。若有急事必须离开,应该向左右的客人小声打招呼。用餐结束,客人应等女主人站起来后,再一起随着离席。起立后,将餐巾放在桌上。男宾应帮助女士把椅子放归原处。

19. 吃完西餐,不能抢着付账,因为推拉争付极为不雅。客人不能抢着付账;未征得朋友的同意,也不能代友付账。

(四)使用餐具的礼仪

与中餐相比,西餐最大的特点是餐具多,有餐巾、刀、叉、匙、杯、盘等等。这些餐具根据一道道不同菜的上菜顺序精心排列在餐桌上,其使用方法、顺序有着严格的规矩。下面分类介绍西餐餐具的使用礼仪。

1. 餐巾

(1)餐巾的作用是防止汤汁弄脏衣服,随时沾去嘴上和手上的油渍、菜屑。因此,不能用餐巾擦脸、擦鼻涕、擦刀叉、碗碟等餐具,更不能用餐巾擦桌子。

(2)正规的晚餐,要等女宾放好餐巾后,男士再放餐巾。最好用双手打开餐巾,切忌来回抖动地打开餐巾。

(3)餐巾应该铺在膝盖上,盖住膝盖以上的双腿部分。如果餐巾较大,应双叠放在腿上;如果较小,可以全部打开。餐巾不可以围在脖子上、掖在领口里、围在腰上或掖在皮带上。

(4)在西餐宴会中,餐巾具有信号的作用:女主人拿起餐巾铺在腿上,是宴会开始的标志;女主人把餐巾放在桌子上,是宴会结束的标志。

(5)用餐中途若要暂时离开座位,可以把餐巾放在自己座椅的椅面上。千万不要把餐巾放在餐桌上,因为这样意味着你不想继续用餐了。

2. 刀、叉、匙

(1)吃西餐时,食盘(或汤盘)离座位最近,左手放叉,右手放刀和汤匙。食盘上方放吃甜食用的匙和叉、咖啡匙,再往前略靠右放酒杯。正餐的刀叉数目要和菜的道数相等,按上菜顺序由外到里排列，刀口向内。用餐时，按顺序由外向中间排着用，依次是吃开胃菜用的、吃鱼用的、吃肉用的。

刀叉的摆放位置

刀叉的用法

暂时离席时刀叉的摆法

（2）使用刀叉时，右手持刀，左手拿叉。刀叉的拿法是轻握尾端，食指按在柄上。进餐时，从最外面的一把依次向内取用刀叉。使用刀时，刀刃不可向外。

（3）用刀切食物时，肘关节应夹在腰的两侧，这样能有效控制切割动作，避免因动作太猛而失态。不要用刀送食物入口。吃面条时，可以用叉卷起来吃，不要用叉去挑。

（4）正在用餐时，不可将刀叉的一端搭在餐盘的边沿，另一端放在桌面上。

（5）用餐中途暂时离开座位时，应该把刀叉摆成"八"字形（即"∧"），刀刃朝内、叉齿朝下分别放在餐盘边上，表示还要继续吃。

（6）用餐结束时，应该将刀刃朝内，叉齿朝上，刀叉并排斜摆在钟表四点钟的方向（即"\\"），表示不吃了，可以撤掉所有餐具了。

（7）如果有几把汤匙，使用时也应该从外侧向内侧取，用右手拿汤匙，由里向外舀汤食用。不使用汤匙时，应该将它平放在盘子上，而不能竖着放在杯子里。

3. 杯、盘

（1）餐桌上摆在右手边的杯子是自己的。

（2）正确的握杯姿势是用手指轻握杯脚。为避免手的温度使酒温增高，应该用大拇指、中指、食指握住杯脚，小指放在杯子的底部。不可四指满握酒杯柄或以手掌托起酒杯。

（3）餐桌上碰响酒杯被认为是不吉利的，要立即用手触杯，使响声停止，并向旁边的人表示歉意。

（4）不可端起盘子吃里面的食物，更不可舔食盘子里的汤汁。

（5）刀叉汤匙等餐具不慎掉在地上时，不要自己趴到餐桌下去拣，而应该请服务生来更换一副。

课堂训练

1. 请你列举出中餐礼仪和西餐礼仪有哪些不同点。列举得越多越好。

2. 下面是餐桌情景的三个片段,请你指出其中的不文明行为。设想一下,假如是你,如何处理?

　　(1) 小魏前不久刚结婚。为答谢好友钱先生一家,夫妻两人在家设宴。新娘的手艺不错,清蒸鱼、炖排骨、烧鸡翅……钱先生一家吃得津津有味。这时,有肉丝钻进了钱先生的牙缝。于是,钱先生拿起桌上的牙签,当众剔除滞留在牙缝中的肉,还将剔出来的肉丝吐在烟灰缸里。看着烟灰缸里的肉丝,小魏和新娘一点胃口也没有了。

　　(2) 张姑娘大大咧咧出了名。有一天,她到男友家做客。男方母亲根据儿子提示,为未来的儿媳妇准备了丰盛的饭菜。席间,"这个菜味道还凑合!""那个菜没有什么味道!"张姑娘口无遮拦地评价着,还不断用筷子翻动着碟子中的菜,"这块大的给您吃!""这块给你吃!"张姑娘把挑拣出来的肉,分别夹给未来的婆婆和男朋友。饭后,婆婆找了个机会向儿子发了话:"这样的儿媳妇不娶也罢。"

　　(3) 小凌是个烟民,前几天去同学家做客。饭菜刚上了一半,小凌的烟瘾犯了。他随意点上一支烟,非常享受地深吸一口,随即舒展地吐出一个烟圈。烟圈弥漫到整个客厅。坐在小凌对面的同学夫人,闻到烟味后呛得直咳嗽,举起的筷子尴尬地停在半空中。

3. 下面是四幅有关西餐礼仪的图画,请你分别为它们配上说明的文字。

学 习 小 结

　　1. 讲究礼仪形式上是为了敬人,实质上为了自尊。人们只有在讲文明、讲礼貌的过程中才能养成自尊、自爱、自律的良好品德,提高自己的内在修养和文化品位。

　　2. 讲究礼仪要注重"换位思考",想想怎么做能够让别人方便。有时候,自己认为没什么的举动在别人看来很无礼,有时候我们中国人习以为常的习惯会令外国人很不自在。

　　3. 本章内容繁多,要真正掌握,除了自己努力实践之外,注意观察周围人们的言行举止、观看电影电视时不断进行总结记忆也是十分必要的。

思考与实践

　　1. 本章分别介绍了我国社会生活各个方面的礼仪,请你认真归纳几条国内外截然相反的礼俗。

　　2. 你认为提升个人的文明修养应该从哪些方面入手?你打算怎么做?

附录 世界其他主要国家和地区的礼俗

一、亚洲主要国家和地区的礼俗

亚洲是"亚细亚洲"的简称。"亚细亚洲"来源于古代西亚等地古人的闪米特语,意思是"东方日出的地方"。亚洲是世界文明古国中国、印度、巴比伦的所在地,对世界文化的发展有着重大的影响。

(一) 日本、韩国和印度的礼俗

日本、韩国和印度是我国的三个重要邻国。日本是世界经济大国之一,韩国是著名的"亚洲四小龙"之一。改革开放以来,这两个国家与我国各方面的合作日益增强,我们与其交往的几率大大增加;与印度的文化交流也日益频繁。因此,我们很有必要了解他们的习俗,以便更好地与他们沟通、合作。

1. 日本的礼俗

(1) 日本人有"当日事,当天毕"的习惯,时间观念强,生活节奏快。

(2) 初次见面,一般问候形式是鞠躬而不是握手,最好互递名片,没有名片就自我介绍姓名、工作单位和职务,如果是老朋友或者是比较熟悉的就主动握手或拥抱。常用的寒暄语是"您好""您早""再见""请休息""晚安""对不起""拜托您了""请多关照""失陪了"等。

(3) 日本人鞠躬很有讲究,第一次见面时行"问候礼",是 30 度;分手离开时行"告别礼"是 45 度。

(4) 日本人讲究送礼。给日本人送礼,比较注重牌子和礼品的包装,但不一定贵重。如果收到对本人没什么用途的物品,收礼人往往会转送他人。因此送礼者不要在礼物上刻字作画以留纪念,以便于他们转赠他人。如果某位日本人向你送礼,你要表示感谢,但要等他再提一两次后再接受。

(5) 日本人喜欢中国的丝绸、名酒及中药,对一些名牌货也很喜欢,喜欢淡雅的颜色,讨厌绿色和紫色。反感狐和獾的图案,因为狐狸是贪婪的象征,獾则代表狡诈。

(6) 菊花是日本皇室专用的花卉,民间一般不能赠送。日本人非常喜欢樱花。送花给日本人时,忌送白花,因为在日本白花象征死亡,也不能把玫瑰和盆栽植物送给病人。

(7) 每年的"岁暮"和"中元"是送礼最多的时候。他们既讲究送礼,也讲究还礼,不过日本人送、还礼一般都是通过运输公司的服务员送上门的,送礼与受礼的人互不见面。

(8) 日本人喜欢奇数(但不喜欢 13 和带 9 的奇数),不喜欢 4 和带 4 的数字,因为日语中"4"和"死"发音相似,"9"与"苦"发音相近。还忌讳三人合影。

(9) 日本人很少在家中款待客人,商界宴会普遍在大宾馆举行,并且没有携夫人出席宴会的习惯。如被邀请到日本人家做客时,要在过厅摘掉帽子与手套,然后脱鞋。

(10) 日本人一般不互相敬烟、不劝酒。

(11) 日本人在会议室、接待室接待客人,而不是在办公室。他们不会轻易让人进入机要部门。

(12) 日本人很忌讳别人打听他的工资收入。年轻的女性忌讳别人询问她的姓名、年龄以及是否结婚等。

(13) 在日本发信时,邮票不能倒贴,倒贴邮票表示绝交。装信也要注意,不要使收信人打开后,看到自己的名字朝下。

(14) 在日本,招呼侍者时把手臂向上伸,手掌朝下,并摆动手指,对方就懂了。

(15) 用手抓自己的头皮是愤怒和不满的表示。

（16）日本人十分重视茶道、茶礼，一般饭前要喝杯清茶。由于茶道的仪式十分繁琐，精于茶道便被认为是身份、修养的绝好体现。

（17）日本的饮食方式有三种：传统饭菜（又称和食）、中国饭菜（又称中华料理）和西餐（又称洋食）。他们吃菜喜清淡，忌油腻，爱吃鲜中带甜的菜。他们不喜欢吃羊肉和猪内脏，而对鱼、虾、蟹、蛎、海带等海味格外青睐，尤其是生蛎肉、生鱼片。

（18）在同日本客人进餐时，要用公用筷子给大家夹菜。切忌将筷子垂直插在饭菜中。

2. 韩国的礼俗

（1）韩国人与不熟悉的人来往，要有一位双方都尊敬的第三者介绍和委托，否则不容易得到对方的信赖。为了介绍方便，要准备好名片，中英文或韩文均可，但要避免在名片上使用日文。

（2）韩国人与长辈握手时，还要以左手轻置于其右手之上，躬身相握，以示恭敬。用餐时，男子见面，可打招呼，相互行鞠躬礼并握手，但女性与人见面通常不与他人握手，只行鞠躬礼。

（3）任何情况下，在韩国都要避免大声说话或大声笑。

（4）在韩国，进出门时，均是男性走在前面。进屋后，妇女要帮助男性脱大衣。

（5）当着别人的面擤鼻涕被认为是不好的行为。

（6）给韩国人送礼，应该以本地出产的东西为主，所以只需备一份本国、本民族、本地区的特产为好。

（7）如果你被邀请到韩国人家里做客，可带一束花或一件小礼物。要记住，送礼时要用双手，礼物不应该当着送礼人的面打开。

（8）韩国人以米饭为主食，早餐也习惯吃米饭，不吃稀饭。用餐时很讲究礼节，不随便出声，不边吃边谈。

（9）韩国人忌讳"4"这个数字，认为此数字不吉利，因其音与"死"相同。在韩国没有4号楼，不设第4层。

3. 印度的礼俗

（1）印度人见面施握手礼，但男子见到女子应该施合十礼，并微微鞠躬；男子要尽量避免碰触妇女，更不应该在公共场合与女子单独交谈。

（2）邀请印度人参加社交活动时，也应该同时邀请他们的妻子。印度人重视时间观念，约会时应该尽量按时赴约。请客时，印度人认为费用应该由有钱人来支付。

（3）印度人喜欢谈论文化方面的成就、印度的传统以及外国的事和外国人的生活，忌讳谈论有关工资以及两性关系等的话题。

（4）印度人饮食口味淡而清滑，喜欢吃印度烙饼和咖喱大米饭，喜欢吃鸡、鸭和鱼、虾；喜欢番茄、洋葱、土豆、白菜、菠菜、茄子、菜花，尤其爱吃土豆；喜欢饮用红茶、咖啡、酸奶和凉开水等。

（5）印度人吃饭大多使用盘子。印度人认为左手肮脏，除了上洗手间外均不得使用左手。在印度的孟买，60%的人是素食主义者，因此，在宴请印度人时，事先要确认对方的习俗，免得弄巧成拙，不欢而散。

（6）在印度，迎送贵宾时，主人会献上花环，套在客人的脖颈上。花环越大说明客人的身份越尊贵。

（7）到印度人家中做客，可以给主人赠送水果、糖等礼物，或者给主人的孩子带些小礼物。印度人特别喜爱喝红茶，赠送他们中国红茶，定会使他们心花怒放。忌赠送牛皮所制的任何礼品。

（8）印度人喜爱0、3、7、9数字。偏爱红色、蓝色、黄色、绿色、紫色，他们认为红色表示生命、活力、朝气和热烈；蓝色表示真诚；黄色表示光辉壮丽；绿色表示和平、希望；紫色表示心境宁静。黑色、白色和灰色，被视为消极的不受欢迎的颜色。

（9）印度人认为吹口哨、触摸自己小孩子的头是冒犯人的举动，是没有教养的表现。他们认为把孩子放在浴盆里洗澡是不人道的。因为不流动的水是死水，孩子浴后会遭灾、夭折。

（10）印度人表示同意或肯定时，不像我们摇头"不是"点头"是"，而是摇摇头，或先把头稍微歪到左边，然后立刻恢复原状表示"是"，与我们点头表示肯定差别很大，最易使人误会。

（11）印度妇女喜欢在前额中间点有吉祥痣，它是喜庆、吉祥的象征。其颜色不同，形状各异，在不同情况下表示不同的意思。

（12）首饰是印度人不可缺少的装饰品，即使家境清贫，女子也要佩戴一些不值钱的金属或塑料首饰。印度人认为，向女子赠送首饰是男子应尽的义务，女子也理应用首饰来装扮自己。

（二）东南亚地区主要国家的礼俗

东南亚指亚洲东南部地区。包括越南、老挝、柬埔寨、缅甸、泰国、马来西亚、新加坡、印度尼西亚、菲律宾、文莱、东帝汶等国家和地区。

1. 泰国的礼俗

（1）泰国人常用的见面礼节是双手合十，双掌相合上举，抬起在额与胸部之间，双掌举得越高，表示尊敬程度越高。同时互相问好。但他们与外国人进行生意往来时，一般的礼节是握手。

（2）在泰国，若有一位尊者或长者在座，其他人无论坐或蹲跪，头部都不得超过尊者或长者的头部，否则是极大的失礼。

（3）泰国人认为佛祖和国王是至高无上的，因此不能与他们或当着他们的面议论佛祖和国王。

（4）泰国人最忌讳他人触摸自己（哪怕是小孩子）的头部，因为他们认为头是智慧所在，是宝贵而又神圣的。

（5）在泰国记住不要踩门槛，根据泰国风俗，那是神灵居住的地方。

（6）与泰国人交往时不要随便用脚指任何东西，不管是站着还是坐着，都不要让你的脚引人注目或见到鞋底。

（7）泰国人喜欢大象和孔雀，白象被视为国宝，荷花是他们最喜欢的花卉；他们喜欢红、黄色，尤其喜欢蓝色，视为安宁的象征。他们忌讳褐色，忌用红笔签名和使用狗的图案。

（8）进入寺庙要脱鞋，服装应整齐、端庄，最好不要穿短裤。遇见僧侣要礼让，佛像无论大小新旧都应该尊重。女性应避免碰触僧侣，若要奉献财物，可请男士代劳，或直接放在桌上即可。

（9）不勾肩搭背，不从背后惊吓别人。

（10）公共场所中男女不可有过分亲密的举动，也不应该当众发脾气。

（11）泰国人主食为大米。他们喜欢吃辣味食品。饭后喜欢吃鸭梨、苹果等水果，但不吃香蕉。

（12）泰国禁赌，即使在酒店房间也不允许玩牌或打麻将。

（13）泰国人接受礼品时不会当着对方的面打开；同样，收到泰国人赠送的礼物时，也不要当面打开，只需向他们表示感谢即可。

2. 缅甸的礼俗

（1）缅甸人十分谦恭友好，他们的见面礼节主要有合十礼、鞠躬礼和跪拜礼，在外交场合行握手礼。在民间交往中，缅甸人在参见父母、师长或者僧侣时，往往讲究要"五体投地"，向对方施跪拜大礼。

（2）缅甸人认为"右为大，左为小"，"右为贵，左为贱"，不仅随时都要遵守"男右女左"的原则，而且把左手看作是低下的、不洁的，送茶、上菜、接物、递东西都不允许用左手，见面时更是禁忌用左手握手。

（3）星期天忌讳送东西给人，星期二忌讳做事。

（4）睡觉时，头必须朝向代表光明的东方。

（5）缅甸人非常尊重长辈。在日常生活中，晚辈向长辈递送东西时，必须使用双手。在递细小物品时，虽然可单用右手，但必须同时以左手托扶右手下部。在长辈面前通过时，晚辈应当躬身低首，轻轻走过，不允许昂首阔步，或是奔跑通过。长辈来到室内时，晚辈必须迅速起身迎候。向长辈告辞时，晚辈先要躬身施礼，然后后退两步，方可离去。

（6）缅甸人男女之间的交际比较保守。男女握手时，不能接触对方的身体；在公共场合，男女不能表现得过于亲密，比如携手而行、相拥相抱、热烈亲吻等。

（7）缅甸人的主食是米饭、面条。副食有鸡、鱼、虾、鸡蛋、猪肉以及洋葱、空心菜等。缅甸人不吃牛肉，不买活鸡、活鱼吃。缅甸的饮食有六大特点：辣味浓、油腻大、炸菜多、拌菜多、酸菜多、椰子和甜食多。在重要场合，城里人均用刀、叉、勺进食。

（8）缅甸以乌鸦为神鸟，不能捕捉和伤害；牛在缅甸也被视为神物和忠诚的朋友，任其游逛，不得伤害，吃牛肉更是一种忘恩负义的行为。

（9）缅甸的男人一生必须出家一次，出家次数不限，时间可长可短，有的终身当和尚，更多的则是几年、几个月甚至一两个星期。

3. 越南的礼俗

（1）越南很多礼俗与中国南方的礼俗相似。比如，越南的节日有春节、清明节、端午节、中秋节、重阳节等；又如越南人在喜庆之日，常在大门上贴上双喜红字。

（2）越南人见面时通常是握手问好或点头致意，信佛教的越南人见面时行传统的合十礼。

（3）在越南，不要以"先生"、"小姐"、"师傅"称呼与自己年龄相仿的人，更不能将其称作"大哥"、"大姐"，而应该礼貌地尊称对方为"二哥"、"二姐"。

（4）越南人说话时声音较温文尔雅。晚辈对长辈和来访客人讲话时稍低头，眼睛往下看，不能直视对方。

（5）越南人很好客，在南方一些山区做客，可以同他们一起喝"同坛酒"，且第一圈必喝；若不胜酒力，就双手抱拳向右一举，即表示不喝了。

（6）在越南，路口悬有绿色树枝的村寨和门口悬有绿色树枝的人家，外人不得进入。

（7）越南人忌讳别人用手拍他的肩膀或脊背。忌讳用手指着人大声说话和大声呼喊。

（8）南部的高棉人忌用左手行礼、进食和递物，他们视左手为肮脏和卑贱之手。

（9）越南人忌讳用脚指物，或把脚掌对向别人，认为这是污辱人的动作。

（10）越南人以大米、鱼等为主要食品。家常便饭是大米饭、清水煮空心菜、烩米粉、牛肉粥、糯米饭也是人们欢迎的食品。贵宾用餐，菜肴档次较高，但也比较清淡。

（11）越南人餐具多为碗、盘子、筷子，也有用刀叉的。正式宴席，用刀叉者居多。

（12）越南人喜爱红色，视红色为吉祥、喜庆之色。非常喜欢狗，认为狗忠实、可靠、勇敢。喜爱桃花，认为桃花鲜艳、美丽，是吉祥之花，并称之为国花。

4. 新加坡的礼俗

（1）通常的见面礼是鞠躬或轻轻握手。

（2）新加坡注重环保、文明卫生。在新加坡随地吐一口痰，要罚款 200 新元，随地扔一个烟头罚款1000 新元（相当于一般人的月收入）。

（3）新加坡人的主食是米饭、包子，不吃馒头；下午爱吃点心，早点喜用西餐，偏爱中国广东菜。

（4）在新加坡，留长发的男子极不受欢迎。

（5）与新加坡人谈话，忌谈宗教与政治方面的问题，不能向他们讲"恭喜发财"的话，因为他们认为这句话有教唆别人发横财之嫌，是挑逗、煽动他人干对社会和他人有害的事。

（6）新加坡人接待客人一般是请吃午饭或晚饭。和新加坡的印度人或马来人吃饭时，注意不要用左手。到新加坡人家里吃饭，可以带一束鲜花或一盒巧克力作为礼物。

（7）由于新加坡居民中华侨多，人们对色彩想象力很强，红、绿、蓝色很受欢迎，视紫色、黑色为不吉利，黑、白、黄为禁忌色。

（8）新加坡人忌讳数字 4、7、8、13、37 和 69，认为它们都是不吉利的。

5. 马来西亚礼俗

（1）在马来西亚，路上相遇都行合十礼。但在涉外商务活动中，男人之间多行握手礼，男女之间很少握手。

（2）马来西亚人忌讳用食指指人或指示方向，并认为左手不干净，打招呼、握手、馈赠礼品或接物时不可用左手。

（3）马来西亚人忌讳别人触摸自己的头部和背部，认为这是一种侮辱行为。谈论话题应避免涉及有关宗教和人种问题。

（4）马来西亚人喜爱绿色，忌讳黄色；忌讳的数字为 0、4、13。

（5）马来西亚人忌食狗肉、猪肉，忌讳使用猪皮革制品，忌用漆筷（因漆筷制作过程中用了猪血），忌谈及猪、狗的话题,却极爱猫。

（6）马来西亚人以大米为主食,吃的菜肴通常都带有辣味,其风味"沙嗲"（即烤鸡肉或羊肉串）是宴席上必备的佳肴。大多数马来西亚人喜食牛、羊肉,饮食口味清淡,怕油腻。马来西亚人习惯每餐吃各种水果。

（7）在马来西亚是禁酒的,因此在用餐时不用酒招待客人。

（8）用餐时,马来西亚人通常把食品摆放在地上的草席或地毯上,然后围成一圈坐下。坐姿男女有别。男子盘腿而坐,女子则屈膝而坐,但上了年纪的女子可以像男子一样盘腿而坐。

（9）马来西亚人用餐时一般都是用手抓食。只有在西式宴会时,才偶尔用汤匙和叉子。定居在马来西亚的华人,用餐时一般都习惯使用筷子或勺子。

（10）马来西亚人还有佩带短剑的习惯。在他们眼里,佩带短剑是一种力量、智慧、勇敢和吉祥的象征,因而短剑在他们心目中占有极其重要的地位。

6. 印度尼西亚礼俗

（1）印尼人相见时常以握手为礼。同熟人或朋友见面时,有时他们也会采用传统的见面礼:用右手按在自己的胸前,然后互相问好。

（2）交往中通常不问印尼人的姓名,因为他们的姓名有长有短,其长度往往与他们的富裕程度成正比。跟有身份的人打交道时,最好以其正式头衔相称。

（3）印尼男子在外出或参加庆典时腰间总要挂着一把精致而漂亮的短剑。这种短剑,印尼语称为"格里斯"。最好不要去触摸它,因为印尼人认为随便触摸"格里斯"是一种极为无礼的行为。

（4）印尼人在饮食习惯上与中国人有很多相似之处:他们通常以大米饭为主食。喜食的肉类以牛、羊肉、鱼、鸡和各种动物内脏为主。印尼人又有着西方人的饮食习惯,也喜爱吃西餐。除在官方场合有时用刀、叉、匙、筷子外,一般都习惯用手抓饭。进餐时,忌用左手拿食物和递送餐具物品。

（5）就座时双脚交叉或把脚尖或鞋底对着别人是不被允许的,坐下后双脚最好平放在地面上。在印尼,人们伸出右手的大拇指表示的是"请您先走"。

（6）印尼人常用笑声来掩饰震惊,但他们反感嘲笑别人的错误,也不能模仿任何人的动作,否则会伤害他们的感情。

（7）印尼人认为同别人说话时不摘下太阳镜或将手放在臀部、在街道上或走路时吃东西、用左手去握手或碰别人都是对人极不礼貌的举动。

（8）参观庙宇或清真寺,不能穿短裤、无袖服、背心或裸露的衣服。进入任何神圣的地方,一定要脱鞋。在巴厘岛,进入寺庙必须在腰间束腰带。

（9）在印尼,对别人送的礼品要欣然接受,但不要当面打开包装。印尼商人喜欢宴请,作为客人,应该在适当的时间以同样的标准回请对方一次。

（10）印尼人忌讳别人摸他们孩子的头部,忌讳老鼠和乌龟。

（11）与印尼人交谈应避开政治、宗教等话题。

7. 菲律宾礼俗

（1）与客人相见时,无论男女都习惯以握手为礼。在与熟人或亲朋好友相见,或男友之间相逢时,常以拍肩膀示礼;青年人与长辈相见时,要吻长辈的手背,以示敬重;年轻姑娘与长辈相见时,则要吻长辈的两颊为礼;晚辈遇见长辈时,说话前要把头巾摘下放在肩上,深深鞠躬,并称呼长辈为"博"（意为大爷）。

（2）在涉外交往中,菲律宾人十分忌讳谈论涉及有关政治、宗教、当地情况、腐败现象和外国援助等方面的问题。

（3）菲律宾人与其他一些东南亚国家一样,忌讳左手传递东西或抓取食物,他们认为左手肮脏、下贱,使用左手是对他人的极大不敬。

（4）菲律宾人最爱茉莉花,视其为纯洁、情操和友谊的象征。茉莉花是菲律宾的国花。在迎接贵宾时,他们往往把茉莉花串成美丽的花环,敬献给客人挂在脖子上,以表示他们对来访客人的一片纯真友谊之情。

（5）菲律宾人视红色与茶色为不祥之色,非常喜欢白色。

（6）菲律宾人很忌讳"13",认为"13"是厄运和灾难的象征。

（7）菲律宾人大多以稻米为主食,少部分人以玉米为主食。他们口味偏爱清淡、味鲜。伊斯兰教徒忌讳猪,禁食猪肉和使用猪制品,也不喝牛奶和烈性酒。在菲律宾,多数人不喜欢吃生姜,也不喜欢吃兽类内脏和腥味大的东西,对整条鱼也不感兴趣。

二、欧洲主要国家和地区的礼俗

欧洲全称为"欧罗巴洲"。古代闪米特人将西方日落处叫"欧罗巴"。欧洲位于东半球的西北部,北临北冰洋,西濒大西洋,南滨大西洋的属海地中海和黑海。

（一）英国的礼俗

1. 英国人崇尚绅士风度和淑女风范,讲究女士优先。在日常生活中,英国人注意仪表,讲究穿着。男士每天都要刮脸,凡外出进行社交活动,都要穿深色的西服,但忌戴条纹的领带;女士则习惯着西式套裙或连衣裙。

2. 英国人见面行握手礼。与英国人握手时,应该先脱帽再致意。切勿与英国人交叉握手,因为那样会构成晦气的十字架形状,也要避免交叉干杯。

3. 英国人相信"外表决定一切",因此,尽量避免感情外露。在交往中,情感极少表露,礼节受到极端的重视。见面称呼时,即使在熟人之间,也应该在名字的前面冠以各种荣誉头衔。交谈时避免谈及有关君主制和宗教的话题。不能以"你是干什么的"作为谈话的开始,那被认为是个人私事,不宜进行讨论。

4. 与英国人交谈时,应注视着对方的头部,并不时与之交换眼神。要注意使用敬语。在商务谈判中,英国人说话、办事,都喜欢讲传统、重程序,十分看重谈判对手的身份、风度和修养。通常,英国客商不太重视谈判的准备工作,但他们能随机应变,能攻善守。

5. 英国人同别人谈话时,不喜欢距离过近,一般以保持50厘米以上为宜。

6. 英国人奉行"不问他人是非"的信条,也不愿接纳别人进入自己的私人生活领域,他们把家当成"私人城堡",不经邀请谁也不能进入,甚至邻里之间也绝少往来。

7. 在英国,非工作时间即为"私人时间",一般不进行公事活动,若在就餐时谈及公事更是犯大忌而使人生厌。日常生活绝对按事先安排的日程进行,时间观念极强。

8. 英国人送礼一般送价钱不贵但有纪念意义的物品,高级巧克力、名酒和鲜花等都是英国人的最爱之物。对标有公司标记的礼品,英国人普遍不欣赏。公司若送礼,最好以老板和私人名义。收到礼物时要当着众人的面打开礼物并大加称赞。

9. 给英国女士送鲜花时,宜送单数,忌送双数和13枝,也不要送菊花和百合花,因为在英国人看来,菊花和百合花是死亡的象征。

10. 忌用人像作为商品的装潢,忌白象、猫头鹰、孔雀等商标图案而喜欢蔷薇花。

11. 忌随便将任何英国人都称英国人,一般将英国人称为"不列颠人"或具体称为"英格兰人""苏格兰人""威尔士人"等。

12. 英国人最忌讳打喷嚏,他们一向将流感视为一种大病。

13. 英国人很忌讳"13"和"星期五"这些数字与日期。一般都视其为"厄运"和"凶兆"。他们还忌讳"3"。

14. 英国人还特别不喜欢墨绿色,很忌讳黑猫,若有黑猫从面前穿过,就认为将预示这个人要遭到不幸。

15. 英国人忌讳把食盐碰撒,认为这是引发口角或与朋友断交的一种预兆;忌讳有人打碎玻璃,认为这预示着家中要死人或将要遭遇不幸。

16. 英国人忌讳在众人面前相互耳语,认为这是一种失礼的行为;忌讳有人用手捂着嘴看着他们笑,认为这是嘲笑人的举止。

（二）法国的礼俗

1. 法国人天性浪漫、诙谐幽默、喜欢交际。他们在人际交往中大都爽朗热情，善于雄辩，高谈阔论，好开玩笑，讨厌不爱讲话的人，对愁眉苦脸者难以接受。受传统文化的影响，法国人不仅爱冒险，而且喜欢浪漫的经历。

2. 法国人是世界上最著名的"自由主义者"。他们虽然讲究法制，但是一般纪律较差，不大喜欢集体行动。与法国人打交道，约会必须事先约定，并且准时赴约，但是也要对他们可能的姗姗来迟事先有所准备。

3. 法国的时装和西餐都是世界上一流的，因此法国人拥有极强的民族自尊心和民族自豪感。在他们看来，世间的一切都是法国最棒。在公务交往中，法国人坚持要求使用法语，若能讲几句法语，一定会使对方热情有加；若发现跟自己交谈的人会说法语，却使用了英语，他肯定会生气。但也忌讳别人讲蹩脚的法语，认为这是对其祖国语言的亵渎，若法语不纯熟，最好讲英语或借助翻译。

4. 法国人具有骑士风度，对妇女十分尊重，敬酒先敬女士，走路、进屋、入座都要让女士先行，拜访告别时也是先向女主人致意和道谢；介绍两人相见时，若职务相等必先介绍女士。

5. 常用的见面礼是握手。在社交场合，亲吻礼和吻手礼则比较流行。法国人使用亲吻礼，有严格的规矩：朋友、亲戚、同事之间只能贴脸或额，长辈对小辈是吻额头，只有夫妇和情侣才真正接吻。至于吻手礼，则主要限于男士在室内象征性地吻一下已婚妇女的手背，但少女的手不能吻。

6. 与法国人交往，称呼对方宜称其姓，并冠以"先生""小姐""夫人"等尊称。只有在区别同姓之人时，才可姓与名兼称。熟人、同事之间，可直呼其名。老年妇女对别人把自己称为"老太太"看作是一种污辱。

7. 与法国人交谈，应避免谈论政治和钱，不要涉及对方个人的私事。法国人待人彬彬有礼，礼貌语言不离口。在公共场合，他们从不大声喧哗。

8. 法国人在交谈时习惯使用手势，但他们的手势与我国的有所不同。比如，我们用拇指和食指分开表示"八"，他们则表示"二"；表示"是我"这个概念时，我们指鼻子，他们指胸膛。他们还用拇指朝下表示"坏"和差的意思。

9. 法国人极少上门做客，除非是在主人的盛情邀请之下。如果去别人家做客，要为女主人带一束花或巧克力之类的小礼品，以示谢意。

10. 在法国送礼，一般选在重逢时，初次见面就送礼，会被认为行为鲁莽。礼品选择应表示出对法国主人的智慧的赞美。应邀去法国人家用餐时，应送几枝不捆扎的鲜花。法国人喜欢有文化和美学素养的礼品，比如唱片、磁带、艺术画册、名人传记、回忆录、历史书籍等。对于鲜花和外国工艺品也颇有兴趣。

11. 不宜以刀、剑、剪、餐具或是带有公司标志的广告式礼品赠送法国人。忌给已婚女子送香水或玫瑰花，因为这意味着求爱。在接受礼品时若不当着送礼者的面打开包装欣赏，就是无礼的表现。

12. 鸢尾花是法国的国花（另一种说法认为是百合花）。法国人爱花，生活中离不开花，在他们看来，不同的花可表示不同的语言含义。他们忌送给别人菊花、杜鹃花、牡丹花、康乃馨和纸做的花。忌送双数的花。

13. 公鸡是法国的国鸟，它以其勇敢、顽强的性格而得到法国人的青睐。野鸭商标图案也很受法国人喜爱。法国人视孔雀为祸鸟，认为仙鹤是蠢汉的象征，不喜欢无鳞鱼，所以也不大爱吃它。

14. 对于色彩，法国人有着自己独特的审美观。他们喜爱蓝色、白色和红色，忌黄色、墨绿色。

15. 法国人忌讳核桃，忌邮避孕药物用品，忌用黑桃图案。他们认为"13""星期五"都是不吉利的，甚至是大祸临头的一种预兆。

16. 法国人一年到头似乎离不开酒，但贪杯而不过量。一日三餐，除早餐外，顿顿离不开酒。喝酒的讲究虽多，但喝得并不多。三五人一桌的聚会，只需一瓶10度左右的葡萄酒。

17. 法国的男士和女士对穿戴极为讲究，法国的时装在世界上是最有名的，"巴黎式样"在世人眼中与时尚、流行含意相同。即使在巴黎街头上,无论男女,无论天气好坏,你都可以发现人们总是穿得整整齐齐,男士们穿着呢子大衣打着领带、夹着公文包、皮鞋锃亮,女士们穿着裙子喷着香水浓妆淡抹精心打扮,弥漫着法国特有的时尚气息。

(三)德国的礼俗

1. 在欧洲,甚至在全世界,德国人最讲究形式和准确,他们勤勉矜持,讲究效率,崇尚理性思维,时间观念强。他们不喜欢暮气沉沉、拖拖拉拉、不守纪律和不讲卫生的坏习气。

2. 德国人见面行握手礼,打招呼互称头衔,不直呼其名;而且在接电话时要先通报自己的姓。对于一般的德国人,应该以"先生""小姐""夫人"等称呼相称,但德国人没有被称为"阁下"的习惯。和德国人约会必须准时。如果有事不能赴约,一定要用电话事先通知取消或推迟会晤。会晤一般要尽早安排。

3. 见面时四个人交叉握手、在交际场合进行交叉谈话或窃窃私语,都是德国人比较反感的,他们认为这两种做法是不讲礼貌的。

4. 如果被邀请到德国人家里做客,不要忘了登门时送一束花给女主人(必须要单数),进门时去掉花的包装(在德国,送上一束包好的花是不礼貌的),在和女主人互致问候的时候送上,但不要送红玫瑰、香水和内衣。

5. 德国人交谈中很讲究礼貌。他们比较看重身份,特别是看重法官、律师、医生、博士、教授一类有社会地位的头衔。和德国人谈话不宜涉及纳粹、宗教与党派之争以及过问他们的年龄、工资、信仰、婚姻状况等问题,可谈谈德国的乡村风光、个人爱好或体育运动,但不要谈论棒球、篮球或美式足球。

6. 德国人不喜欢听恭维话,更不爱听过分的恭维话。他们认为过分的恭维实际上是对人的看不起,甚至是对人的污辱。

7. 德国人在穿着打扮上的总体风格是庄重、朴素、整洁。在一般情况之下,德国人的衣着较为简朴。在正式场合露面时,德国人必须要穿戴得整整齐齐,讲究男士穿三件套西装,女士穿裙式服装,衣着一般多为深色。在德国,男士不宜剃光头,免得被人当作"新纳粹"分子。德国少女的发式多为短发或披肩发,烫发的妇女大半都是已婚者。在与德国人打交道时,在服饰方面加以注意,有助于赢得好感和信任。反之,则会被视为待人无礼和不自重。

8. 德国人爱吃油腻食品,口味偏重,香肠、火腿、土豆是他们最爱吃的东西。他们还爱饮啤酒,但在吃饭、穿衣、待客方面都崇尚节俭。

9. 给德国人赠送礼品应该注重民族特色和文化意味。德国人忌讳送刀、剪和餐刀、餐叉等西餐餐具,因为它们有"断交"之嫌。礼品不要用咖啡色、白色、黑色包装纸和彩带包装,也不要捆扎礼品。

10. 德国人忌讳茶色、黑色、红色和深蓝色,对于"13"与"星期五",德国人极度厌恶,忌讳邮寄可可粉和"对国家安宁有害"的文学作品。

11. 德国的国花是矢车菊,国鸟是白鹳。在德国,不宜随意以玫瑰、蔷薇或菊花送人,前者表示求爱,后者则专用于悼亡。

(四)俄罗斯的礼俗

1. 俄罗斯是一个重礼好客的多民族国家,礼俗兼有东方和西方的特点。俄罗斯人整体文化素质很高,重视文化教育,酷爱读书。在汽车上、地铁里,随处可见看报读书的人。很多俄罗斯人的家里都有丰富的藏书,有的甚至有自己的家庭图书馆。他们还非常喜欢艺术品和艺术欣赏。

2. 俄罗斯人见面时一般行握手礼,朋友之间则亲吻面颊和拥抱。见面或告别时,最好不要隔着门槛握手。俄罗斯人认为,门槛会把友谊隔断。所以,见面或告别时,一定要走进屋门或走出门槛后再握手。

3. 初次见面称呼俄罗斯人时要称其名和父名,不能只称其姓。俄罗斯人们非常看重社会地位,对有职务、学衔、军衔的人,最好在姓名后加上其职务、学衔、军衔。"您"和"你"有不同的使用范围,"您"用来称呼长辈、上级和初识的人,以示尊重;而"你"则用来称呼自家人、熟人、朋友、平辈、下辈和儿童,表示亲切、友好和随意。

4. 讲究"女士优先"。在公共场合,男士往往自觉地充当"护花使者"。不尊重妇女的人到处都会遭到白眼。去别人家里做客,一般要事先约好,而不要搞"突然袭击"。突然闯进门去,给人措手不及,会使主人尴尬和不悦。与人相约,非常讲究准时。

5. 在迎接贵宾时,俄罗斯人通常会向对方献上面包和盐,这是给予对方的一种极高的礼遇,来宾必须欣然接受。

6. 到俄罗斯人家里做客,可以送鲜花或酒,也可以是艺术品、书等。如果是送花,要送单不送双,在俄罗斯人看来,双数不吉利。俄罗斯人忌讳别人送钱,认为送钱是对人格的侮辱。但他们很喜爱外国货,外国的糖果、烟、酒、服饰都是很好的礼物。

7. 与俄罗斯人谈话忌讳谈及政治矛盾、经济难题、宗教矛盾、民族纠纷等话题。

8. 对颜色,俄罗斯人和东方人相似,喜红忌黑;对数字,他们却和西方人一样,忌讳"13"和"星期五",喜欢"7"。

9. 俄罗斯人大多讲究仪表,注重服饰。在乡间,已婚女子必须戴头巾,并以白色的为主;未婚女子则不戴头巾,但常戴帽子。在城市,女子多穿西装或套裙。参加晚会、观看芭蕾舞剧时,俄罗斯人习惯穿晚礼服,显得十分典雅高贵。

10. 俄罗斯人在饮食上以面食为主,讲究量大实惠,油大味厚;爱喝烈酒伏特加。俄罗斯人将手放在喉部,一般表示已经吃饱。

11. 向日葵是俄罗斯的国花,俄罗斯人非常喜欢用它做商标图案;非常崇拜盐和马。特别喜爱小动物,比如猫、狗等,因此,他们忌食狗肉。

12. 俄罗斯人主张"左主凶,右主吉",因此,他们也不允许以左手接触别人或递送物品。

13. 俄罗斯人不愿看到镜子被打碎,因为镜子在他们看来是神圣的物品,打碎镜子就意味着灵魂的毁灭。

14. 忌用尖利的东西作礼物,比如刀、别针等,若一定要送,则应该象征性地讨回一枚硬币,或用要送的尖东西扎对方一下;忌送手帕,因为送手帕预示着分离;忌在家里和公共场所吹口哨,口哨声会招鬼魂;忌让姑娘对着桌角坐,因为这预示姑娘三年嫁不出去。

15. 忌送空钱包。因为空钱包预示着一文不名,一贫如洗。所以,如果送钱包,一定要象征性的在里面放一点钱,意思是祝愿对方永远有钱。禁止邮寄鲜果、乳制品、面包、口香糖。

16. 在俄罗斯有专门吸烟的地方,例如卫生间、过道和楼梯拐角处。俄罗斯人一般不在客人面前吸烟。如果一定要在别人面前、特别是在妇女面前抽烟,一定要征得对方同意。

17. 俄罗斯人认为,40 岁表示人生路程的一半,这个生日要悄悄地过,不要搞得热闹,否则对下半生不利。最多在家里庆祝一下,也不要邀请客人参加。

（五）欧洲其他国家礼俗举要

1. 瑞士、比利时忌讳见面时称全名,仅在少数正式场合中用全名。瑞士人忌讳猫头鹰,认为它是"死人"的象征。

2. 保加利亚禁止邮寄口香糖、毛毯和床单。

3. 国际上把三角形作为警告性的标记,而捷克人认为红三角是有毒的标记。

4. 丹麦的敬酒规矩非常严格。若主人"请"字未出口,任何人不能动杯,其他人要等到主人、年长者、位尊者动杯之后才能饮酒。

5. 瑞典人见面很少有人接吻,即使恋人也不能表现得过分亲昵。

6. 挪威人办事特别注重按时、准确。假如有事不能按时赴约,一定要给对方打电话,使其另作安排。

7. 给意大利人斟酒,切忌反手斟,这意味着"势不两立",它源于黑手党的一种手势。

8. 虽然奥地利人讲德语,但在与之进行商务交往时,切忌将其误认为德国人,也不要搞错企业家的头衔,否则会导致不良后果。

9. 荷兰人日常生活中必不可少的饮料是牛奶,但为客人倒牛奶时,讲究倒到杯子的 2/3 处,否则会被认为是一种失礼或缺乏教养的行为。荷兰人送礼时礼物要用纸制品包好,忌送食品。到荷兰人家做客,切勿对女主人过于殷勤。在男女同上楼梯时,礼节恰好与大多数欧洲国家的习俗相反:男士在前,女士在后。

10. 瑞士人有很强的环保意识,尤其爱鸟;在瑞士不仅没有噪音,连人们说话也是轻声细语。商标忌用黑色,喜欢几何图形。

11. 比利时商人现实、稳健、诚实,工作努力。他们不像有的国家在休息时间不谈公事,相反,一些上层办事人员,若有需要,即使正逢周末或休假也会赶回来办理公事。

12. 在西班牙,好友相见,男子之间要相互抱一抱肩膀,女子之间则要搂一搂并亲吻双颊。西班牙人还认为女子上街不戴耳环就像人不穿衣服一样。

13. 波兰盛行吻手礼,他们认为吻手象征着高贵,连街头执勤的女警,也要求人们行吻手礼;喜欢谈论和赞美他们的国家和文化,也乐于谈及个人家庭生活;一切有战略意义的地点和建筑都严禁拍照;洗手间的表示方式极为独特,"△"符号表示男用,"O"表示女用,去波兰进行商务活动或旅游时切勿搞错。

14. 在匈牙利,不要给军人和军事设施拍照。应邀到匈牙利人家里做客,可带上一瓶酒或一束花作为礼物。匈牙利人习惯以白色代表喜事,黑色表示庄重或丧事。匈牙利人忌讳黑猫,认为黑猫是不祥之物。

15. 罗马尼亚人忌穿堂风,认为穿堂风有损健康,他们不允许两个对着的窗子同时打开。

三、北美洲主要国家的礼俗

北美洲全称为"北亚美利加洲"。北美洲大部分居民是欧洲移民的后裔,其次是印第安人、黑人、混血种人,另外还有因纽特人、波多黎各人、犹太人、日本人和华人等。语言通用英语、西班牙语,其次是法语、荷兰语、印第安语等。

(一)美国的礼俗

1. 美国人性格外向,坦率、热情、真挚、自信,办事比较干脆利落;善于长谈,谈锋甚健,并不断地发表自己的独特见解;注重实际,追求物质上的实际利益;时间观念极强,办事讲求效率,重视有计划地安排每天的时间。

2. 美国人从小就养成说话有礼貌的习惯,在日常生活中,即使与家中父母、兄弟姐妹说话也都会自觉使用"您好""请""对不起"等礼貌语言。

3. 在非正式场合,美国人之间的交往非常随便。朋友见面时,只要招呼一声"Hello"即可;即使两个人第一次见面,也不一定非要握手,只要笑一笑,打个招呼就行了。但在正式场合,美国人对礼节的讲究毫不逊色于欧洲国家。握手是最普遍的见面礼。不能交叉握手,女性之间见面时可不必握手。

4. 大多数美国人一般不喜欢用"先生""夫人""太太""小姐"之类的称呼,他们认为这类称呼太过于郑重其事了。因此,多数美国人,无论男女老少,甚至办公室里同事之间或上下级之间,一般都比较喜欢别人直呼自己的名字,并认为这是亲切友好的表示。

5. 在美国的社交场合中,女士们总是得到格外的优待。尊重妇女是欧美国家优良的传统习俗。有教养的男士通常都严守"女士优先"的行事规则,抢先一步去为女士开门、请妇女先行上下车或进出电梯;若与妇女在街上同行时,男士都会很自然地走在靠近有车辆行驶的那边,以保护同行女士的安全。

6. 美国人特别重视个人隐私,不会问新结识的朋友任何有关个人收入、年龄、婚姻状况及宗教、政治等方面的问题。他们还十分讲究"个人空间",和美国人谈话时,千万不要站得太近,一般保持在50厘米以外为宜。

7. 美国人是不会做不速之客的。去别人家之前一定要打电话预约,即使是去父母、公婆或成年子女家也不例外。如果有事不便接受来访,也会直言相告,希望另约时间。

8. 美国人在家请客,客人到达时女主人应该准备好一切,跟客人寒暄话家常。若这时还在厨房里忙得团团转,是很失礼的。所以,应邀去美国人家里做客时,最好能故意晚到十分钟左右,这样可以多给女主人一点时间做准备工作。

9. 美国虽是儿童的天堂，但绝大多数的大人聚会却都不欢迎孩子参加。所以美国年轻父母参加社交应酬时，都得提早在好几个星期以前就找好届时来家看孩子的钟点工。偶尔一次大人的聚会可以带孩子一起参加时，在出门之前妈妈一定会对孩子千叮咛万嘱咐，让孩子在别人家注意言行举止、听话、讲礼貌。所以，美国孩子在外做客时，都表现得非常有教养。

10. 美国人不流行送厚礼，如果礼物太贵重，对方就会很难为情。应邀去美国家庭做客时，若能选购一份小礼物，如一棵小植物盆景（有根的植物或花卉）送给女主人，是非常受欢迎的。礼品要送单数的，而且很讲究包装。在美国人家里，不要乱翻看人家的东西，更不要询问有关价格的事。

11. 美国人家里大多铺地毯，但是美国人在家里是不脱鞋的，所以他们绝对不会要求来访的客人脱鞋入室，他们认为，要来客脱鞋是不礼貌的。但是在美国的许多东方人家里，女主人会希望来客先脱鞋再进入客厅，所以去东方人家，大家会自动脱鞋。

12. 美国人平时的着装崇尚自然，偏爱宽松，讲究体现个性。在休闲场合，一定也是着便装、球鞋；在正式、隆重的场合，则会正装出席。睡衣只能在室内穿，绝不能穿到室外或身穿睡衣接待来客。

13. 在美国，女性最好不要穿黑色皮裙，因为这是街头女郎的装束；女子不得随便在男士面前脱鞋或撩动裙摆。

14. 美国人还认为，在公共场合化浓妆或当众化妆补妆，不但显得缺乏教养，而且还有可能令人感到"身份可疑"。

15. 美国人非常喜欢养宠物，特别喜欢狗和猫。美国人遛狗时会自觉带着为狗清除粪便的工具和袋子。未经主人同意时，最好不要随意逗别人家的狗；无论你多爱狗，都不可以随便向导盲犬表示友善，以免干扰了它的导盲工作。

16. 美国的国花是玫瑰花。他们认为玫瑰花是爱情、和平、友谊、勇气和献身精神的化身。他们还认为红色月季花象征爱情和勇气。淡粉色传递赞同或赞美的信息，粉色代表优雅和高贵的风度，深粉色表示感谢，白色象征纯洁，黄色象征喜庆和快乐。

17. 美国人认为蜗牛和马蹄铁是吉祥物。美国人忌蝙蝠，认为它是凶神的象征，自然也不会欢迎有蝙蝠图案的商品。

18. 美国人最忌讳"13""星期五"，忌食肥肉和各种动物的内脏，也不喜欢吃蒸和红烧的菜肴。

19. 接受餐饮、理发、外卖、停车、搬运行李等各种服务后付小费也是美国人的习惯，小费的数额一般是15%（即账单金额的15%），如果服务特别好，则付20%。

20. 美国人在饮食上与他们的脾气秉性一样，不注重形式，但讲究饮食结构。喜欢吃"生"（生菜）、"冷"（凉菜）、"淡"（味道忌咸，稍以偏甜为好）。在使用刀叉餐具方面，他们一改欧洲人惯于刀叉不换手的习惯，经常以右手用刀切开食物之后，再换叉子取食。

（二）加拿大的礼俗

1. 加拿大人兼有英、法、美三国人的综合特点。他们既有英国人的含蓄，又有法国人的开朗，还有美国人的无拘无束。

2. 加拿大人为自己的国家感到自豪，最欢迎对他们的国家和人民做肯定性的评论。他们说话坦率，热情友善，爽朗大方。

3. 加拿大人见面时行握手礼，熟人、亲友或情人之间通常行亲吻礼和拥抱礼。

4. 加拿大人不像美国人那样随便，他们的大部分招待会在饭店和俱乐部举行。如果应邀去加拿大人家里做客，可以事先送去或随身携带上一束鲜花给女主人。但不要送白色的百合花，在加拿大，白色的百合花只有在葬礼上才用。

5. 加拿大人时间观念极强，赴约必须准时。按照他们的礼貌习惯，若因故不能按时赴约，则要事先打个电话通知对方。

6. 在加拿大人举行的宴会上，一般都是双数的席次。

7. 加拿大人在生活起居方面比较讲究，住房要求整洁、舒适，卫生设备齐全。

8. 加拿大号称"枫树之国",枫树是加拿大的国树,人们对枫叶怀有特殊的深厚感情,并视其为祖国的骄傲和民族的象征。在国旗中央,绘着巨大的红艳艳的枫叶;日常生活里枫叶图案也随处可见。

9. 加拿大人特别忌讳"13"和"星期五",无论做什么事,他们总是力图避开这一数字和日期。接待加拿大人时一定不要安排单数的席次,尤其要避免安排 13 个席次。

10. 加拿大人的饮食以面食为主,口味偏爱甜酸、清淡,喜欢食用以煎、烤、炸的方式烹制的菜肴。平时习惯吃英、美式西餐,对中餐也感兴趣。忌食虾酱、鱼露、腐乳和臭豆腐等有怪味、腥味的食物以及各种动物内脏和脚爪。此外,他们一般也不喜欢吃辣味菜肴。

四、大洋洲、南美洲和非洲国家的礼俗

大洋洲位于太平洋西南部和南部、赤道南北的广大海域中。包括澳大利亚、新西兰、新几内亚、美拉尼西亚、密克罗尼西亚、波利尼西亚六区。

南美洲的全称为"南亚美利加洲",位于西半球的南部,东濒大西洋,西临太平洋,北滨加勒比海,南隔德雷克海峡与南极洲相望。

非洲的全称为"阿非利加洲",位于东半球的西南部,东濒印度洋,西临大西洋,北隔地中海和直布罗陀海峡与欧洲相望,东北隅以狭长的红海与苏伊士运河紧邻亚洲。

（一）澳大利亚的礼俗

1. 在澳大利亚,人们相见时行握手礼,女性朋友相见经常亲吻对方的脸颊。大多数男子不喜欢紧紧拥抱或按住双肩之类的动作。在社交场合,遵从"女士优先"的原则,忌讳打哈欠,伸懒腰等小动作。

2. 澳大利亚人的姓名与欧美人一样,大都名在前,姓在后。称呼别人先说姓,再接上"先生""小姐"或"太太"之类。熟人之间可称小名。

3. 澳大利亚人喜欢和陌生人交谈,特别是在酒吧,总会有人过来主动和你聊天。互相介绍后或在一起喝杯酒后,陌生人就成了朋友。

4. 澳大利亚人时间观念很强,会见必须事先联系并准时赴约。很多生意是在酒吧中做成的。如果你提议喝一杯,通常由你付账,不可各自付账,除非事先说好。

5. 如果应邀到澳大利亚人家里做客,可以给主人带瓶葡萄酒。最好给女主人带上一束鲜花。

6. 澳大利亚人喜欢上酒店进行商务交谈,且边吃边谈,效率极高。与他们交谈时,多谈旅行、体育运动及到澳大利亚的见闻,忌讳议论种族、宗教、工会、个人私生活以及等级、地位问题。他们还不喜欢处处将本国与英国联系在一起,虽然不少人私下里会对自己与英国存在某种关系而津津乐道,但在正式场合,他们却反感于将两国混为一谈。

7. 澳大利亚人不喜欢听"外国"或"外国人"这类称呼。他们认为,这类称呼抹杀个性,是哪个国家的人,理当具体而论,过于笼统地称呼是失敬的做法。

8. 澳大利亚是移民国家,因居民是不同国籍的后裔,习惯有微妙的差异。比如和英国后裔商人进餐时谈及生意,他们毫不理会;若是美国后裔商人,就可以边吃边很起劲地谈生意。此外,澳大利亚人愿意与有决定权的人洽谈重要事务,因为他们很重视办事效率,不愿把时间浪费在不能决策的空谈上。

9. 在澳大利亚,员工下班时间一到,就会即刻离开办公室。经理阶层的人对工作很热心,待人不拘泥,不喜欢以命令的口气指使别人。但是他们公私分明,不要以为一起进过餐、喝过酒,生意就好做了。

10. 爱好娱乐的澳大利亚人往往有邀请友人一同外出游玩的习惯,他们认为这是发展友情的捷径之一,如果拒绝,会被理解为不尊重他们。

11. 澳大利亚人对公共场合的噪声极其厌恶,他们最看不起在公共场所大声喧哗者和在门外高声喊人的人。

12. 澳大利亚人崇尚人道主义和博爱精神。他们乐于保护弱者,把保护动物看作是自己的天职。他们最喜爱的动物是袋鼠与琴鸟,前者被澳大利亚人视作澳洲大陆上最早的主人,后者则是澳大利亚的国鸟。

他们忌讳兔子，认为兔子是一种不吉利的动物，碰到它可能是厄运将临的预兆。

13. 金合欢花与桉树，是澳大利亚人最喜欢的植物，被看作澳大利亚的象征。因此，它们分别被定为澳大利亚的国花与国树。

14. 由于地理位置的关系，澳大利亚的冬夏正好与位于北半球的我国颠倒。澳大利亚人房屋建筑的朝向也和我国相反，我国俗话说，"有钱不住朝北房"，但在澳大利亚，只有朝北的房屋，才冬暖夏凉。

15. 澳大利亚不流行付小费，但服务人员如果为你提供了额外的服务，可付适当的小费，数目不宜多。到商店里买东西不要讨价还价。坐车不系安全带是违法的，儿童也要系安全带。

16. 在数字方面，澳大利亚人对于"13"与"星期五"普遍极为反感。

17. 在服饰方面，男子多穿西服，打领带，在正式场合打黑色领结；女子一年中大部分时间都穿裙子，在社交场合则套上西装上衣。无论男女都喜欢穿牛仔裤，他们认为穿牛仔裤方便，自如。土著居民往往赤身裸体，或在腰间扎一条围巾，他们的装饰品丰富多彩。

18. 在饮食方面，澳大利亚人以吃英式西餐为主，口味清淡，不喜油腻。澳大利亚的食品素以丰盛和量大而著称，尤其对动物蛋白质的需要量更大。他们爱喝牛奶，喜食牛肉、猪肉等；喜欢喝啤酒，对咖啡很感兴趣。

（二）新西兰的礼俗

1. 新西兰人的生活质量一般都比较高，通常对衣、食、住、行都比较讲究。他们大都喜爱户外运动，除喜爱赛马外，还特别喜爱橄榄球。

2. 新西兰人见面时行握手礼，在和女士见面时，应该等女士先伸出手时才能握手问好。正式场合的称呼是"先生""夫人""女士"；一般情况下，称呼比较随便，但相互还不熟悉时，最好还是先称呼对方的姓。新西兰人也有行鞠躬礼的习俗。

3. 新西兰人说话声音很轻。街上遇见朋友，老远就挥手致意。他们不喜欢用"V"手势表示胜利，当众嚼口香糖或用牙签被视为不文明的举止，当众闲聊是很失礼的行为。与新西兰人交谈，有关体育运动的话题最受欢迎，要避免个人隐私之类的话题。

4. 商务活动需要事先预约，客人最好先到，以示礼貌。主人通常喜欢请客人到自己住的饭店吃午饭，而会谈一般在主人的办公室里进行。若应邀到新西兰人家里吃饭，可以带一盒巧克力或一瓶威士忌作为礼物。礼品不要太多或太贵重。

5. 在新西兰，谈生意一般不讨价还价，一旦提出一个价格就不能再变更。如果对方开始询问货物品质、付款条件、交货日期时，生意基本就成交了。

6. 新西兰人追求平等，他们很反感把人划分为等级，商人第一次见面或业务会谈时，一般不互送礼品，但可以在生意谈成后，宴请对方以表谢意。

7. 新西兰人绝不说人家的坏话。对朋友的政治立场、宗教信仰等都不闻不问。

8. 新西兰的出租车司机都很亲切，可以不必给小费。旅社、饭店也不另加服务费或税金。火车不分等级，只有卧铺和餐车。在公用电话机上打电话，先要投10分硬币再拨号码。

9. 新西兰人视几维鸟为珍贵动物，在其国徽和硬币上都有几维鸟作标志。

10. 在新西兰，毛利人仍保留着浓郁的传统习俗。当遇到尊贵的客人时，他们要行"碰鼻礼"，即双方要鼻尖碰鼻尖两三次。按照毛利人的风俗，碰鼻子的时间越长就说明受到的欢迎越热烈、受到的礼遇越高。

11. 在饮食方面，新西兰人习惯吃英式西餐，口味清淡。一般都爱喝咖啡、红茶，爱吃水果，尤其喜欢吃一种叫"几维果"的名贵水果。

（三）南美洲国家的主要礼俗

1. 南美洲人在交谈时，彼此间的距离很近。如果想在那个地区开展业务的话，就要学会接受这种距离很近的谈话方式。

2. 大多数南美洲人对时间和工作都漫不经心。会谈时往往不会马上进入正题，除非东道主这样做。

与别人见面不太守时，往往要推迟若干分钟，这也是南美国家的一个通病。

3. 在阿根廷，男士久别重逢时会紧紧地拥抱，妇女们则用双手握手，并互吻脸颊。

4. 在阿根廷最好不要穿灰色的套装套裙。

5. 在巴西，熟人相见，男士之间互相拥抱、握手，相互拍打后背；女士之间或女士遇到熟识的男士，则要行贴面礼。即两人的面颊互贴一下，嘴里发出亲吻之声，但嘴并不接触对方脸部。

6. 英美人表示"行"的"OK"手势，在巴西人看来是非常下流的。

7. 如果在巴西人家里受到款待，有礼貌的做法是在第二天送去花及感谢信。

8. 智利人忌讳"5"，认为这个数字非常不吉利。

（四）非洲国家的主要礼俗

1. 一般地说，北非国家遵循阿拉伯的礼仪、规则及行为准则，采用阿拉伯的手势语言及礼貌习惯；中非国家沿袭黑非洲的多种文化的特点，而南非在很大程度上受荷兰及英国影响。

2. 在南非，种族、肤色不同，礼仪和风俗就不同。多数南非人会说两种语言，即英语和南非公用语（来源于17世纪的荷兰语）。

3. 尼日利亚人的握手礼与众不同。握手前要在对方右手上轻轻弹扣几下表示敬意，然后才握手问候；若是彼此初次见面，那么握手时必须先用自己的左手握住右手，然后才用右手与对方握手，否则会被认为不懂礼貌。

4. 在尼日利亚，食指被视为不祥之物，不能用食指指人，他们认为这样做是一种挑衅行为；伸手并张开五指指向别人，就相当于辱骂别人的祖宗。

5. 尼日利亚东部的伊特人待客用柯拉果。来客登门造访，若主人立即端上柯拉果，就表示真诚欢迎；若迟迟不肯端出柯拉果，就表示拒绝来客，识时务者应该赶紧告辞，以避免出现不愉快的事。

6. 在利比亚，只有男子才能被邀请去别人家吃饭，并且要为男主人带礼物，不能为他的妻子带礼物。谈话时避免谈政治、宗教及其他有争议的问题。

7. 赞比亚人见面时一般都行握手礼。握手通常是把手掌绕着对方的大拇指紧握两三下。赞比亚妇女之间握手时，习惯用左手托住右臂。赞比亚人见到酋长走近时，通常一面拍手，一面俯身下蹲或下跪，直至酋长走过。赞比亚妇女一般不与男人握手，除非她们主动伸手，男子再伸手相握，但握得不宜过紧，时间不宜过长。

8. 突尼斯人握手后把右手放胸口，以表明自己对对方的诚意。

9. 埃塞俄比亚人见面时握手要握到问候的话说完。他们与熟人相见要摘下帽子相互鞠躬问好，如身披"沙马"裹住头的，要摘下帽子甚至撩起"沙马"露出肩膀，问候致意要长达一两分钟，甚至更长。

10. 在突尼斯东部，有客人来访时，主人饭后会请客人到小河边去洗脸，主人往往会双手捧起河水猛泼客人的脸，这是主人殷勤的待客之道，一定要对此表示感谢。

11. 南非的黑人部族，尤其是在广大农村，习惯以鸵鸟毛或孔雀毛赠予贵宾，客人此刻得体的做法是将这些珍贵的羽毛插在自己的帽子上或头发上。

12. 埃及女子在公共场合衣着很庄重，不穿无袖的衣服和衬衫，穿短裤会被看作不文明行为而遭人笑话。

13. 埃及人讨厌打哈欠，认为哈欠是魔鬼在作祟。埃及人不小心打一个哈欠，会像犯了罪似的急忙说："请真主宽恕。"所以，在埃及人面前尽量不要打哈欠或打喷嚏，如果实在控制不住，应该转脸捂嘴，并说声"对不起"。

14. 赞比亚人忌讳别人从自己背后穿过，认为这样是不礼貌的，从面前穿过才是合乎礼仪的举止。

15. 由于历史的原因，非洲一些黑人国家的饮食习俗和他们原来的宗主国十分相似。他们很喜欢西欧菜式，爱喝咖啡和可可，口味比较清淡。特别值得一提的是非洲有些国家还有饮生水、吃生肉的习俗，有个别地区的黑人还有吃毛毛虫的习惯。

16. 在非洲的不少地方，用餐有着严格的礼仪，甚至连牛羊鸡鸭的每个部位归谁吃都有规定。比如在马里,鸡大腿让年长的男人吃;鸡胸脯肉归年长妇女吃;当家的人吃鸡脖、胃和肝;鸡的头、爪和翅膀由孩子们分食。

17. 坦桑尼亚北部马萨伊民族,女子剃着光头,男子扎着粉红色辫子。他们的穿戴也别具一格:男女都戴着大耳环,女子的脖子上还带着一圈圈颜色不同的珠环,男女的衣服都是一块大布,白天当衣服穿,晚上当被子盖。

18. 在马达加斯加,人们非常崇拜牛,视牛为财富的标志、国家的象征。牛像孩子一样要接受洗礼,一个星期中的某一天不能强迫牛去干活。在马路上,如果汽车与牛群相遇,汽车必须让道于牛群。"不得无故伤害牛"是马达加斯加人人必须遵守的信条。

19. 在埃塞俄比亚,驴是"圣物",人们不能虐待驴,更不能吃驴肉。在街上随时能碰到成群的驴队,它们不慌不忙地走着,熟练地躲避着川流不息的车辆。遇到驴队正在穿越马路,人们都会刹车让驴先走。

主要参考文献

1. 国家教委师范司组编:《教师口语》,北京师范大学出版社 2001 年版。

2. 胡晓涓主编:《商务礼仪》,中国建材工业出版社 2003 年版。

3. 吴春来、谢放明主编:《学生口才一本全》,石油工业出版社 2004 年版。

4. 刘永中、金才兵主编:《服务人员的 5 项修炼》,广东经济出版社 2004 年版。

5. 戴尔·卡耐基著:《卡耐基说话的艺术》,中国城市出版社 2007 年版。

6. 尼古劳斯·B·恩克尔曼著,杨丽译:《首先,要学会说话》,北京大学出版社 2008 年版。

7. 修铁编:《现代社交礼仪与口才大全》,黑龙江科学技术出版社 2008 年版。

8. 梅里尔·卢尼昂著,罗汉等译,《沟通的力量》,上海人民出版社 2010 年版。

9. 吴继良编:《我最想要的口才书》,中国华侨出版社 2011 年版。

10. 《演讲与口才》2005 年、2006 年、2010 年、2011 年。